广东省哲学社会科学"十三五"规划学科共建项目（GD17XTY25）
深圳大学资助出版

武术文化安全论

赵刚　著

人民体育出版社

图书在版编目（CIP）数据

武术文化安全论 / 赵刚著. -- 北京：人民体育出版社, 2023

ISBN 978-7-5009-6427-8

Ⅰ.①武… Ⅱ.①赵… Ⅲ.①武术—传统文化—国家安全—研究—中国 Ⅳ.①G852

中国国家版本馆CIP数据核字(2023)第253784号

*

人 民 体 育 出 版 社 出 版 发 行
北京盛通印刷股份有限公司印刷
新 华 书 店 经 销

*

710×1000 16开本 13印张 240千字
2023年12月第1版 2023年12月第1次印刷

*

ISBN 978-7-5009-6427-8
定价：65.00元

社址：北京市东城区体育馆路8号（天坛公园东门）
电话：67151482（发行部） 邮编：100061
传真：67151483 邮购：67118491
网址：www.psphpress.com
（购买本社图书，如遇有缺损页可与邮购部联系）

前 言

以信息化社会、消费性社会以及全球经济一体化为背景，在文化帝国主义的扩张挤压下，文化安全成为一个突出的全球性问题。西方发达国家不仅在语言、网络、图书、传媒等传统文化领域控制和侵占其他国家和民族的文化空间，还不断向意识形态、民族文化、价值观念等领域蚕食，推行文化霸权主义，这将导致文化弱势国家丧失民族文化独立性与多样性、削弱民族文化自信、瓦解民族精神、背离民族文化认同。

美国中央情报局专门对华制定了《十条诫令》，目标是"一定要把青年的注意力，从政府为中心的传统引开来，让他们的头脑集中于色情书籍、享乐、游戏、体育比赛、烦躁性的电影，以及宗教迷信"。对此，中国共产党第十六届四中全会通过了《中共中央关于加强党的执政能力建设的决定》，在官方文件中首次使用了"文化安全"一词。

近年来，文化安全问题日益受到重视，习近平总书记提出的总体国家安全观谋求的正是集政治安全、国土安全、军事安全、经济安全、文化安全、社会安全、科技安全、信息安全、资源安全、核安全等于一体的国家安全体系。信息化背景下，国家安全的问题更加复杂，文化霸权主义成为影响国家和民族意识形态安全的、不可忽视的"隐性武器"。

近代以来，中华民族的传统文化发生了重大的变化，在中西文化的不断冲突、碰撞、调适、交融的过程中，几千年来形成的传统文化自信亦变得摇摆不定。清末维新运动以来，为了谋求民族独立和国家强盛，社会精英阶层和知识分子阶层不断尝试变革和维新，"师夷长技以自强""师夷长技以制夷""西学东渐""土洋之争",到后来"五四运动"提出的"德先生""赛先生"都体现出了对西方先进科学技术的渴求和了解西方的意愿。通过了解西方人的思维方式、哲学思想、教育模式、礼仪制度、生活习惯、宗教信仰等,借鉴和吸收其先进的文化,以实现民族的振兴。但是,文化的融合也是一把"双刃剑",正如世界一体化的出现,如"经济一体化""政治一体化(欧盟)""语言一体化(英语作为世界通用语言)","文化一体化"亦是一种趋势,许多族群文化不断消退,文化隔离产生的"姆庇之家"逐渐随之瓦解,这必然会导致许多民族文化的边缘化及其文化被同化等现象。例如,好莱坞大片、世界杯、奥运会等都已经成为世界文化的标识,深深地影响着世界各国、地区人们的生活方式,甚至影响着其价值观念、民族认同等深层面的意识形态。

如果把文化的融合看作是一种自然的过程,在自然法则的影响之下,一方面会按照进化论的法则实现"优胜劣汰",一方面也会实现一种文化方面的生态平衡,呈现出多民族文化的共生与共荣,因为总有一定的土壤适合该文化的自然生长。那么,把文化作为一种武器,按照帝国主义或者霸权主义的战略意图进行主动渗透、控制其他民族的思想领域,则是在有预谋地进行文化侵略,不断蚕食其他文化的生存空间。西方国家早在19世纪初就已经开始进行文化侵略。美国人约翰·B·亨奇(John B. Hench)在《作为武器的图书》一书中指出,"二战"期间,英美等同盟国如何围绕图书的全球市场而进行长远的关乎战后国际关系和地缘政治格局的宏观战略谋划,以及实施的诸多相关的缜密而灵活的战术。书中提到,美国战时新闻局与战时图书委员会在盟军远征军最高司令部心理战部的统一部署下负责图书计划的制订和实施,这一计划的战略目标是"要赢得从轴心国解放出来的民众的心"。但是随后,美国针对英国、德国、荷兰、南美洲、加拿大、中国、日本、澳大利亚、印度等国家和地区的情报进行收集和分析,坚持"广泛的战略目标"和"大量的临时目标",开始谋划文化方面的霸权战略。美国的战时图书计划体现了美国的战略精英立足于长远的国家利益的战略意志以及相关布局。约翰·B·亨奇指出"利用图书赢得国外民众的人心和头脑,从而为美国出版社的产品在全世界构筑滩头阵地。"可见，对世界各国意识形态进行控制、谋求文化霸权早已成为西方国家战略布局的重要组成部分，它就像是在一场没有硝烟的战争中，悄悄地占据了战略高地。与语言、网络等文化相比，体育文化的隐蔽性很强，按照美国的《十条诫令》的内容，"体育竞赛"成为了影响中国青少年意识形态领域的重要内容。实际上，以"竞技体育"为代表的西方体育文化的确对中国产生了深远的影响，尤其对于青少年的影响更深，学校体育里的体育课程，基本上是围绕着奥运会项目开设的，虽然也会开设一些地方性课程，但田径、足球、篮球、排球、乒乓球、网球、羽毛球、体操、游泳等仍旧是学校体育的核心与主干内容，学生接触并了解到的关于民族传统体育的内容少之又少，学校武术的开展现状仍然不容乐观。诚然，以"游戏性身体活动"为特征的西方体育文化在客观上具有一定的积极作用和不可替代的教育意义，但是我们在接受和学习西方体育的同时，不应该忽视民族传统体育的文化价值和意义，因为那是民族文化传承的要求，是被标识的民族文化符号，也是民族文化自觉、民族文化自信的重要表达。很多研究表明，在学校体育中，作为民族传统体育的代表——武术课程被边缘化日趋明显，甚至表现为"绝缘化"。武术作为民族传统文化的瑰宝，在时代和社会的转型过程中，如何维护自身的文化安全、进一步发挥教育意义，增添新的生命力，实现创造性转化与创新性发展，是非常值得深入研究的命题，也是实现中华民族传统体育良好传承的理路。

以武术为代表的民族传统体育不仅在学校体育这一重要文化传播阵地上濒临失守，而且在社会上、网络空间上也面临着越来越大的挑战，信息发达的今天也对传统文化安全提出了严峻的挑战。党的十九大报告中八次提到互联网，明确提出文化安全、网络安全，要求"建立网络综合治理体系，营造清朗的网络空间"，牢固把握网络思想阵地。然而，以网络为平台对武术进行"打假"的系列事件迅速扩散传播，"武术不能打""武术是假的"等言论甚嚣尘上，造成了武术发展史上前所未有的文化危机。预防武术文化在网络上的退让消解、引导社会大众对武术形成的正确认知具有时代性、必要性和紧迫性。当武术文化安全遭遇危机的时候，官媒、体育院校、学术界的反应是滞后的，这表明了我们对武术文化安全问题应对的经验不足、应对措施略为迟缓。有学者指出，"中国武术界对此事件持不置可否之态度，武术界人士几乎集体保持缄默……一些体育院校的武术系管理人员还专门下达通知，要求在校的武术专业本科生、研究生、博士生不要对'徐、雷、丁事件'发表任何评论，以免给武术界带来更多的负面性的效应"。一方面，国内一些人士、社会大众对武术"喝倒彩"，甚至一些学术界人士也公开表示对"打假"的支持，这种民族内部产生的对武术文化的普遍性质疑的内在机制是什么？值得我们警醒与深思！另一方面，一些武术基础理论的模糊性以及由此引起的批判与争论等又容易让人们对武术产生"扑朔迷离"的观感，亦为武术文化安全造成了影响。

武术文化安全在学校这一文化知识与意识形态教育阵地中尤为重要，师生在教育意义上的关系并不是直接的1∶n的比例关系，更为长远地看，是"子又生子，子又生孙"的指数关系，今日为人弟子者，他日很可能为人师。近几年来，很多学生不断提出"武术到底能不能打""武术有什么用"等问题，这说明很多学生已经明显地表现出对武术文化的质疑，令人产生深深的忧虑。

智者不惑，武术文化与基础理论应该面向学生乃至更为广泛的社会群体，以一种科普的姿态向人们说清楚武术到底是怎么一回事，以一种学术启发的姿态鼓励和引导学生进行深刻的思辨和探究，而不是"犹抱琵琶半遮面"，遇到问题时成为一笔说不清、道不明、不了了之的"糊涂账"，更不能成为某个群体特有的话语。因此，本书的立意不仅是一部学术专著，还寄希望于成为学校武术教育的教材或者参考书，以深圳大学为试点，"积跬步以至千里"，将学校教育作为维护武术文化安全的重要渠道。因此，本书力求思想政治教育与基础理论知识、专业理论素养相结合，践行立德树人理念，培养学生对武术文化形成正见，牢固树立武术文化自信。

在作为教材或参考书方面，本书具有以下特点：① 依托于省部级课题研究，基本上涵盖了作者多年以来积淀的理论知识、学术观点和研究成果，具有一定的思想性和学术性，成书历时三年，力求准确性、教育性和严谨性；② 知识与理论在不断地更新，本书较好地体现了专业教育与思想政治教育的融合，密切联系学术研究的前沿，对于一些热点问题、基础理论问题进行了一定程度的探讨和研究，提出了一些新的学术观点，具有较为鲜明的思辨性、创新性和思想性；③以问题为导向，从多学科交叉的视角拓展本理论研究的视野，具有较强的可读性、趣味性和启发性，适用于武术专业本科学生的理论知识普及教育以及研究生的学术启发教育，适合探究式教学、讨论式教学和启发式教学的需要。

本书共分为五章，基本逻辑是从文化安全的现实与理论背景出发，从武术自身基础理论缺陷问题、民间比武的形成机制以及武术文化的现实困境等武术文化安全问题展开分析，并基于文化自觉的视角，探讨武术文化安全困境的突围之路。

自媒体时代背景下，信息传输局势更加风云突变，武术文化安全问题出现得猝不及防、让人始料未及，十分有必要及时地进行深入系统的研究，认清问题，才能守护好民族文化的万里长城。本研究的进行由民族责任之心使然，虽力有不逮，然拳拳之心实为可鉴。因水平有限，且时间略为仓促，书中难免有一些疏漏，敬请读者批评指正！

赵刚

2022年6月

目 录

第一章 绪论 ……………………………………………………（1）

    第一节 文化安全的理论背景 ……………………………………（2）

        一、文化安全的理论起源与国外研究现状 ………………………（2）

        二、国内文化安全研究现状 ………………………………………（3）

    第二节 西方体育文化的特点及其文化安全的保护策略 …………（5）

        一、奥林匹克运动与西方体育的文化特点 ………………………（5）

        二、西方体育文化观念与主要的保护策略 ………………………（9）

    第三节 我国体育文化的特点与近现代转折 ……………………（11）

        一、我国体育文化的特点 …………………………………………（11）

        二、近现代民族体育文化的发展与转折 …………………………（13）

    第四节 武术文化安全问题与研究现状 …………………………（17）

        一、武术文化安全的基本释义 ……………………………………（17）

        二、武术文化安全面临的危机 ……………………………………（18）

        三、武术文化安全的研究现状 ……………………………………（19）

第五节　研究的主要方法与目的、意义 …………………………（22）
　　一、主要研究方法 ………………………………………………（22）
　　二、研究的目的与意义 …………………………………………（23）

第二章　武术基本理论问题再讨论 ……………………………（25）

第一节　武术的概念 …………………………………………………（27）
　　一、武术概念的梳理与论议 ……………………………………（27）
　　二、武术概念新见 ………………………………………………（31）

第二节　武术的本质 …………………………………………………（35）
　　一、关于"本质"的认识 ………………………………………（35）
　　二、关于武术本质的主要观点 …………………………………（35）
　　三、关于武术本质的探讨 ………………………………………（36）
　　四、对武术本质认知的盲点 ……………………………………（46）

第三节　武术的内容 …………………………………………………（49）
　　一、武术内容概览 ………………………………………………（49）
　　二、现代武术内容划分的新视角 ………………………………（50）

第四节　武术的形式 …………………………………………………（51）
　　一、军旅武艺、民间武术与实用武术 …………………………（52）
　　二、竞技武术与传统武术 ………………………………………（54）
　　三、表演武术与养生武术 ………………………………………（59）

本章小结 ………………………………………………………………（63）

第三章　民间比武的"表象""真相"与"幻相" (64)

第一节　MMA挑战者拉开了"比武"的序幕 (66)
一、始作俑者 (66)
二、倒下的多米诺骨牌 (67)

第二节　"华山论剑"与"术高莫用" (68)
一、里合腿大师 (69)
二、咏春拳师 (70)
三、浑元形意太极拳师 (71)

第三节　民间比武盛行的原因 (72)
一、游戏与娱乐 (72)
二、媒介权力与经济利益 (77)

第四节　民间比武对武术文化安全带来的影响 (82)
一、民间比武引发的"从众行为"及其影响 (82)
二、民间比武对武术文化的误导与评介 (83)

本章小结 (86)

第四章　武术文化的现实困境 (88)

第一节　武术文化的现代性危机 (90)
一、现代性危机的理论背景 (90)
二、武术发展的现代性危机 (90)

第二节　现代武术的经济困境 …………………………………（94）

一、历史上与武术相关的经济活动考察 ……………………（94）

二、中华人民共和国成立以来武术经济活动的特点 …………（96）

三、影响武术经济的因素分析 ………………………………（97）

第三节　文化堕距对武术伦理体系的影响 ……………………（99）

一、文化堕距对传统伦理的影响 ……………………………（99）

二、文化堕距对武术伦理关系的影响 ………………………（100）

三、文化堕距对武德的影响 …………………………………（103）

第四节　文化工业化对武术文化的影响 ………………………（104）

一、文化工业化的特点 ………………………………………（105）

二、体育文化工业化对武术文化安全产生的影响 ……………（105）

本章小结 …………………………………………………………（107）

第五章　武术文化自觉 …………………………………………（108）

第一节　"大传统武术文化"与"小传统武术文化" ……………（110）

一、大传统武术文化 …………………………………………（111）

二、小传统武术文化 …………………………………………（117）

三、小传统武术文化与大传统武术文化的内在联系 …………（135）

第二节　对武术教育的追思与再探讨 …………………………（141）

一、对武术教育的追思 ………………………………………（142）

二、对武术教育的再探讨 ……………………………………（149）

第三节 武术与奥林匹克运动 …………………………………（152）

　一、武术与奥林匹克的历史交流 ………………………………（152）

　二、武术申奥失利的讨论、反思与展望 ………………………（154）

第四节 武术创新性发展与创造性转化的思考 ……………………（159）

　一、武术的创新性发展 …………………………………………（160）

　二、武术的创造性转化 …………………………………………（167）

本章小结 ………………………………………………………………（176）

参考文献 ……………………………………………………………（177）

第一章 绪论

引言

文化安全既是政治性的问题,又是学术性的问题。人们最初认识到文化安全的问题,可追溯到20世纪初期,是以法兰克福学派对文化工业化的批判为肇始的。他们敏锐地发现,发达资本主义国家凭借其文化工业产品的输出和媒介的传播优势对世界上其他各个民族的文化多样性产生了深刻的影响,其最终目的是使西方国家所主导的价值观成为全球化的统一意识,实现意识形态领域的征服。一个多世纪以来,这个隐蔽性的问题愈演愈烈,已经成为破坏各民族意识形态、文化自信、文化生态乃至导致"和平演变""颜色革命"等综合性的政治问题的巨大隐患。对此,党的十九大报告明确提出了"总体国家安全观",文化安全正是其中之一,体育文化自然囊括在其中。武术文化如同一艘古老的航船,在西方体育文化的冲击下飘荡摇曳,倍受侵蚀。自近代以来,武术文化安全的问题伴随着文化霸权主义的兴起,从隐蔽走向外显,从外部撼动渗透到内部裂变,逐渐演变成为维护文化自尊、自立、自信以及增强民族凝聚力而不得不应对的、紧迫性的时代问题。

本章内容主要包括以下几个方面:首先,对文化安全的理论背景进行较为详尽的阐释,这是本书的理论出发点。其次,对西方的体育文化特点、历史地位及相关的文化安全策略进行探讨。文化安全是一个对立性的概念,对西方体育文化相关探讨的目的在于"知己知彼",是武术文化安全自省自察的镜鉴。再次,在宏观层面上对我国体育文化历史、特点进行梳理,力求从根源上寻找和比较与西方体育文化之间的差异,为进一步探讨武术文化安全的应对路径奠定基础。最后,对武术文化安全的研究现状展开综述,为聚焦在武术文化安全研究的视角、框架等提供启示与理论参考。此外,对于本书所涉及到的主要研究方法、研究意义与目的作出说明。

第一节 文化安全的理论背景

一、文化安全的理论起源与国外研究现状

20世纪初期,以安东尼奥·葛兰西(Antonio Gramsci)为代表的无产阶级文化学者揭开了"文化霸权理论"研究的序幕。1944年,西奥多·阿多诺(Theodor Wiesengrund Adorno)与马克斯·霍克海默(Max Horkheimer)提出了"文化工业"的概念,指出"文化工业"生产出来的产品具有"同质性"和"可预见性"两大特征。法兰克福学派认为,"文化霸权"以消费主义为特征,借助高技术手段进行大批量生产的文化工业,尤其是通过大众媒介广为传播的西方文化,其实质是对意识形态的控制,导致丧失文化的多样性和民族性。法兰克福学派批判理论家利奥·洛文塔尔(Leo Lowenthal)指出"文化工业生产出来的文化具有标准化、模式化、保守、虚幻等特征,是极具操纵性的消费品"。而这种"文化工业消费品"在赫伯特·马尔库斯(Herbert Marcuse)看来是"令人无法拒绝,向人们灌输某种虚假意识,操纵着人们的思想。"爱德华·萨义德(Edward Said)提出了"文化帝国主义理论",该理论认为发达资本主义国家凭借其强大的科技实力、金融资本、高度发达的文化产业等进行的文化扩张,其目的是把其所主张的"优越文化"灌输给其他国家的人民,使他们自愿服从这种文化的统治。研究的主旨是避免西方文化对其他国家和民族文化及意识形态的控制,从而保持民族文化的多样性和独立性。

"文化安全"的概念是针对"文化霸权"和"文化帝国主义"提出的。在全球一体化的背景下,"文化安全"日益受到各国的重视。美国学者尼尔·波兹曼(Neil Postman)在《技术垄断:文明向技术投降》一书中,将文化分为"工具使用文化、技术统治文化和技术垄断文化",揭示和预判了"文化帝国主义"在全球范围内逐步实现文化统治的现实形势和发展趋势。此外,还有许多哲学家和文化学学者提出了"视觉化""信息碎片化",以及"传播技术"等现代特征成为了威胁"文化安全"的重要内因。近来一些学者们从文化心理学、文化政治学、社会心理学等角度扩大了研究的维度和深度。帕赫努塔认为,全球化现象对社会、经济、政治、军事和文化等方面造成了深刻影响,当今的安全战略应基

于对区域行为者所体现的全球化现象的跨学科理解;金斯利·埃德尼(Kingsley Edney)认为,中国的软实力研究旨在改善安全困境和帮助中国实现"和平崛起",但忽视了一个重要的环节,即把解释软实力作为对国内安全挑战的一种回应;梅尔·格里菲斯(Mel Griffiths)等认为,文化偏见会影响风险认知,并可能滋生"安全自满",导致风险缓解效能的衰退,文化的世界观和安全风险认知具有高度的相关性;阿戈利基·欧霍(Aggeliki Tsohou)通过分析文献发现,个体的认知、信念和偏见对安全策略遵从行为有显著影响,并提出了通过改善认知与移除文化偏见来提高对风险的感知和安全行为能力的途径。这些研究成果为我们带来有益的思考和启示。近年来的研究表明,文化安全的问题,并非是单纯的文化方面的问题,它涵盖了意识形态、价值观念、群体行为、族群意识、国家安全等诸多领域,我们正处于世界百年未有之大变局之中,在实现中华民族伟大复兴的过程中,文化安全问题将会无可避免地成为综合国力较量的新战地。在这个宏大的领域当中,武术文化安全研究应是当代学者共同的历史责任,也是践行总体国家安全观的具体路径之一。

二、国内文化安全研究现状

21世纪初,我国学者开始对文化安全问题展开了研究,提出了文化安全的概念及基本理论框架等。党的十八大以来,"文化安全"成为了研究的热点,一些理论观点也给后续研究提供了有益的启示。2014年4月15日,习近平总书记在中央国家安全委员会第一次全体会议上首次提出了"总体国家安全观"这一具有划时代意义的重要概念,并指出,当前我国国家安全内涵和外延比历史上任何时候都要丰富,时空领域比历史上任何时候都要宽广,内外因素比历史上任何时候都要复杂,必须坚持总体国家安全观,以人民安全为宗旨,以政治安全为根本,以经济安全为基础,以军事、文化、社会安全为保障,以促进国际安全为依托,走出一条中国特色国家安全道路,可见文化安全的问题被提升到新的高度。曹泽林在《国家文化安全论》一书中对西方文化霸权及文化帝国主义的兴起、影响,并对我国文化安全的针对性策略进行了深入地研究,从意识形态的高度论证了文化安全的重要意义,对我国诸多领域的文化安全面临的问题进行了系统的论述,并提出了文化安全的应对策略。刘跃进通过研究认为,文化安全问题始终与三大关系纠缠在一起,即"本族文化与异族文化的关系"

"先进文化与落后文化的关系""文化的民族性与文化先进性的关系";董璐认为我国文化安全正在遭受"内生性、外生性根源"的双重威胁,同时指出现当代文化安全遭受威胁所导致的可见及可预见的后果,诸如"文化的标准化和同质化""文化的娱乐化和商品化""文化多样性被破坏"等,提出了"传播技术的发展成为威胁文化安全的诱因和内生性物质根源",诸如"传播技术对文化的控制与垄断威胁着文化多样化""信息的碎片化和视觉化对文化造成多种破坏"等观点,指出"内生性根源",即文化的认同与传承是核心问题。胡惠林通过研究认为"当全球进入'后真相、后西方、后秩序'时代的时候,国家文化安全现代性构成了关于国家文化安全认知系统的新生态特征。内部性与外部性文化关系冲突是引发文化生态危机和国家文化安全危机的原因。塑造良好的外部文化环境和内部文化环境是维护和实现国家文化安全的重要文化生态保障。中国要实现和维护国家文化安全,必须在保护文化遗产和文化资源安全的同时,实现从单一时空领域里的文化安全走向系统整体范畴的文化安全"。潘慧琪对"文化帝国主义"及其相关概念进行了文献研究,较系统地阐释了"文化霸权""文化帝国主义"的理论缘起与基本释义、代表性观点及其背景特点等,该研究对深刻认识文化霸权、文化帝国主义提供了有力的借鉴。李文君基于国家文化安全对中国文化认同构建展开了研究,提出了"文化认同将一个松散于不同地域的人们团结起来的内在凝聚力,是民族、国家现代化进程中的政治和文化资源。全球的新的文化认同的变迁与中国的现代社会转型深刻影响着中国文化认同的变迁与形成,'开放'与'变化',打破了中国传统社会固有的稳定的认同模式与认同格局,引发了认同危机。全球文化的交融、强弱势文化的对抗,在参与文化全球化的过程中,中国文化认同的构建和国家文化安全面临着全面的挑战,中国文化认同、国家文化安全与国家安全成为突出的时代课题。"王瑞香认为,"国家文化安全是国家生存和发展免于受到威胁的状态,其核心是文化主权的独立与完整,安全防范的焦点是文化霸权。"颜子悦在美国人约翰·B·亨奇(John B. Hench)《作为武器的图书》的总序中写道:"《国际文化版图研究文库》以'全球视野、国家战略和文化自觉'为基本理念,力图全面系统地译介人类历史进程中各文化大国的兴衰以及诸多相关重大文化论题的著述,旨在以更为宏阔的视野,详尽而深入地考察世界主要国家在国际文化版图中的地位以及这些国家制定与实施的相关的文化战略与战术。"文化安全的问题成为了如今我国学者关注和研究的热点领域之一,其涉及到文化、政治、传播等学科,呈现出多学科交叉的特点。

第二节　西方体育文化的特点及其文化安全的保护策略

一、奥林匹克运动与西方体育的文化特点

"奥林匹克"并不等于西方体育，但是二者之间有着密切的联系。从某种意义上说，成为奥运会项目是当今最能体现"体育文化安全"的方式。奥林匹克运动起源于古希腊，是伴随着人类的宗教祭祀活动产生的。由于古希腊与爱琴海、地中海、伊奥尼亚海等海域相邻，许多城市都临海而建，与伯罗奔尼撒半岛、克里特岛等岛屿，以及部分内陆城市共同组成了古希腊城邦，诚如柏拉图所说："希腊人就像一群围绕在池塘周围的青蛙或蚂蚁。"自然地理特点使古希腊人形成了热爱航海的习惯和富于挑战的精神，同时也产生了对海神波塞冬的崇拜，古希腊的许多建筑与体育活动也都与纪念海神有关。伊迪丝·霍尔（Edith Hall）认为，古希腊人具有"擅长航海、质疑权威、看重个人、有求知欲、思想开放、乐于接受外来影响和新鲜事物、追求卓越、乐于享乐"等"十大特点"。在"多神崇拜"与富于反抗、质疑、冒险等精神的作用下，人与神之间、人与人之间的对抗与争斗使得古希腊人的历史在某种程度上与《荷马史诗》呈现出一定的相似度，生活即是史诗。因而古代奥林匹克运动代表的人文精神是挑战、冒险、竞争和追求强大。伴随着古希腊人的殖民主义向欧洲大陆扩张，其在哲学、文化等方面都对欧洲大陆产生了深远的影响。之后随着马其顿、罗马帝国，以及基督教、伊斯兰教的交替崛起，古希腊文明开始走向没落甚至消失。

基督教统治之下的欧洲奉行神权至上，人权日减消退，尤其是中世纪欧洲的极端宗教主义给人类社会带来了巨大的灾难。为了人类社会的进步、提倡健康的生活方式，欧洲展开了"文艺复兴运动""宗教改革运动"和"启蒙运动"三大思想解放运动，人们的思想逐渐得到解放。现代奥林匹克运动的兴起一方面是继欧洲三大思想解放运动之后，基于古希腊人多神崇拜的文化特点来对抗教会"唯一真神"的思想禁锢，进而寻求人的自由和平等，表达对健康的诉求和对生命的尊重。《奥德赛》的主人公奥德修斯就是人权向神权抗争的代表，是古希腊人所崇拜的英雄人物。奥德修斯由于得罪了海神波塞冬而遭到诅咒，遭遇了神布置下"求知欲"的陷阱，致使他的船员变成了猪。经历过全军覆没和遭遇叛变的危机之后，奥德修斯

凭借智慧和勇气终于战胜了神魔。《荷马史诗》中的另一个重要人物——普罗米修斯，为了人类盗取火种而背叛了天神，因而受到了严酷的惩罚，但是他却得到了人类的敬仰。这两个史诗中的人物，都有"质疑权威"、背叛"神"的特点，故事的背后都是人权与神权的抗争。可见，在古希腊文化中，"以人为本"是作为第一要义且贯穿始终的，这也正是现代奥林匹克兴起的重要原因；另一方面，在"一战"的阴云下，欧洲强国既谋求人民身体强健、国防安全，又希望通过体育交流促进和平，实现教育目的。因而德法两国出于军事强国竞赛、身体教育、文化交流等目的，率先进行了对古代奥林匹克运动的考察，为近现代体育运动的发展提供借鉴和启示。继德国人挖掘了奥林匹亚遗址之后，法国人顾拜旦发出了"为什么法兰西不能着手恢复它古代光荣的历史呢"的豪言壮语，并在法国政府的支持下，终于通过不断的努力实现了现代奥林匹克运动的复兴。

从文化形成与发展的角度来看，现代奥林匹克运动是以欧洲的运动体系为内核向世界范围辐射的，是建立在欧洲文化共同体基础之上最终发展形成的"普世价值文化"。从欧洲的历史上看，国家与国家、民族与民族的界限似乎并非泾渭分明，西蒙·蒙蒂菲奥里（Simon Sebag Montefiore）著的《耶路撒冷三千年》、威廉·曼切斯特（William Mamchester）著的《黎明破晓的世界：中世纪思想思潮与文艺复兴》、彼得·弗兰科潘（Peter Frankopam）著的《丝绸之路：一部全新的世界史》、伊迪丝·霍尔（Edith Hall）著的《古希腊人：从青铜时代的航海者到西方文明的领航员》等都说明了欧洲各国家与民族具有深厚的渊源，在文化上具有同一性。以古希腊为起点，擅长航海的古希腊人以爱琴海、地中海为核心，从伯罗奔尼撒和克里特岛逐渐向外进行殖民扩张，与西班牙、葡萄牙、法国、意大利等紧密地联系在一起。如希腊水手与法国公主结婚共建马赛，希腊人毕达哥拉斯移居意大利传播希腊哲学……在欧亚大陆的政治、权利与宗教的争夺之中，马其顿征服了古希腊，亚历山大征服了欧亚大陆、屋大维创建了罗马帝国、拜占庭与君士坦丁崛起与扩张、基督教十字军东征……几乎整个欧洲大陆都裹挟在不休的战争之中。迈锡尼人、腓尼基人、古希腊人、罗马人、犹太人、盎格鲁-撒克逊人、维京人共同构建了欧洲的宗教、历史与文化。

第一次世界大战与第二次世界大战带给全世界的创伤使人们深深陷入了对文明的反思，反对霸权、爱好和平、共同进步成为了全人类的共同诉求。因而，在古代奥林匹克运动"停战协议"历史传统的象征性意义指引下，现代奥林匹克运动以"体育运动为人的和谐发展服务"为宗旨，"通过促进奥林匹克运动参加者个人的和谐发展，促进不同国家和地区、不同文化、不同政治信仰人们之间的相互了解，进而促进和维护世界和平。"明确了现代奥林匹克运动的社会和教育功能，使之成为了超越宗教、种族、肤色、意识形态、文化等一切人类学意义上的差异，受到全世界人们的尊重和热爱，在人类社会中产生着巨大的影响，具有跨文化的教育意义的一项全球性体育盛事。

尽管奥林匹克反对政治干预，但是客观地说，奥林匹克运动是不可能完全脱离政治而作为"象牙塔式"的纯粹精神世界存在的。同时冬、夏季奥运会竞赛项目也确实是以西方体育运动项目为主体设立的。因此，西方体育文化自然"近水楼台先得月"，占据了世界体育文化的主流。迄今为止，国际奥委会主席仍然是由西方国家轮流担任，国际奥委会委员和国际奥委会执委也是被西方国家把控的。奥运会的申办、相关条件的评估、评价标准，以及奥运项目的设立或退出、参赛与竞赛规则的修订等都深受西方国家的影响。我们不妨设想一下，为什么中国作为收割乒乓球奥运金牌的"专业户"，却不能参与制定或修改这项运动的竞赛规则呢？也正是因此，体育国际话语权的问题也成为了我国体育学研究的热点之一。

近代以来，西方列强在全球范围内实行的殖民主义使西方体育霸权文化形态得以凸显，并产生了深刻的影响。如在日本的明治维新后，西方体育对日本的输出使日本的军事实力得以增强，"体育"的概念得以引入，英国的户外运动对日本学校体育中"快乐体育"理念的提出产生了重要的影响；近代中国为谋求独立与自强，以"师夷长技以制夷"的发展战略引进了"学校体育"，尽管出现了"土洋之争"，主张"中体西用"，但是从学校体育的内容上来看，迄今为止还是以西方竞技体育项目为基本纲目，从目前我国学校体育的状况来看，民族传统体育的发展和受学生们欢迎的程度仍然是不容乐观的。近代亚洲在西方国家的影响下，1913—1934年在中国、菲律宾、日本等国举办了十届远东运动会，在第五届远东运动会上，中国武术队要求进行表演，但却遭到了大会筹备干事美国人盖里（Gary）的阻挠，他认为"武术既缺乏教育价值，又不符合生理需要"。这显然是以西方价值观作为唯一评判标准进行的主观判断，试问不懂武术、不了解武术的人如何客观、正确地评价武术的价值与意义呢？《不可思议的印度》一书中提到，在英国殖民统治下的印度，人们以学习和参与英国的体育运动为自豪和荣耀，以讲英语为上流社会的标识。显然，文化霸权已经在全世界范围内烙下了深深的烙印。

需要注意的是，尽管奥林匹克运动不等同于西方体育，但是由于二者之间存在着密切关系而导致西方体育文化在文化霸权上具有明显的战略优势，且具有一定的隐秘性，可以说文化霸权主义混杂和隐藏在奥林匹克运动之中。古代奥林匹克运动体现出的"野蛮体魄""富于冒险""勇于挑战"等对于人类社会的发展、文明的传播乃至人类进化等方面起到了积极作用，但同时也对西方的意识形态、价值观念产生了深远的影响，甚至可以视为一种直觉的、根深蒂固的生存法则和阶级观念，即弱肉强食、优胜劣汰。强大、先进的民族征服、统治其他民族、部落，并对被统治民族进行"驯化"，使其在文化上、心理上接受不平等的阶级观念。一些西方国家的民粹主义、极端民族主义表现得更为赤裸、直接。一些西方国家不仅具有高人一等的民族心理，并且还对人类的心理文化进行深入的考察，意识到文化上的征服是影响更为持久深远的。美国人哈罗德·伊罗生（Harold R. Isaacs）在《群氓之族：群体认同与政治变迁》一书中指出，族群之间的隔阂是永远不能被消除的，群体认同是一个固执的、永恒的"姆庇之家"。例如，印度"圣雄甘地"与尼赫鲁政府曾试图消除印度的种姓制度，以在民众中建立一个统一的"印度民族"意识，希望通过改掉劣等种姓的做法，来消除因劣等种姓的存在而带来的极端歧视。但结果却是"优等种姓"仍然歧视"劣等种姓"，"劣等种姓"族群的社会地位实际上并没有得到改善，反而让他们在一定程度上迷失了自己的阶级和固有的生活方式、价值观念。日本的一个少数民族被称为"贱民"，由于其在日本社会地位低下，教育水平、经济发展水平以及社会参与度低等，导致其难以融入日本主流社会。同样，犹太人在以色列建国后，陷入了自己是犹太人还是美国人或是欧洲人的矛盾与困惑之中，挣扎在种族与国家的混乱与痛苦之中。美国哈佛大学的心理学教授马扎林·贝纳基（Mahzarin R. Banaji）和华盛顿大学心理学教授的安东尼·格林沃尔德（Anthony G. Greenwald）对美国白人进行了一项心理测试，被调查者大多数都愿意捐助那些需要帮助的人，但当捐助对象被标识肤色时，调查结果显示被调查者更愿意捐助白人，而很少有人愿意对黑人进行捐助。上述研究表明，人类的种族意识依然十分强烈，这解释了文化霸权或者文化帝国主义存在的人性根源，即在种族意识的驱使下，西方国家在体育文化上的心态也是高高在上的，认为他们应该被其他国家和民族效法和提倡，正如一些西方国家所鼓吹的"民主"，是带有极强西方双重标准的民主，这是深层次意识形态的本性所决定的。现代奥林匹克运动在一方面以"公平""平等""团结""消除歧视"等为奥运精神，与西方的殖民主义、文化霸权具有非同质性。但是从另一个角度上来看，西方体育文化既与奥林匹克文化存在区别，但又把其强大的文化霸权隐藏在奥运精神的旗帜之下。因此，将"奥林匹克文化"等同于"西方体育文化"就是一个文化陷阱，而我们更应该重视的是如何将"奥林匹克文化"与"西方体育文化"相剥离，将我们民族体育文化及时高效地融入到奥林匹克之中，使之成为民族文化的外延。

二、西方体育文化观念与主要的保护策略

英国人托尼·柯林斯（Tony Collins）认为"在人类历史的大部分时间中，大多数人的生活即是工作，工作即是生活。当工作和生活的对等关系暂时中断时，运动便发生了"。欧洲人把运动视为生命和生活的一部分，因而"运动"或者"体育"这一人类社会现象引起了许多西方思想家的深入思考。古希腊哲学家、教育家苏格拉底认为"体育"和"音乐"是教育的基石，其教育目标是"用音乐陶冶情操，用体育强健体魄。"《理想国》中说："于那些身体不健全的，城邦就任其死去。"可见，在古希腊人的观念里，身体不健康、不够健壮，是不符合"人才"标准的，甚至有被社会淘汰的可能。"体育"是古希腊人立足社会的首要条件，是立身之本，也是对古希腊公民保护城邦、保护法律的基本要求。许多史料记载了古代斯巴达的体育教育（军事体育教育），这也在另一个层面佐证了体育在古希腊教育体系中的重要地位。关于体育的起源说，有许多观点认为体育（运动）的本质是游戏，认为"游戏"是体育的起源之一。荷兰历史学家、文化学家约翰·赫伊津哈（Johan Huizinga）认为"在文明生活中，伟大的本能力量滥觞于神话和仪式：法律和秩序、商业和利润、工艺和艺术、诗歌、智慧和科学全部滥觞于神化和仪式——这一切都扎根在原始游戏的土壤中。"而游戏就是人类生活中不可或缺的一部分，19世纪初欧洲的一位无名氏所作的一首打油诗这样写道："生活呀，就像是运动——求胜呀，不靠运气，倒是技巧，常把运气送过来。"德国人沃尔夫冈·贝林格（Wolfgang Behringer）在《运动通史》一书中认为运动史是人类历史的重要组成部分，对运动史的考察是认识人类历史社会的一面镜子。他提出了"体育化的过程当属现代化的基本过程。它应该被作为近代历史上的十几个关键词之一来理解，这些词描述的是一些基本变化过程，如纪律化、法制化、世俗化、现代化、全球化"等命题。书中列举了神圣罗马帝国皇帝查理五世、法国国王佛朗索瓦一世、英国国王亨利八世等帝王都十分爱好运动，古希腊哲学家柏拉图年轻时获得过摔跤冠军、英国物理学家艾萨克·牛顿（Isaac Newton）在晚年依然喜欢炫耀自己的肱二头肌，愿意回忆自己当拳击手的那段岁月，而很多政治家也喜欢展示自己精力充沛、意志坚韧的形象。在西方人的传统意识里，运动是勇敢、阳刚之气甚至侵略性的另一种表达，是民族与国家强大的基石。1896年，罗宾逊（B. F. Robinson）曾说道："运动对英国军事的支配地位极为重要，并且是欧洲国家常见的代替兵役的手法。"正如托尼·柯林斯（Tony Collins）所说的："运动和帝国的同时发展并

不是巧合，而是一个过程。"运动、尚武、好斗、强国，在一定的语境下其含义具有一致性。英国人约翰·基甸·米林根（John G. Millingen）在其所著的《决斗》一书中记录了中世纪以来欧洲各国不同阶层的人进行决斗的案例，指出了欧洲人具有崇尚武力的风俗和勇于用决斗的方式来维护自己的荣誉和尊严。18世纪英国作家赛缪尔·约翰逊（Samuel Johnson）指出："在一个高度文明的社会中，一次侮辱会被认为是严重的伤害，因而必须受到憎恨，或者甚至必须为此进行一次决斗。人们公认忍受这种侮辱而不进行决斗的成员，必须被逐出他们的社群。"在《决斗》一书中，记录了来自法国、英国、俄罗斯、意大利、西班牙、德国、比利时、荷兰，以及美国、加拿大等皇室贵族、诗人学者、军官侍从等不同阶层的人进行决斗的经典案例，决斗、暴力在当时被视为一种美德而被追捧，成为了代替司法裁决、解决纠纷、俘获爱情、恢复荣誉等的重要手段和途径，成为了与律法并行的另一条路径。因此决斗也成为了欧洲骑士阶层、贵族阶层从事骑术、剑术等运动的助推剂，"野蛮体魄"成为了西方家国民族乃至个人的立世哲学。诚如陈独秀在《东西民族根本思想之差异》一文中所感慨的那样："西洋民族以战争为本位，东洋民族以安息为本位。儒者不尚力争，何况于战？……若西洋诸民族，好战健斗，根诸天性，成为风俗。自古宗教之战，政治之战，商业之战，欧罗巴之全部文明无一字非鲜血成书。英吉利人以鲜血取得世界之霸权，德意志人以鲜血造成今日之荣誉，若比利时，若塞尔维亚，以小抗大，以鲜血争自由，吾料其人之国终不沦亡。其力抗艰难之骨气，东洋民族或目为狂易，但能肖其万一，爱平和尚安息雍容文雅之劣等东洋民族，何至处于今日之被征服地位？西洋民族性恶侮辱宁斗死，东洋民族性恶斗死宁侮辱。民族而具如斯卑劣无耻之根性，尚有何等颜面，高谈礼教文明而不羞愧？"从这点上看，日本的武士道与西方的体育精神颇有相似之处，因此从意识形态上看，很多观点都认为日本是西方国家。现代一些西方国家的政要、达官贵人依然痴迷于运动，如在英国前首相卡梅伦和威廉王子的推荐下，英国女王授予了足球运动员贝克汉姆为爵士，原美国总统小布什喜欢跑步、骑自行车，美国前总统贝拉克·奥巴马喜欢篮球和慢跑，美国前总统唐纳德·特朗普曾经是一名棒球运动员……

体育运动对于西方文化来说还有一个重要的特征，那就是商业化，是基于社会生产力的发展、社会分工的细化，人们为了追求消遣娱乐而展开的体育商业化活动。托尼·柯林斯（Tony Collins）指出："18世纪初期开始，印刷资本主义和运动共生、相互依存。"1715年，英国杂志周刊就开始为拳击赛事做广告，这一商业行为至今仍广为沿用，甚至在美国洛杉矶奥运会上改变了奥运会不得参与商业活动的禁令。英国体育商业化具有广大的民众基础，人们对参与运动、观看体育竞赛有着巨大的热情，甚至会与雇主、企业家发生冲突，这引起了上层社会的批判，他们甚至认为体育娱乐是不道德的，故而政府和教会对工人们参与运动下达了的禁令。代表性的反对观点如威廉·温德姆（William Windham）认为："绅士们应该急切地让下层人民放弃他们的娱乐。如果他们沉溺于这样的消遣当中，就无法有效工作。"但是对于工人参加运动和观看体育竞赛的禁令并没有打消人们的热情，反而激化了工人阶级与资产阶级之间的矛盾，并引起了工人阶级的罢工和暴动。工人阶级打破了贵族对于运动资格的垄断，他们之中产生了许多体育明星，使得很多工人开始脱离生产劳动，职业运动员大规模出现，随着俱乐部、球员转会等商业化活动的逐渐兴起，带动了相关产业的不断发展，体育或者运动也成为了西方社会不可或缺的重要组成部分。

正如上所述，西方国家的体育观念深深地根植于民众的心里，在体育文化安全方面，西方体育文化在世界上处于"文化霸权"的强势地位，较少涉及到自身的文化安全问题。即便如此，西蒙娜·库斯特克·里皮塞（Simona Kustec Lipicer）（2007）的研究发现，欧盟各国仍旧重视体育文化安全战略，并试图建立共同的欧盟体育政策、编制体育白皮书。无论是在竞技体育方面，还是在体育科学学术研究以及学校体育、休闲体育、体育产业等方面，西方体育文化是占有绝对的"霸主地位"的。因此，这样的条件下就决定了我们不得不对自己民族文化安全的问题进行更为深刻的思考。

第三节 我国体育文化的特点与近现代转折

一、我国体育文化的特点

"体育"一词在我国属于舶来品，它引自日本对西方相关概念的翻译，其概念与层次划分至今仍无定论。在英语的近义词中，有"Physical Education（体育）""Sports（运动）""Game（游戏）""Exercise（锻炼）"等，分别表达了不同的含义。从中国几千年的历史来看，还没有出现与之涵义直接对应的词汇，一些与运动相关的用词主要有"射""御""导引""手搏""养生术""吐纳""武艺""气功"等，再有就是直接以运动项目命名的词语，如"捶丸""蹴鞠""马球""投壶""秋千""风筝"等。习惯于用抽象性、概括性词汇表达的中国传统文化在体育方面的用词表达却表现出了审慎的特点，例如"气功"是到了现代才出现的词语。"'气'在中国古代的哲学地位非常高，古人对气的阐述也十分周到细致，但儒、释、道、中医各家都没有将养生、健身类的活动总括为气功，而分别被命名为'养气''导引''内丹''吐纳''按摩''按跷'等。古代相关资料中，很少有对'某功'的记载。遍阅《道藏》一书的目录，不曾见到一个带'功'字的养生方法。'功'字在古代更多的是代表'功绩''功德''文治武功''大功告成'之意。惜字如金的古人不肯轻易把'功'字赋予某项运动。"在中国古代文化中，运动贴近于游戏，而体育则是贴近于"精英教育"的，而这种教育是带有明显功利色彩的，以"学以致用"为主要目的，满足仕途、功德、礼仪、社会交往等方面的需要，而不是以普遍化的身体教育为主要目的。从古代社会的人才价值认同上看，游戏的主体只能是"妇孺"，而非成年男子，因为"业精于勤荒于嬉"是古人评价"君子"的重要标准。因此，我国很多体育类非物质文化遗产项目都归属于"游艺类"。中国的"体育"从功能划分上看，主要分为五类：第一类是作为目的性很强的职业培训和精英教育手段，如"射""御""武举考试""军旅武艺"，此类项目几乎并不以"娱乐性"为主要目的；第二类是"玩"，如放纸鸢、投壶、马球、捶丸等，但是几乎没有产业化、教育等其他附属功能；第三类是宗教祭祀与民俗活动，如龙舟、登山等，这些项目具有一定的文化意义，因此偏向于精神象征层面；第四类是"戏"，这里的"戏"不是"游戏"，而是"百戏"，如"打把势卖艺""瓦舍勾栏"等，是一种职业或者谋生手段，其目的是通过取悦别人来获取生活和生产资料；第五类是民间武术。民间武术具有四种基本形态，即地域武术、江湖武术、教派武术、秘密会社武术。武术的主要社会群体是农民、商人、手工业者、自谋职业者以及一些游民等，他们属于社会层次较低的群体。由此可以看出，中国古代的"体育"实际上具有很强的阶级分层和伦理观念，它们一部分属于"玩"和"观赏"的上流社会阶层，一部分属于"取悦于人"和"自娱自乐""谋求生活"的下游社会阶层。而中国古代"体育"没有商业化、产业化，可能主要有两个方面的原因：其一是中国长期以来的封建专制的统治结构。其矛盾对立关系可以简单描述为"官"和"民"，或者是"庙堂"与"江湖"的二元对立结构，介于"官"和"民"之间的资产阶层的力量微不足道。官有官的礼制，民有民的礼制，即所谓的"雅俗"之分。由于士族阶层极为注意自身形象的社会导向和影响力，而民族资产阶级在当时的地位较低，民间的财力、物力以及精力又难以达到产业化的条件。古代中国的资产阶级是不介入体育产业的，体育经济似乎只限于打把势卖艺的"艺人"。中国古代几乎没有专门的体育场地设施，也没有专门的生产运动器材的厂商。就地取材、手工制作是古代中国体育类活动的重要特征。例如，古代中国没有用于力量练习的哑铃、壶铃、杠铃等，只有石锁、石磨；没有玻璃纤维的钓鱼竿，只有竹竿；没有运动场和竞技场，只有庙会和瓦舍；其二是古代中国"士、农、工、商"阶级观念的制约，中国古代"轻商""贱娱乐"有根深蒂固的文化传统。体育休闲娱乐的主要生存空间是酒肆瓦舍、江湖闹市之中。如南宋吴自牧在《梦粱录》卷十九"瓦肆"条中写道："瓦舍者，谓其来时瓦合，去时瓦解之义，易聚易散也。不知起于何时？顷者京师甚为士庶放荡不羁之所，亦为子弟流连破坏之门。"可见，中国古代传统的"学以致用""玩物丧志"观念与西方的"运动"或者是"体育"观念是截然不同的。德国文化史学家沃尔夫冈·贝林格（Wolfgang Behringer）说过："从小到大历史课，包括大学历史课，我们从未听老师讲到体育运动。但这并不能说明历史中不存在体育运动，只能说明教育政治家和历史学家们另有偏爱。为什么在传统的历史记载中几乎找不到有关体育运动的信息呢？其中一个原因可能在于：钻故纸堆的兰克（Leopold von Ranke）的学生们不愿把一些历史人物——如神圣罗马帝国皇帝查理五世、法国国王佛朗索瓦一世和英国国王亨利八世描绘成汗流浃背的运动员或大声呐喊的粉丝。"他在书中这样批注："历史学家们有厌体育症吗？"实际上，中国的文史学家比欧洲的文史学家有更严重的"厌体育症"，并且历史上和社会上的普通民众在传统文化伦理的教化之下也具有一定的"厌体育症"，尽管中华民族非常具有休闲娱乐精神，在玩虫逗鸟、遛狗斗鸡、古玩茶瓷、棋牌曲艺等方面都具有较高的造诣，但对于"崇尚竞争""汗流浃背"甚至"有伤风化"的体育运动还是有一定的排斥意识。至少在"重文抑武"的封建社会时期，类似"野蛮其体魄，文明其精神"的观念意识、教育理念几乎很少存在。

二、近现代民族体育文化的发展与转折

1840年鸦片战争标志着中国近代史的开端，半殖民地半封建的晚清政府为了维持统治、谋求国力强盛，改变了"闭门锁国"的政策，在洋务派的倡导下，提出了"师夷长技以制夷""师夷长技以自强"的主张，开展了洋务运动。近代中国在向西方学习军事、工业、科技等的同时，教育和文化也受到了巨大的冲击。梁漱溟在论述中西文化时说："我们所看到的，几乎世界上完全是西方的世界……我们的生活，无论是精神上、社会方面和物质方面，都充满了西方化，这是无法否定的。所以这个问题的现状并非东方化与西方化对垒的战争，完全是西方化对于东方化绝

对的胜利，绝对的压服！"人们也日益意识到，鸦片对健康、对社会造成了极大的危害，"强国强种"成为振兴民族的呼声，民族的体质健康和尚武精神成为了改良民族与社会的重要手段。《奏定学堂章程》（1903年制定，1904年1月公布）的颁布标志着我国学校体育的诞生，自然主义教育思想和军国民体育思想成为了当时学校体育教育的主要思想。一些外国专家和体育传播者对我国学校体育的发展起到了重要的作用，如"1908年一批美国青年会体育干事来到中国……有的还进入中国高校任体育教授或体育科主任……培养专业的体育人才"。当时学校体育的主要教学内容以西式体操、军事体操、田径和球类为主。例如，"当时北洋水师学堂所设置的课程有击剑、刺棍、拳击、哑铃、足球、跳栏、跳远、跳高、游泳、滑冰、平台、木马、单双杠等"。

为了反对全盘西化，一些教育界人士和军政人士主张"中学为体，西学为用"，揭开了文化"土洋之争"的序幕。"1910年，陈英士、霍元甲等在上海创办精武体操学校（后改名精武体育会），孙中山先生亲笔题写了'尚武精神'的匾额，精武体育会主要教授武术，视武术为体育……并设置体操、拳击、摔跤、举重、篮球等诸多西方体育项目。"1914年徐一冰在《整顿全国学校体育上教育部文》中建议将武术列为高等小学、中学、师范学校的正课。1915年4月，在天津召开的"全国教育联合会"第一次会议上，通过了北京体育研究社许禹生等提出的《拟请提倡中国旧有武术列为学校必修课》议案。当时的教育部明令"各学校应添授中国旧有武技，此项教员于各师范学校养成之。在"五四运动"的影响下，进步人士追求科学和民主，反对封建文化，提倡新文化运动。"在社会体育方面，当时的一些上流社会阶层的时髦分子以打网球、骑自行车、打乒乓球为主要娱乐手段，这些运动在当时代表了进步、开明、健康的新风气。当然，也有一些上流社会人士以打太极拳为修心养性、强身健体的手段，坚持"土体育"的文化传统，尤其以当时的社会精英阶层为著。

1927年国民党政府刚刚上台，就有大批要员联名呈请政府，要求改"武术"为"国术"，发起人有宋子文、李烈钧、蒋介石、孔祥熙、李宗仁、于右任、何应钦、蔡元培、何香凝等人。蒋介石认为"拳术国技为我国固有之体育，奋发振作之良好运动"。在此背景下，一些军事学校、讲武堂等增列了武术等民族体育课程。原中央国术馆馆长张之江认为："盖国术之用，不仅强身强种，且可拒寇御敌；既合生理卫生，又极经济便利；不拘于性别老弱，不限于时间空间；富美感，饶兴趣；锻炼甚便，普及亦易。"民国时期的马良创编"中华新武术"，借鉴西式体操特点和模式，对武术进行了改良。

同时，也有一部分人将之视为伪科学，认为其是封建文化的糟粕。以鲁迅为代表的新文化运动倡导者，"对借用武术鼓吹复古倒退的'国粹'思想和'鬼道精神'进行了批判"，西方体育家麦克乐（McCloy）等讥笑武术只是与空气打架的东西，"既乏教育价值，又不合生理的需要"；谢似颜在《评大公报七日社论》中说："武术要受近代解剖、生理、卫生、教育等科学的洗礼，方认为有用处，绝对地不许再说那丹田还气、太阴少阳一派的话儿。"无论当时人们对武术持何种态度，不可否认的是，近代以来，武术作为民族传统文化的代表，成为了尚武精神的先锋，霍元甲、蔡龙云，以及王子平、王芗斋、孙禄堂等打败外国武士的事迹不绝于耳，使得武术成为振奋民族精神的强心剂，也成为了国民精神的图腾。基本上可以这样认为，当时的民族体育是以武术为主线的，武术的内容体系也开始从固步自封走向融合，武术操、武术竞技等开始登上历史的舞台，西方文化的冲击对古老的武术产生了显著的影响。

中国共产党成立革命苏区以来，毛泽东同志提出苏区体育工作的方针是"锻炼工农阶级铁的筋骨，战胜一切敌人"。在毛泽东同志的体育思想指导下，中华苏维埃政府明确指示"体育运动，应在工农群众中展开，发动群众经常做各种运动，强健身体。"游泳、单双杠、体操、投手榴弹、篮球等项目在苏区广泛开展，同时武术也备受党和国家领导人的重视，在军事训练、群众健身等方面起到了重要的作用。

中华人民共和国成立初期，在全社会范围内兴起了体育运动的热潮。在毛泽东体育思想指导下，诸如工人体育协会、农民体育协会以及各行业体育协会等组织相继成立，定期举办体育活动。在农村办体育大学、乡村体育学院，培养工农兵学员、体育健将等，通过体育活动保持军队战斗力、劳动生产力和促进人们的体质健康。在学校体育方面，基本上是按照苏联、欧美以及日本的课程体系设置的，在教学内容基本上是围绕着奥林匹克竞赛项目和西方体育项目开展的，如"三大球""三小球"、田径、体操等，武术虽然在1961年就被列入中小学体育教学大纲之中，但至今其发展情况仍不乐观，中小学武术课基本不能开足、开齐，发展情况堪忧。

1979年，我国恢复国际奥委会合法席位后，很快就发挥出了社会主义制度的优越性，"举国体制"和竞技体育项目"战略布局"取得了显著的成效。随着许海峰在洛杉矶奥运会上摘得了我国第一块奥运会金牌，实现了历史性的突破，"人种论"等歧视性的谣言不攻自破，我国的竞技体育开始飞速发展。随着国家的"三化一腾飞""奥运强国""奥运增光计划"等战略计划的实施，我国的竞技体育逐步走向世界的前列，到2008年的北京奥运会达到世界竞技体育之巅，并将出色的表现一直持续至今，始终名列奥运金牌总数和奖牌总数排行榜前茅。

在竞技体育不断发展的背景下，为了寻求发扬中华传统文化、寻找奖牌新的增长点，武术这一民族传统体育成为了我国下一步发展竞技体育的重要内容。长期以来，武术一直是民族传统体育中的一枝奇葩，不断向前发展。从原国家体委主任贺龙提出武术工作的"八字方针"，到后来原国家体委主任李梦华要求"今后谈到武术的价值时，不必强调自卫应敌等，而应该强调它对人民健康的作用，因为增强人民体质就是对国防有益，对生产有益，即便是练习枪、刀、检、棍，也不应理解为战斗武器，而应理解为运动器械"，由此完成了武术内容与形式的过渡和转变。"武术属于体育，又高于体育"成为了具有时代特征的、高度概括性的论断。

有许多观点认为，竞技武术使传统武术边缘化，侵占了传统武术的生存与发展空间，这种观点显然是不客观的，实际上两者之间是相互促进的。但是，其他西方体育项目正在不断挤压武术的生存空间是真实的，尤其是在儿童青少年群体中，习武者数量不容乐观，传承压力日益凸显。从社会体育的视角上看，武术在一定程度上成为了中老年人专属的养生运动。

随着社会的发展，在社会主义市场经济体制的推动下，从开始的国家层面大力倡导和推动，到人们的健康意识不断觉醒，能够自发自为地主动参与其中，健身养生、休闲娱乐成为了一种人们健康生活必不可少的方式，健身气功、武术、广场舞等成为一种人们健身的重要手段。同时，随着国家综合国力的提升，我国少数民族传统体育项目也不断得到发展，体育类非物质文化遗产日益受到党和国家的重视，同时也采取了必要、有力的保护措施和发展策略对其进行保护和发展。

此外，体育产业与国民体质健康也日益受到国家重视，《关于加快发展体育产业的指导意见》《体育产业"十二五规划"》《体育产业"十三五规划"》等指导文件相继出台，近年来"互联网+体育""体育旅游""电竞产业"等新生事物不断充实体育产业体系，也为体育产业的发展带来了巨大的机遇。随着《国民经济和社会发展第十三个五年规划纲要》《"健康中国2030"规划纲要》等指导文件的出台，将"全民健康""健康优先"放到了国家发展战略的高度，寻求创造性地建构整合型医疗服务体系，打造医疗、体育、生活、环境一体化的健康模式，实现"健康中国"的战略目标。不难发现，在系列的"工程""纲要""规划"以及人们日常的生活之中，都不乏武术的身影，武术在社会中一直发挥着重要的作用，而其社会价值、教育价值以及文化价值等却一直被掩盖在"技击论"的阴影之下，这显然是有失公允的。

中国的体育历史文化与西方的体育历史文化相比，具有以下几个显著的特点：第一，中国的体育从大体上看，"游戏"并不是作为主要目的存在的。人们对于

"游戏"的追求止于"因地制宜""就地取材",偏重于"精神""文化""礼法",而忽视了运动乐趣,因而中国传统的民族体育在娱乐性上相对较弱;第二,中国的商业资本很少参与体育产业,球类俱乐部、体育用品等产业近些年来才刚刚开始进入到大众视野之中,目前还并不成熟。企业的成长发展在很大程度上依赖于政策,而不仅是民众的市场需求;第三,中国的体育运动很大程度上体现的是国家意志,并且对于国家的管理和引导具有很强的依赖性。从"洋务运动""尚武精神""强国强种""新文化生活"到"发展体育运动,增强人民体质""全民健康"等,都是官方对体育运动的引导,而不是民众自发自觉的运动参与意识,与农耕文明背景以及传统文化与价值观念的导向有关;第四,轻体力,重脑力。"劳心者治人,劳力者治于人"和老庄学派"静以养生"的文化价值观深刻影响了中国人的体育价值观念;第五,从生命的价值观念上看,中国具有与西方完全不同的文化路径。中国体育在很大程度上意在养生,基于身心一元论,在伦理上具有一定的家国责任,追求人生命运的"五福",而西方则是健身强体,基于"Body-building(健美)"和"Soul-feeling(灵魂感)"的二元论,敢于挑战自然、与人决斗。中国视血缘关系为终极生命价值的家庭型伦理,成为与西方宗教精神并行的世界两大精神体系。"在"无宗教,有伦理"的中国传统文化中,人的生命意义与价值并非全部体现在个体意义上,而更多的是一种家国式的责任与担当,是"孝文化"的基本表达,血脉传承是人的基本道义,与西方宗教文化所倡导的"民主平等",生命最终的意义在于进入天堂形成了鲜明的对比。喜"中庸"、恶竞争、守安宁、厌冒险的中国传统文化使得中国体育文化与西方体育文化在身体表达、价值取向、道德观念、信仰体系、经济样式等方面存在着诸多的不同,反映了中华传统文化与西方文化对竞争意识的不同态度。以武术为代表的民族传统体育是以一种自然的、含蓄的、内敛的、缓和的、低调的状态存在和发展的。自近代以来,中华传统文化在很大程度上遭受到了西方体育文化的冲击,面对这种状况必须及早、主动地进行干预和调适,才能维护民族体育的文化安全。

第四节 武术文化安全问题与研究现状

一、武术文化安全的基本释义

武术文化是中华民族优秀传统文化的重要组成部分,武术文化安全概念的提出建立在对文化安全的理解基础之上。不同学者对"文化安全"的概念有不同的表述,其中,刘跃进的观点具有较强的代表性,他认为"文化安全是指一个国家在发展过程中,能够有效地消除和化解潜在的文化风险,抗击外来文化冲击,以确保国家文化主权不被威胁的一种文化状态",包括"内外关系""新旧关系""异同关系"三个维度。李守培、郭玉成等则认为"武术文化安全是中国国家文化安全的重要组成部分,指武术文化生存与发展免于威胁或危险的状态,其本质是武术文化优秀特性的保持和延续,对外集中展现为武术文化主权的独立性不受威胁,对内集中展现为武术文化发展的自主性无危险"。综合考量学界对"文化安全"和"武术文化安全"的观点,本研究将"武术文化安全"界定为:具有抗击外来体育文化冲击和实现传统文化创造性转化的能力,是保持文化自信和民族凝聚力的动态过程,其本质是武术文化特质的保持和延续,是国家文化安全的一部分。武术文化安全置身于文化安全之下,同样遵循着文化安全的三个维度。

二、武术文化安全面临的危机

有学者认为武术文化正在面临着内部和外部的双重文化危机,内部危机主要是人们对于武术发展的认同分歧明显、对武术文化的认知存在局限性。如"技击论"呼声日益高涨,很多观点不同程度地否定"竞技武术""健身武术""学校武术"等现代武术的发展成果。片面的技击观导致了人们对武术文化缺乏自信。此外,伦理变迁、文化隔离的消失,以及武术文化特质的模糊性是造成武术文化安全危机的重要因素。

从外部环境上来看,主要表现在西方体育与世界格斗项目对武术文化带来的冲击。首先,现代自然科学和医学的发展为西方体育文化奠定了一定的理论优势,而武术则是以经验性知识和个体体悟为主要的理论依据,从学理基础上与西方体育相比不具优势;其次,西方体育产业发达,在一定程度上促进了其体育的迅速发展,而武术虽然在早些年就提出了"以商养武"的口号和武术产业化发展模式,但是从实际情况来看,武术的产业化发展还处于摸索和尝试阶段,武术的市场化发展效果仍不明显;最后,西方体育对我国体育人口的群体与市场分流作用明显,从而在一定程度上稀释了武术群体,尤其是青少年群体。从学校体育上看,很多学生几乎从来没有上过武术课。而武术具有难学易忘等特点,多强调磨练意志,缺乏一定的娱乐性,因此相对枯燥乏累,导致学生对学习和练习武术缺乏兴趣。

从格斗项目的发展上看,越来越多的徒手格斗类项目在网络上和各种传统媒体上传播,迅速在世界范围内产生了巨大的影响。例如,近年来WWE(世界摔角娱乐）、K-1（国际性站立式格斗赛事品牌）、UFC（终级格斗冠军赛）、MMA（综合格斗）等格斗项目越来越吸引世界的眼球，不断制造出诸如"播求""魔裟斗"等格斗明星，在市场的运作下进行产业化、娱乐化发展；另一方面，中国武术散打面临着越来越多国家格斗项目的挑战，如"中国功夫VS拳击""中国功夫VS空手道""中国功夫VS泰拳""中国功夫VS跆拳道""中国功夫VS踢拳道"等，在重量级的比赛中，中国武术不具有优势。为了与西方格斗项目接轨，散打比赛竞赛规则不断修改，技术体系和训练方法等也随之改变。在"技击论"的导向下，由于武术套路、传统武术和武术散打在形式和内容上存在较大的差别，进一步影响了世界各国人民对中国武术文化的认知。这种冲击也在影视文化上得以体现，伴随着泰拳在世界上的影响力不断扩大，泰拳也受到了世界的关注和欢迎，《泰拳王》《拳霸》等影视也火热上映，取得了很高的票房。好莱坞动作大片中特工人员的格斗术、日本的忍术、剑术也大受追捧，而观中国武术已经失去了李小龙时代的功夫热。这些现象都令人警醒，值得我们深思。

三、武术文化安全的研究现状

近年来，我国民族传统体育文化安全的专题研究取得了较丰富的成果，但是从总体上看并不够广泛深入，与民族文化安全的时代性、紧迫性和必要性以及与新时代国家文化安全发展战略要求相比是远远不够的。从中国知网的检索结果看，有关于"民族传统体育文化安全"的学术研究略多于"武术文化安全"，说明大部分学者的研究更多立足于民族体育宏观层次上。武术作为民族传统体育的主体，具有较强的代表意义和现实意义，聚焦在武术文化安全方面的学术研究还有待进一步深化和系统化。

有研究认为，我国传统体育文化面临的安全威胁主要表现在："由于发达国家的体育价值取向更符合现代快节奏社会的文化基调，凭借张扬与强势而处于主流和主导地位；西方体育凭借全球化所彰显的张力和影响力，日益动摇中国传统体育文化的根基，使民族传统体育项目在人们的记忆与爱好中渐行渐远；西方借助新媒体传播技术持续的渗透，动摇了人们对传统体育文化的生存和传播的自信，进一步扩大了西方竞技体育的文化空间，给我国传统体育文化的生存安全带来了极大的威胁；我国传统体育文化发生异化，结果造成我国传统武术拳种在逐渐消失，传统武术传人在逐渐减少，练习传统武术的人群也在逐渐减少。"同时提出"创新文化意识观念，推动中国传统体育文化的'建构性认同'；以产业为载体，创立传统体育的'国家品牌';以武术精粹为依托,搭建传统体育文化国际化传播的桥梁;发挥现代媒介的传播功能,拓展国际文化市场空间;加强国家政治、经济对传统体育文化传播的有力支持"等策略。张世威、袁革认为,"世界发达国家在全球化进程中的民族体育文化竞争力处于主流和主导地位,这意味着西方民族体育文化的张扬与强势。发展中国家及后发展国家的民族体育文化处于边缘地带,直接表现为西方民族体育文化对发展中国家及后发展国家的民族体育文化在生存安全上的冲击与威胁。而这种冲击来源于现代体育文化对本土民族体育文化具有的一种'解构'性质和力量式的冲击,一是导致本土民族体育文化的失传乃至消失,二是促使本土民族体育文化必须改变原有的存在形式,进而寻求适应新的生存与发展需求的安全模式。提出了"我国民族体育的文化安全不仅需要适应力,更需要创新力"的观点,并指出"当前我国民族体育文化的创新发展主要在于进行科学的创造性转化,必须要充实和丰富自身,必须要不断地追求原创力"等观点。

戴国斌认为武术在现代化进程中面临着"传播途径的断裂""普及形式的断裂""传授方式的断裂""技术范式的断裂"的风险,但同时风险与机遇并存。他在《武术现代化的异化》一文中指出,"在现代化语境中,现代武术消退了它原本民族的特质,武术的现代发展异化为西方体育价值的'反客为主'和'价值偷换'。"他认为,武术在现代化进程中必然要付出一定的代价,但这不意味着要否定武术现代化的历史价值和竞技武术的功绩。周伟良认为,"随着二十多年来日益加剧的全球化进程,中华传统文化在西方强势文化的'笼罩'下被日益消解,这显然是不符合我们这个民族的生存发展以及对于国家文化安全的诉求的,西方体育文化的强烈辐射及自身的主动趋附,致使原本博大深邃的武术文化发生了一场活生生的'和平演变',增强武术文化创造力与竞争力,坚持'和而不同'的中华精神,成为自觉构建我国文化安全屏障的一块重要基石。"文善恬认为"武术作为中国传统文化的优秀代表,在西方竞技体育文化的强势挤压下已经出现了文化危机。作为现代武术主流的竞技武术,不仅失去了武术的技击本质,也使得与传统武术产生了文化断裂,陷入了'婆家不喜,娘家不爱'的尴尬境遇。"王林、虞定海认为"文化全球化时代,武术文化迷失了发展方向,武术的技击本质遭到了误读并被不断地消解,武术文化的发展空间受到西方强势文化的挤压和改造,使得武术身陷文化身份的认同危机。"尹碧昌、彭鹏、郑锋认为"武术文化如何抵挡霸权文化的强势挤压,提高本民族文化的生命力和影响力,构筑国家的文化安全,一切都取决于我们国家的文化",并从国家文化政策的角度提出了"相关政府部门携手合作""实现与社会主流文化建设协调同步""武术文化的独立品格与世界共性的兼容"

"倡导继承传统与开拓创新的结合""优化武术文化发展的文化生态环境"等建议。洪浩、胡继云在文化安全视阈下探讨了传统武术传承人的保护机制,并对其进行了法学层面的分析,认为"经济全球化带来的'文化霸权',正不断对民族文化进行侵蚀性的扩张,文化的争夺、流失乃至消亡已成为人类无法回避的现实问题,文化安全由此成为人们关注的课题。作为民族传统体育文化的代表和实践者,传统武术传承人是我们维护民族传统体育文化安全必须关注的重要内容。"范铜钢、郭玉成认为"现代武术文化传承主要面临着'静态'文化保护不遗余力,但'活态'内核文化传承不力;'非遗'文化制度建设完善,但'民间'传承环境受到挑战;'学风'文化气质逐渐养成,但'出新'文化思维动力不足等困境。"侯胜川认为"在大众文化背景下,武术文化生产出现机械复制的现象,造成其个性的消失和武术身份的不确定;武术在国际上能代表中国文化个性,但须警示其文化工业生产模式"。武术文化安全面临着"武术文化被竞技体育同化""武术文化边缘化""武术文化同质化"等问题。明磊、王岗认为"对于今天的中国武术发展而言,在我们面对强大的域外技击文化、身体娱乐文化时,对于中国武术文化的不自信,甚至是贬评,都是错误的。缺乏自信的文化,一定是不能受到文化发展礼遇的。"并提出"现阶段中国武术研究理应从'文化自信'的立场出发,强化中国武术是一种文明的新理念;从'文武兼修'的价值出发,重拾中国武术'武以化人'的教育意义;从'健康中国'的实际出发,找回中国武术健康促进的主体功能。而重新认识和发现中国武术的本真价值,实现真正意义上中国武术的文化使命拓展和社会责任担当,务必从'文化自信'的立场出发,重新认知'博大精深'的中国武术;从'提振精神'的意义出发,重新采撷中国武术'武以化人'的意义和价值;从'文化惠民'的价值出发,重新找回中国武术'健康促进'的功能和价值。"等建议。马文国认为"全球化背景下多元文化冲突给中国传统文化带来严峻的挑战,以武术为代表的中华民族传统体育文化也面临外来文化的渗透和挤压。应正确处理武术全球化与本土化的关系;中华武术要不断进行创新与发展;坚持'和而不同'的武术文化发展战略。"刘宏亮、顾文清、王璇、高亮等的《中国传统武术话语权危机与提升策略》一文,在梳理中国传统武术话语权发展历程的基础之上,分析了当前中国传统武术话语权式微的问题,主要表现在"本质功能淡化、表层利益化严重、媒介记忆影响受众现实的真实性、媒介记忆受大众审美的影响。"路云亭谈到,"徐、雷、丁事件发生后,不少民间人士认为中国武术的确有水货,极端者还认为中国武术原本就是'伪'武术,武林中的传奇豪杰都是文人们编造出来的虚幻故事而已。且根本不存在所谓的真武术。"赵刚认为"武术文化正在面临内部和外部的双重文化危机，内部危机主要有人们对于武术发展的认同分歧明显，对武术文化认知存在局限性，片面的技击观有导致武术文化缺信的危机。伦理变迁、文化隔离的消失以及武术文化特质的模糊性是形成武术文化安全危机的重要因素；外部危机则主要表现在西方体育的文化优势与世界格斗项目对武术文化带来的冲击。最后从武术文化自信、武术文化价值观、武术人文内涵、武术教育与传播等层面提出规避路径。"

已有的研究为本研究提供了较为丰富、有益的借鉴和启示，为探讨问题的结构提供了较为清晰的视角，但是还存在一些不足之处有待于进一步的研究：一是对表象论述有余，而对内因分析不足；二是对"武术文化安全"重视不足，研究成果比较零散，没有形成一个较为系统的研究领域；三是武术文化理论研究存在一定的空泛性，尚有一些理论存在生搬硬套的特点，解决问题的路径也缺乏理论依据；四是对"文化安全"相关的学科交叉研究成果较少。

理论研究不应该仅仅着眼于热点问题，昙花一现，更应该扎实地推进理论，系统地研究、解决问题。

第五节 研究的主要方法与目的、意义

一、主要研究方法

（一）阐释学方法

阐释学是从20世纪西方发展出来的一种关于理解和解释文本的理论，其理论依据主要在于通过解释来克服思想与语言表达之间的距离。德国哲学家狄尔泰曾说："当生命的外在表现完全陌生时，解释就不可能。当生命的外在表现完全不陌生时，解释就没有必要。"它的基本要求在于一方面以语言为先决条件，另一方面又对语言的达意能力持审慎保留的态度，通过仔细思考和分析，达到正确的理解。阐释的关键在于避免误解，在于客观地、完整地、结合特定历史背景地、多角度地进行合理的诠释。伽达默尔认为由于人的经验、理论水平、思维方式以及环境的不同，造成理解的多元化，这也正体现了人文学科的多元化观点的特点。正因为此，阐释的关键在于言之有理、言之有据，摒除先入为主的主观色彩。正如狄尔泰所说："从个人经验的完整结构转为历史的完整性，而历史的完整性并不是任何个人所经验的。"鉴于此，本书以辩证唯物主义和历史唯物主义为基本出发点，对武术文化安全的相关问题进行深入客观的阐释。

（二）案例分析法

选取近年来在社会上影响较大的民间"比武约战"等事件为代表性案例，深入、系统地分析这些事件产生与发展的内在动因、外在影响因素及其对武术文化安全的影响范围与程度，讨论武术在现代社会发展过程中自身存在的问题，意在究明这些事件发生的本质原因及其对武术文化安全产生的影响与启示。

（三）文献资料法

文献资料对本问题的提出和研究思路都提供了启示，同时在问题讨论上提供了必要的理论支持和佐证材料。文献研究主要包括：第一，文化安全的背景理论研究；第二，武术基本理论研究；第三，武术文化安全方面的研究。通过查阅书籍、报刊、中国知网、谷歌学术、网络新闻等收集、整理与武术文化安全相关的文献资料并进行了深入分析。

二、研究的目的与意义

武术是中华民族体育文化的重要标识，是践行文化自信的重要路径，但武术文化安全问题却日益严峻。武术内容濒临失传、学校武术课程改革与发展不乐观、武术人口老龄化显著等问题尚未得到解决，而在信息化时代背景下，民间"比武约架"系列事件在自媒体的推波助澜之下成为了热点社会话题，使得质疑武术的舆论甚嚣尘上，为武术的健康发展蒙上了厚重的阴影。这些乱象不仅没有得到有效的遏制，而且有愈演愈烈的态势。随后，一些外国搏击运动员的相继参与，起到了推波助澜的作用，扩大了武术的负面影响。特别值得警醒的是，无论是有意还是无意，当武术文化遭遇诟病时，不仅没有得到社会的广泛指责，反而吸引了大批的拥趸，这种现象的出现十分令人警醒和深思。而在表象的背后折射出的是武术在现代社会发展中的深层次矛盾。事实表明，武术文化安全正在面临危机，在"总体国家安全观"的视野下对其进行深入研究，具有时代性和紧迫性。

此外，武术文化安全不仅是一种现象、一个政治问题，它同时也是一个学术性问题，具有复杂的理论结构，它涵盖了武术理论、社会学、文化学、传播学、教育学等诸多学科，从交叉学科视角对其进行研究，不仅是对武术文化安全理论的探索，同时也拓展了文化安全理论的研究视角，具有一定的学术价值。从应用层面上来看，这种研究对于分析和应对武术文化安全问题具有一定的参考价值和现实意义。

第二章　武术基本理论问题再讨论

引言

近年来，民间比武系列事件几度成为社会关注的热点话题，也使武术一直处于质疑的舆论漩涡之中。什么是武术？武术能不能打？成为了武术文化安全的梦魇。武术是中国文化的瑰宝，在其遭遇质疑与诘难时，不仅没有得到社会和网络舆论广泛的支持和自觉维护，反而吸引了大量的拥趸推波助澜。使武术形象受损，武术自信备受打击，甚至危害到武术文化安全，产生这种现象的一个主要原因是大众对武术的基本理论内涵认识有所偏颇。从网上的评论上来看，大多数的网民对武术产生了明显的信心丧失，对武术已经产生了广泛的质疑。有专家在私下里谈论认为，这些"大师"只是"武术信徒，他们只是信徒，根本不懂格斗"。这种偏颇的"武术信念"反映出了人们对武术的认知不全面。不仅仅是社会大众不懂何为武术，甚至一些练了一辈子的民间拳师也说不清楚何为武术。"武术"的概念及其一些基础理论是解释武术绕不开的问题。一些专家也曾经对"什么是武术"进行过深入的探讨。邱丕相曾说："我曾经长时间接触竞技武术，曾经在我的认识当中，套路就是武术的全部……"对于大多数人来说，"武术"只是一个模糊概念，人们对其的认知较为随性，如前些年较流行的"木兰扇"也被称为武术。这些问题集中指向了对象与主体、认识论等问题，因此我们需要从阐释学的视角来系统深入地诠释武术的基本理论问题，尽量展现武术的"庐山真面目"。

本章将从三个方面进行讨论：首先，对"武术"的概念进行梳理和讨论，力图对"武术"的概念进行较为全面的阐释，避免在概念上混淆而引起认知误区。在综述一些代表性概念的同时，提出新的观点。其次，对武术的本质进行较为系统的剖析，对武术能不能打的问题进行客观的阐释。区别和比较了用以表述武术本质的"技击"或"打"的差异，讨论了人们在武术本质认知上的一些偏差。最后，对武术的形式与内容分别进行了较为集中的、系统的阐述，具有一定的创新性。在武术基础理论中，对于该部分内容的专题性讨论略显贫乏，不利于社会大众对武术形成整体性的正见。把武术的概念、本质、形式与内容作为一个整体进行系统的阐释，对于社会大众正确认识武术、了解武术是有益的，是维护武术文化安全的重要理论途径。

第一节 武术的概念

一、武术概念的梳理与论议

武术界对武术概念的探讨曾一度仅仅侧重于对字面含义的理解，按照从字到词的逻辑，对"武"字的最初含义进行了讨论，其中，"止戈为武"是代表性的观点。在武术的语境里，多取"以和为贵""平息干戈"之意。而文史界的学者则认为"武"有"征服为止"的含义。"戈"不仅是兵器，也是礼器，具有武力征服和文化征服的双重含义。无论"武"字的最初含义如何，与"武术"一词所表达的意思具有极大的差别。"武"在古代通常与"文治武功"联系在一起，如古代帝王、诸侯的谥号，用以评价其一生的功绩。"武"字也常常与军事联系在一起，如"文治武备"等。"武术"作为一个名词出现，也存在断章取义的情况，许多研究把南朝萧统《文选》记载的"偃闭武术，阐扬文令"当作是"武术"一词的源头，并在很多研究中一引再引，几乎形成了一种共识。这如同认为"气功"一词最早见于许逊的"道气功成"一样的荒谬，这是望文生义、张冠李戴，不但无助于厘清对于武术的认知，反而会混淆视听。武术对应的是一个庞大的运动文化体系，不应在故纸堆中搜寻关联性的文字，这种方式造成了词义与要表达的事物风马牛不相及的情况。

作为运动方式的"武术"脱离了个体化的身体运动的认知，就没有真实的概念内涵与外延。即使是今日语境下的"对练""团体项目"等，其核心仍然是个体化，既包括个体对身体的感知，也包括对运动的体悟以及更为广阔的文化外延。

在历史上有许多类似"武术"一词的称谓，如"拳勇""技击""手战""手搏""角抵""相扑""白打""武艺""拳术""国术"等，都是基于个体的身体运动方式、技巧与特点的表达，并在中国传统文化和历史条件的培育下逐渐衍生出丰富的文化外延。例如"国术"一词是在抵御外辱、振奋民族精神、强国强种的时代背景下提出的，其存在方式还是以个体的身体运动为主体，与军事操练显然具有较大的区别，因而马良倡导的"新武术"实际上是按照军事体操方式编排的"武术操"。民国时期把"武术"提高到了"国术"的层次，这既反映了当时人们对"武术"的尊崇达到了前所未有的高度，同时又对通过武术建立文化自信给予了充分的肯定与厚望。在当时军事、科学、教育等全面落后的情况下，"国术"独树一帜，成为了中华文化自尊的图腾。有专家认为"武术"一词广泛使用是在辛亥革命前后，到中华人民共和国成立以后，为了将其与书法、国画、京剧等艺术进行区分，1958年，"国术"被正式命名为"武术"。

对武术概念的认知是关乎对武术本质、内容与形式等认知的首要问题，它既是人们认知武术的基本途径，同时如果对武术的认知不到位也会成为一些人错用概念进行张冠李戴，对武术进行"打假"的由头。由于理论上的漏洞，给武术文化安全带来了危机。对于武术的概念至今仍存在较大的争论，各种观点莫衷一是，对其概念界定的代表性观点达数十种（表1）。近年来，关于武术概念的表述还在不断出现新的观点，但大体上看，并未跳出形式逻辑思维的范畴。

表1 "武术"概念界定的代表性观点

时间	出处	代表性定义
1932年	《国民体育实施方案》	国术原我国民族固有之身体活动方法，一方面可以供给自卫功能，一方面可作锻炼体格之工具
1957年	"关于武术性质问题的讨论会"	武术是民族形式体育的内容之一，它具有健身、技击、艺术的成分，它能锻炼身体，提高身体素质，培养思想品质，为社会主义建设事业服务
1961年	《武术》教材	武术是由拳术、器械套路和有关的锻炼方法所组成的民族形式体育。它具有强筋壮骨，增进健康，锻炼意志等作用；也是我国具有悠久历史的一项民族文化遗产
1978年	《武术》教材	武术，使以踢、打、摔、拿、击、刺等攻防格斗动作为素材，按照攻防进退、动静疾徐、刚柔虚实等矛盾相互变换的规律组成徒手和器械的各种套路。它是一种增强体质、培养意志、训练格斗技能的民族形式的体育项目
1982年	《大百科全书》体育卷	武术，又称国术或武艺，中国传统体育项目。其内容是把踢、打、摔、拿、跌、击、劈、刺等动作按照一定规律组成徒手的和器械的各种攻防格斗功夫、套路和单势练习。是中国人民在长期的社会实践中不断积累和丰富起来的一项宝贵文化遗产

(续表)

时间	出处	代表性定义
1983年	《武术》教材	武术，使以踢、打、摔、拿、击、刺等技击动作为素材，遵照攻守进退、动静疾徐、刚柔虚实等规律组成套路，或在一定条件下按照一定的规则，两人斗智较力，形成搏斗，以此来增强体质、培养意志、训练格斗技能的体育运动
1988年	全国武术专题研讨会	将武术概念表述为"武术是以技击动作为主要内容，通过套路、搏斗等运动形式，来增强体质，培养意志的中国传统体育"
1996年	《武术（高等学校体育学类本科专业系列教材）》	武术是以技击动作为主要内容、以套路、格斗、功法为运动形式，注重内外兼修的中国传统体育项目
1997年	《武术理论基础》	武术是以中国传统文化为理论基础，以内外兼修，"术"道并重为鲜明特点的中国传统体育项目
2004年	《中国武术教程》	武术是以攻防技击为主要内容、以套路演练和搏斗对抗为运动形式、注重内外兼修的民族传统体育项目
2008年	李印东《武术概念阐述》	广义武术概念：武术，亦称"武艺""功夫"，旧称"国术"，是以技击为内容，以身心练习为基本手段，中华民族传承的个人防卫实践活动。狭义武术概念：武术又称武术运动，是在继承传统武艺的基础上形成的以技击动作为主要内容的民族体育项目，表现为套路、对抗等多种运动形式
2008年	杨建营《武术概念之研究》	武术是一种围绕技击而展开的徒手和持械的中国传统运动技术体系，内涵是"技击"
2009年	邱丕相、杨建营《武术概念研究的新视野》	武术是在中国文化背景中围绕技击而展开的徒手和持械的身体运动
2010年	周伟良《武术概念新论》	武术是以套路、格斗及功法为内容，并体现中华民族技击之道的传统体育活动
2013年	廖钰珊《中国武术概念评析》	以提高体质和增强健康为主要目的，以技击为主要内容，起源于中国的体育项目

(续表)

时间	出处	代表性定义
2014年	杨建营《武术新定义存在的问题及修正途径探析》	以具有技击含义的动作为主要内容，由中华民族创造的人体运动文化
2015年	刘文武《武术基本理论问题反思》	武术是以徒手和器械攻防动作为基本内容，以拳种方式传习，注重内外兼修的中国传统体育
2016年	宿继光《武术概念之逻辑追问》	武术就是具有中国传统文化特点的攻防格斗的技术
2017年	陈振勇《人类学视域下武术概念的重新审视》	是以中国传统文化的思维方式，创造出的最大程度发挥出人体技击功能的一项身体技术和身体艺术展现形态，也是一种人类身体文化的社会实践活动

数据来源：笔者依据参考文献整理。

有专家指出，对武术概念的认知或者表达受到历史的影响较大，这有一定的道理，概念是人们对某种认知的反映，确实会受到社会历史的局限。如1961年出版的《体育学院本科讲义·武术》中对"武术"的概念界定未指明作为内涵的"技击"，"并非是作者的疏忽，也不是作者未认识到这一点，而是在批判了'唯技击论'以后的二十世纪六十年代初，作者只能这样表述，一方面反映了当时武术发展的时代印记，另一方面也如实反映了当时武术的开展只有拳术和器械套路的实际情况"。在二十世纪七八十年代发展起来的少北拳，其风格和拳理正是表达了对"批判唯技击论"的批判，主张武术的实战性，其创始人张荣时先生对"武术"的概念表述得十分简练，他说："武术就是动武之术。"对于武术概念进行热烈的学术化探讨是在改革开放以后，尤其是形式逻辑分析的粗糙化介入，对武术概念的再认知、反思与批判产生了重要的影响，人们对于武术到底怎么表述一时间迷失了方向。一些学者把十几种不同的概念进行比较分析，用"属"加"种差"方法进行定义，提出了"广义武术"和"狭义武术"的概念，但至今尚未取得学术界的统一意见。正如有学者认为的那样，武术概念对象在学术界还处于集体失语状态。武术概念对象是什么？成为一个无法言说的难题。

从对武术概念的文献梳理可以看出，武术的定义主要围绕着"技击""搏杀""拳械套路""健身""运动""传统体育项目"等展开，但实际上，这些关键词不具有同质性，并不能放在一个同属集合中。原国家体委主任伍绍祖曾经说过："武术属于体育，又高于体育。"这句话指出了武术作为中国传统运动方式的特殊性，一方面，武术的"格杀"与"体育性"具有非同质性，例如军旅武艺含有武术的内容，与武术存在密切的联系，但不能视为武术，而是军事；另一方面，"拳械套路"与"技击"二者之间也并无从属或并列等关系。"有器术，无拳术"与"有拳术，无器术""有技击，无套路"与"有套路，无技击"同属武术内容，不同质性的内容与形式很难在一个概念之中得以同一化。据邱丕相教授口述："我曾经长时间接触竞技武术，曾经在我的概念当中，套路就是武术的全部……"而少北拳创始人张荣时先生却说："武术就是动武之术。"可见，所处环境不同、视阈不同，武术家眼中对武术概念内涵的界定也是大相径庭的。

二、武术概念新见

造成武术概念认知偏差的主要原因在于一些学者惯于使用自然科学、数学等思维或方法论来给具有人文社会学科属性的武术下定义。武术的定义既很难像数学定义一样做出严谨的描述，又难用化学、物理等公式来表示，也难以运用逻辑学的定义法对其进行表述。逻辑学是西方一种典型的思维方式，它具有固定的推论模式。从最初的意义上来看，逻辑学是锻炼人思维方式的一种方法，它更注重定义项与被定义项是符号间的运算或推导关系，而不是指向事物的本质。正如美国心理学家理查德·尼斯贝特（Richard Nisbett）所言："形式逻辑对于科学和数学而言它是必要的"，"已有众多逻辑推理方法被证明是谬误的"。形式逻辑"属+种差"的真实定义法对于概括"武术"这一庞大的社会文化现象而言显然是力所不及的。例如武术的"属"，本身就是捉摸不定的。

查尔斯·珀西·斯诺（Charles Percy Snow）认为，社会存在两种文化，即"科学的文化和人文的文化"，与"科学的文化"相比，"人文的文化"具有不同的研究路径与范式。诚如美国社会学家C.赖特·米尔斯（Charles Wright Mills）的观点："社会学研究的风格，往往像是在努力以特定的方式重述和搬用自然科学的哲学，由此为社会科学工作打造一套规划和典范……一言以蔽之，方法论似乎决定了问题。"

人文科学、经验科学在很大程度上是很难用自然科学的方式与方法表达、研究和阐释的。例如，安东尼奥·斯特拉迪瓦里（Stradivari Antonio）手工制作的提琴举世闻名，在他去世后，无论是他的儿子、徒弟还是其他杰出的模仿者，都再也无法制造出同样品质的提琴，瓜内里弦乐四重奏乐队的小提琴手阿诺德·斯坦哈特（Arnold Steinhardt）曾经说过："专业的音乐家几乎只要一听琴声就能辨别出那琴是正宗的还是复制的。"对于类似的案例，我国著名科学家钱学森曾用"唯象科学"来进行表述，即说不清、道不明，但又实实在在的存在。

但是把武术作为一个学科，似乎又无法绕开科学化的理论体系这一问题，尤其是试图用自然科学的范式来规定武术的知识体系。对于社会科学的这种"唯象科学性"，一些人是唯恐避之不及的，极力倡导"实证性"（对于"实证主义"的思想源头与现代批判已有专家学者进行了精彩的论绎，本文不再过多探讨），认为缺乏所谓的"科学方法范式"将导致虚无主义，而在其潜意识里的"方法范式"又具有明显的狭隘性（正如米尔斯的观点），在他们的概念中，形式逻辑似乎是研究哲学社会科学的根基。有人认为近代中国落后挨打就是传统文化过于"究天人"，而缺乏物理、化学之类的自然学科研究导致的，因而要引进西方哲学与科学技术及其方法论体系，改变传统思维方式。按照这个逻辑，如果不按照实证主义、形式逻辑的方法论进行学术讨论，就是倒退。这种观点类似于民国时期"土洋之争"中谢似颜的观点，如"绝对的不要再说那丹田正气太阴少阴的话儿"。中国武术源于中国文化，一些专业词语为什么就不能用"丹田""正气""少阴""少阳"来表述呢？哲学意义上的词语与人体科学上的术语本来就是两回事，经验、感悟、思想、情感等自有适合自身的主体性表达范式，不必也不应该按照客体对象的认识方式来削足适履。

自然科学并非完美无缺，有观点认为科学的历史就是一部纠错史，科学永远在纠错的路上。自然科学的强与弱、科学技术发达与否，与人文社会科学、经验主义存在互相促进的内在联系，二者之间并不是互相排斥的，科学与人文是有机统一的，作为高级意识形态的宗教与科学甚至被视为同体两面。辩证唯物主义认为，矛盾是普遍存在的。因此，当我们考虑运用某一方法作为手段的时候，首先要看其是否适用，能否解释和解决问题，而不必陷入思维范式、概念之争，尤其是要摒弃某种先入为主的观念。

一言概之，人文社会科学有其自身的研究和认知范式，并且在不断地发展进步，应该客观、公正、积极地看待。显而易见，武术不单纯属于自然科学的对象范畴，因此其不完全适用于自然科学的方法论体系。

很多时候，一提及"武术""功夫"拳术之类的词汇，往往会使人产生较为清晰的符号形象，而当我们绞尽脑汁解释这个概念时，又总觉得漏洞百出。这个特点较为符合"模糊理论"的抽象描述，"武术"更贴近于一种约定俗成的认知概念，即很容易让人承认是武术的内容体系，但却很难被归纳、下定义。恰如中医理论是无法完全用人体解剖学、西医学科体系来解释和证明的，但迄今为止，中医仍然在为人类服务，并日益受到其他国家人民的认可与热爱。我们在认识和讨论武术的概念，或者试图给武术下定义的过程中，学界是否存在这样的一种思维惯式呢——一定要用自然科学或数学的方式来概括和描述武术这一社会文化现象或存在，认为只有这样才能使武术的学术研究体现出"科学化""学术化"的水平？

认识事物应该首先指向本体，而并非追求方法论，要避免本末倒置。诚如C.赖特·米尔斯（Charles Wright Mills）所说的："好的定义的适宜结果，就是把用语之争转换为事实之辩，从而把争辩推向进一步的研究。"将对武术概念的界定聚焦在定义法的文字游戏里，无助于人们对武术产生正见。沈阳体育学院武术系李振林教授曾回忆："……在访问日本时，教日本人武术，也不怎么会说日语，做几个正踢腿，那些抱着肩膀看热闹的傲慢的日本人一下子就服了，这就是武术。"当人们竭力试图用"科学化"的语言来对武术进行抽象和描述时，似乎忽视了肢体语言系统的表达，也忽视了武术存在的时空场域与历史背景。

我们对武术概念的认知也并不能把"现代武术"或"竞技武术"与"传统武术"割裂开来，将二者截然对立。所谓的"传统武术"与"现代武术"或"竞技武术"其实是"一体两面"或"一体多面"的关系，它们都是武术的表现形式，是作为武术这一整体的一部分而存在的。因此，对武术概念的界定不宜囿于"逻辑定义法""自然科学定义法"等层面，不能试图用一句话或是几句话就把博大精深的武术体系概括其中，而这也是难以实现的。正如《理想国》一书中，苏格拉底与波勒马霍斯等辩论何为正义时，苏格拉底并未给"正义"下定义，而是辩证地论述了什么是"正义的"，什么是"不正义的"，剥茧抽丝，让人们深刻地认识到什么是"正义"，这也体现了人文社会科学的概念认知方式有其自在性。同样，释迦牟尼在回答阿难关于"心"的问题时，也从未从正面下定义，只是用了启示。思维的认知很难用标准化的方式表述，讲话的人表达的意思未必与听话的人理解的意思相一致。正是因为人们的思考方式囿于自然科学认识论的思维惯性，造成了武术概念的"所知障"，导致对武术的一些理论和认知出现许多自相矛盾之处，这既难以自圆其说，又给武术文化安全带来了极大的困扰。

要做到正确地认识武术，准确地说出武术的概念，只有限定在特定的范畴内的狭义概念才更为恰当。因此，一些从事武术理论研究的专家学者也试图用"广义武术""狭义武术""子概念"等来界定或者描述"什么是武术"，如体育范畴的武术是什么？军旅武艺的武术是什么？健身表演的武术是什么？历史进程中武术演化、异化成为什么？等。在很多版本的《武术史》中，"箭术""筒射"都被默认为武术内容，这种划分可能与大多人想象中的武术有着天壤之别。如果按照那个逻辑，现代奥林匹克运动中的"射箭"项目是否可以认为是"武术"呢？

少林武术有种功夫叫"少林神打（拳）"，有请神上身之意。《义和团》中记载："郭（郭双桂）年16岁，练术已成，神验大著，所在乡里，群奉之为大仙……东向垂手而立，口唇微动，不知作何语。俄而两颊作颤，面见青如死灰，双目直视，悉改常态，忽后直倒，瞑目挺卧无知觉。予颇惶遽。其人曰：'无虑，此祖师上法时也。'良久，手足徐徐动，两手作攫拿势，渐动渐亟，突挺然起，如植木，复大声问曰：'尔请我来此何事？'予曰：'闻大仙降临法力广大，深愿一得教领。'曰：'可。'声洪厉，已不似囊时。乃举手屈伸，移步腾踊，如术家技击状。见者谓：'步武姿势，确有少林宗法。'予令次第改授刀棒，纵横舞弄，咸呼呼作声响。"义和团也有种功夫叫"神拳"，号称善能避火，"火"指的是枪、炮，口述史材料称"避火分砂"，并有口诀记载如下："避火门咒：北方洞门开，洞中请出铁佛来，铁佛坐在铁莲台，铁盔铁甲铁壁寨，闭住炮火不能来。"又如"避火分砂咒"："弟子在红尘，闭住枪炮门；枪炮一齐响，砂子两边分。"《京畿义和团运动研究》中有这样的记载："有一段1959年的口述史料，透露出这个问题。讲述人是87岁的刘福荣，坎字团的大师兄：蛮子营有一个大师兄姓曹，说他会避火分砂，大伙把他请来就到坛口外边试试，村里用的大抬杆，照着曹老师就当啷一下子，这一下不要紧，就给搂倒了。这村西南角有个韩玉升二哥，他问袁师兄：'避得了火吗？''避得了。''分得了砂吗？''也能分砂。''这可是新鲜样的！袁师兄站在那儿，咱们过过枪。'这个玉升二哥叫袁师兄跟我站在一块，袁师兄站在东边，我站在西边，肩膀靠着肩膀。我是'太上门'的功夫，还没有义和团的功夫哪。玉升二哥冲着我俩当啷就是一火枪，把枪砂子都打在身上了，那时候都穿的是单衣，血直流。玉升二哥说：'还能避火分砂哪？连我这支打兔子枪都避不住……'"可以看出，这些"武术"确有传统认知里的武术的身影，但又与一些宗教活动有关，因此这种行为很难定性为"武术行为"，还是"社会行为"，或是"宗教行为"。

因此，没有限定条件的武术概念容易造成混淆，产生不必要的争论乃至偏见。具体化的武术概念与形式、内容只有作出了规定，才能对其进行充分的谈论与识别。武术的概念不适宜用形式逻辑进行定义，更不能形成以偏概全的认知。关于一般意义上的武术概念，本书认为用概括性的描述为宜，即"武术"是在中华民族传统文化滋养下形成的以格斗为主要目的的个体化运动方法或体系，主要是指拳种及其演化的竞技套路与格斗项目。

第二节　武术的本质

一、关于"本质"的认识

黑格尔对"本质"作了如下定义:"本质就是自在自为的存在;由于它不为任何对存在和他物的限定性所动,与他物的关系已经被扬弃,所以本质是绝对的自在存在。"黑格尔的客观唯心主义认为每个对象都是形式和内容的组合。形式是质料性,是事物的外部形态,而内容则是精神的,属于事物的内部方面,其精神通过形式来表达。同时他又认为上帝就是本质,上帝是不需要形式和内容的组合的。因此,只有上帝是不受限定,不需要形式和内容,完美地自为自在的存在。但是两种说法存在矛盾,因而托马斯·阿奎纳(Tomas Aquinas)在黑格尔本质说的基础上提出:"本质具有普遍性的特殊性,本质的普遍性在于从概念层面言说和描述个体之间的共性,本质的特殊性就在于个体之间拥有不同的质料。"而马克思主义哲学认为,所有的客体都是由形式和内容构成的。形式是外部的东西或者说是物质,而把内容看作物化的社会劳动。本质是事物的根本性质,是组成事物基本要素的内在联系。事物的本质是由它本身所固有的特殊矛盾决定的。"一事物的根本性质,对于该事物来说就是它的特殊本质;对于它事物来说,就是它们之间的本质区别。"

二、关于武术本质的主要观点

"本质"是一个复杂的概念,也是哲学界一直在探讨的问题。关于"本质"的认识,在各个学科中都进行过广泛、深入的探讨。而武术的本质问题是武术理论发展绕不过去的一个基本理论问题。如果不搞清武术的本质问题,就很难对武术进行准确的表述。因此,对武术本质问题的讨论关乎人们对武术的准确认知,甚至关系到武术的流传和发展问题。

关于武术的本质,大多数学者认为其是"技击",但也先后出现许多不同的主张,诸如"道"本论、艺术本质论、文化本质论等。还有研究者提出了一些折中的观点,即所谓的多元本质论、本质层次论及一般本质论和特殊本质论等。而有的学者则对文化本质论及这些折中的观点进行了否定和批判,他们认为武术的本质是技击，只是在历史发展的过程中发生了一点质变。而从哲学的角度上看，被称为"本质"的事物是不能发生"质变"的。有研究认为，武术套路、武术艺术、武术功法等以技击为它们的共同本质。持"技击本质论"观点的学者们对武术技击的本质论证大多从批判竞技套路，反驳其他本质论等角度进行辩论，但是这实际上是忽略了武术套路的技击指向或技击在形成套路之前的源头作用，因此没有形成一个鞭辟入里的"证据链"，缺乏系统的论证。

显然，本质不能既是这个又是那个，或者是个看似中立的、"两头堵"的说辞，它应具有先验性、独立性和特异性，对于武术本质的认识，有必要从整体的视角展开讨论。

三、关于武术本质的探讨

从武术整体上看，其主要由军旅武艺、武术文化、武术历史、武术门派、武术技法、武术传播与发展、武术理论、武术套路、武术功法等构成。从哲学角度上看，本质由"形式"和"内容"构成，"形式"具有物化性，"内容"具有抽象性。要从这个角度出发认识武术的本质，就有必要从"武术形式"和"武术内容"两个方面进行全面的梳理、探讨。

大部分学者认为"技击"是武术的本质，但也有诸如"道本论""艺术本质论""文化本质论""多元本质论""本质层次论""一般本质论""特殊本质论"等观点。基于武术本质的讨论，自二十世纪八十年代始，一直是在学术界颇具争论的问题。无论是从武术产生的历史渊源、技法、拳理层面，还是从内容体系、文化、发展传播等角度出发，技击始终贯穿于武术运动的主线。即便是在现代社会背景下，"虚拟武术"、武术套路、武术艺术、武术功法等也都是以技击为共同本质，即便将其看作文化，武术也是围绕技击为核心展开的历史叙事。

就武术的范畴来说，学术界多以"技击"一词来表述"打"。"技击"一词在民国期间就已经被使用，时任中央国术馆馆长的张之江认为："属保健者曰体育，属于技击者……由是言之，谓国术中包含有体育之效用则可，谓国术为体育之一种，则未当也。"而更早出现"技击"一词的文献如"齐愍以技击强""齐人隆技击"等。其本意是用技术来格斗，"打"比"技击"具有更广泛的语境。其一，"技击"一词，更具书面色彩，属于"院校派"，而"打"较为直白，属于"民间派"。发源于并"存在于俗文化阶层的武术"多用口语化的"打"，而少用"技击"。"打"字更益于"院校派"与"民间派"之间的理论认同。其二，"打"更为大众化，尤其适合"虚拟武术"的语境。例如，我们欣赏完一部武打片时，对其精彩程度的评价通常是"打得太精彩了""真打"等表述，而不是用"技击得太精彩了"。其三，"技击"一词具有较为明显的"体育性"烙印，具有"比武较技"和点到为止的隐含之意。"军旅武艺"则更适合"打杀"，如戚继光云："我不杀贼，贼绝杀了我。""打"则更为贴切地表达了武术"高于一般体育概念"的意味。其四，在诸多武术的歌诀中，基本上都用"打"作为表述技击方法和拳种特点的基本词汇，其具有多重含义，如"一打眉头双睛，二打唇上人中，三打串腮耳门……""拳打人不知""借力打力"等。此外，"打"还有演练之意，如"打套子""拳打卧牛之地"等。其五，武术套路作为一个独立单位，并非技击运动，而是练习打的程序化动作组合，故而用"技击"一词不能表述演练套路。而"打套子"曾在历史上广泛地出现过，在这一语境里，"打"的对象是"套子"，因此其具有特指武术内容的含义。相较之下，"技击"的对象显然是人。

"打"对于武术来说确有特殊的意义。自二十世纪初"西学东渐"以来，武术作为民族传统文化的代表，成为"尚武精神"的先锋，霍元甲打败俄国大力士，蔡龙云打败俄国大力士，以及王子平、王芗斋、孙禄堂等打败外国武士的事迹不绝于耳，使得武术在当时成为振奋民族精神的强心剂，成为当时国民精神的图腾。二十世纪二三十年代，国民政府中央国术馆举办的两场武术比赛，一次被讽为"斗鸡场"，一次被讽为"斗牛场"，当时社会对此评论的着眼点是"打"，而当时的影视、文艺作品中关于武术的形象也停留在"打"。二十世纪六十年代，批判武术"唯技击论"的主题也是"打"，当时的影视、文艺作品中关于武术的形象也还是"打"。武术之"打"，绝非一个现象，或者说是一种行为过程，否则武术与打架斗殴无异，从客观存在上看，作为本质的"打"亦不能通过作为"载体"的人来显现，它是一种在历史中凝炼的文化现象，亦是一种人文存在。诚如蔡龙云先生所问的那样："为什么说裴旻的剑是三绝之一，没有说秦叔宝的双锏呢？"可见，武术的"打"并不能单纯地在"拳脚"的视阈里解读。要正确认识武术，避免以讹传讹，就有必要对武术的"打"进行深入系统的阐释。图1为"打"在武术运动中的几种具体体现。

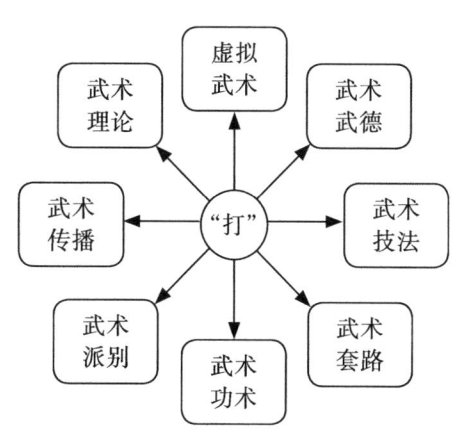

图1 "打"在武术中的体现

（一）"打"是武术区别于其他民族武技的重要特点

武术的"打"不仅仅是"动武之术"，还极具中国传统文化的色彩，体现出中国智慧和哲学思想。武术的"踢、打、摔、拿"与解剖学、中医学、哲学、谋略等传统文化浑然一体地结合在一起。就手型来说，分为"指、掌、拳、勾"，又进一步细分为"单指""剑指""柳叶掌""虎圆掌""空心拳""四平拳"以及"鹤形手""蛇形手"等，每一种手型都有其独特的用法以及相应的练习之法。从"四击"方法上看，踢法分为"弹踢""侧踢""勾踢""摆踢""撞膝""扫踢""踩脚""蹬踹"等。从打法上看，有"劈拳""挑拳""砸拳""掼拳""冲拳""撞拳"等。从摔法上看，丰富多样，充分利用了人体的重心位置，关节结构，对方的力量大小、方向等，讲究"巧摔""快摔"。近年来，国际搏击对抗赛中，中国武术的摔法让世界其他国家的拳击高手、泰拳高手、空手道高手、跆拳道高手吃尽了苦头。此外，许多摔法的名称还极具民族文化特色。诚如郭志禹所言："式出原典，武行文意。"[①]例如"顺手牵羊""巧倒银瓶""太公钓鱼""倒提金壶""金蝉脱壳"等，形象而又带有寓言色彩地表述了技法特点。从拿法上看，深刻地反映出武术与中医的深层次结合，擒拿不仅要求对人体结构有深入的了解，还讲求变化和技巧，忌讳"死拿""硬拿"，要随机而变，顺势而拿。古代拳家对人体结构知识的精通和精妙招法的运用，令我们叹为观止。《少林绝技》一书指出："擒拿术者，既异于拳术，又异于各种软硬功夫。质言之，实为转借巧劲以制敌人之法术，固非恃拙力者所可同日而语也。"[②]擒拿不仅体现着武术的"医学文化"，还表现出以弱胜强，以巧破拙的哲学思想。从劲力上看，又分为"弹劲""绷劲""抽劲""按劲"等。从技法运用上看，武术不仅仅着眼于四肢和膝肘，还讲究"周身都是手"，头、肩、臀、胯、背都可以作为进攻的武器。

此外，还包括打的谋略、打的哲学、打的艺术以及器运用等，形容为博大精深毫不为过。武术之"打"的内容之丰富、技法之细腻、变化之多端，所表现出来的伟大智慧和历史文化之源远流长，是世界上其他任何搏击术都难以比拟的。

---

① 郭志禹.少林拳的华夏主干文化特征 [C]//释永信.少林功夫文集.登封：少林书局，2003：180-184.
② 德虔.少林绝技 [M].长春：吉林科学技术出版社，1985：69-70.

（二）"打"是构成武术套路的节点

"在武术漫长的发展历程中，几乎所有的武学大家以及有关武术的研究活动，都在研究武术的一招一式如何应用于'打'，以提高进攻和防守的能力为根本出发点，即便是创编的高度程式化的套路也是如此。套路是为了便于传授、记忆和习练，将实践中的具有技击性的动作进行筛选、加工、改编而成。"从传统武术套路的结构特点来看，传统武术套路的动作简单、结构紧凑、动作数量较少、攻防特征较为明显，是把能够体现拳种打法特点的应答式动作组合进行合理编排和连接。如八极拳的"六大开""八大招""六肘头"；形意五行拳的"劈""崩""钻""炮""横"；通臂拳的"摔、拍、穿、劈、钻"；螳螂拳的"八肘""摘要"；少林拳的"破壁"；八卦掌的"转掌"等，都是由打法之精华汇聚而成的。不仅拳术如此，器术也是如此，如晋北的鞭杆，早期只有"点子"（即散招，打法），后来张含之将零散的"点子"串编成了以陀螺鞭为代表的鞭杆套路。没有"打"的意象，就没有套路存在的"节点"。有观点认为，武术套路的特殊本质是技击含义，套路中的动作分为"直接有效的攻防动作""动作结构发生变化的攻防动作""对攻防起间接作用的动作"和"为形成完整套路服务的动作"，而"打"则是形成套路的主要线索。

（三）"打"是"功术"的出发点

"打"是产生武术功术的原动力。"练拳不练功，到老一场空。""功术"自古以来就是武术习练的重要内容，练习功术的核心目的就是增加"打"的威力，尤其为拳家们所重视。拳师们不仅依靠功术安身立命、扬名立万，还可以通过显示功术达到不战而降服对手的目的。例如，《少林绝技》中"名人异技录"所载："胡某，忘其名，黔之黎平人。师从一贯禅师，苦练一指金刚功。三四十年中，运其精力于一指。后游川秦，所遇名家巨子，皆为胡一指所压服。"再如，"某武术家与陈善比武，该武术家擅长铁砂掌，一掌把厚约3尺，高1丈的墙打出一个洞。陈善也打在墙上一拳，于是一半墙体应声而倒。又复一脚，石砌墙基倾倒。武术家深感羞愧，慌张离去。""功术"的主要内容包括"柔功、硬功、轻功、内功和感知功5类"，目的是经过长期系统的、科学的训练，使身体的某部位达到超乎常人的力量、硬度、柔度或速度等，即所谓的"绝艺"。练成一项"绝艺"需要少则几年，多则十数年，甚至数十年坚持不懈苦练才能取得成功。一旦练成，就会使武术的威力倍增，成为一招制敌的"杀手锏"。功法以少林拳的"七十二艺"最具代表性，从手到脚几乎每个部位都有相应的功法，如"一指金刚功""朱砂掌""铁布衫""铁臂功""铁腿功""足射功"等。

由于"功术"极大地增加了武术的杀伤力，在"二十世纪五十至七十年代，开始全面反对'唯技击论'，以展示击打能力为重要的武术功法，遭到了冷遇。"在当时的条件下，少北拳创始人张荣时先生在《少北武术纲要》中提出了"功术"的概念，把少北拳的全部内容概括为"双功四术"。其中"四术"指的就是"拳术""器术""功术"和"巧术"。这种理论框架基本上反映出了传统武术的原貌。

从"功术"产生的目的来看，"打"应该是其原动力。在1996年高等教育出版社出版的《高等学校教材·武术》中，把武术定义为"武术是以技击动作为主要内容，以套路、格斗、功法为运动形式，注重内外兼修的中国传统体育项目。"首次把"功法"纳入武术的概念中。2004年，首届全国武术功力大赛在佛山拉开帷幕，武术界开始尝试把"功术"作为"遗产"的形式在现代社会中进行传承和发扬。

（四）"打"是"虚拟武术"的文化特质

曾于久在对武术概念及层次分类研究中提出了"虚拟武术"的概念。"虚拟武术"是指"以武术内容为题材，通过语言文字描述、影视屏幕反映的一种人不能够完全身体力行的武术形态，虚拟武术主要包括文学武术、影视武术和动漫武术"。对于大多数人来说，对武术的了解主要来源于"虚拟武术"。"虚拟武术"看什么？简而言之，主要是"打文化"。例如，当评价一部武侠小说或武打影片时，"打不打"或"打得精彩不精彩"是判定其质量的基本标准。二十世纪七十年代，李小龙的"功夫热"拉开了功夫电影的序幕，使中国功夫迅速红遍全球，诠释的是中国武术不是"花拳绣腿"，而是能打的"真功夫"。人们喜欢看《水浒传》，"打文化"的流行是其中一个重要的原因，"替天行道""该出手时就出手"成为武林豪杰的行为标杆。《三国演义》中武将的排名，构成了品论《三国演义》的重要内容，如"一吕二赵三典韦，四关五马六张飞"等。此外，武侠迷们对"降龙十八掌""九阳神功""独孤九剑""辟邪剑法"津津乐道。人们喜欢萧峰、令狐冲、张无忌，除了这些人物自身的性格魅力外，还因为他们均身怀绝技。

人们出现这种认知的原因，主要有以下几点：其一，人类具有潜在的攻击性，只是攻击性的表现形式、表现强度与个人的修养程度、情绪状态、所处情境等因素有关。有学者认为，"人类自诞生的那一天起，就为生存于这个世界进行对抗……在对抗中人类体会到身体潜力的爆发和升华，通过对抗，使人类进一步走向完美……暴力是人之所以为人的本能，也是一种较为普遍的现象。"然而社会的文明与道德、社会秩序与法律，软硬双重"安全阀"制约着人类本性的直接发泄，从而使人们转向"间接发泄"。人们可以通过观赏虚拟的打斗来满足攻击带来的快感以及宣泄现实中的压力。其二，当人们观赏武打影片或武侠小说时，经常会自觉地进行角色扮演，紧紧地与主人公的命运结合在一起。人们会因主人公的成功而喜悦，因主人公的挫折而悲愤，通过主人公的遭遇来体验"英雄梦"等，从而丰富内心世界和情感世界。其三，可以满足内心的正义感、安全感等。在看《鲁提辖拳打镇关西》《武松血溅鸳鸯楼》《林教头风雪山神庙》等作品时，几乎没有人会站在"文明"的角度去批判英雄豪杰的暴力行径，而是为英雄们的遭遇打抱不平，为他们反抗欺压、惩奸除恶的英勇行为高声叫好。总之，如果缺失"打"的内容，就会使虚拟武术失去了主题，也使武术文化失去了绚丽的色彩。

（五）"打"是武德产生的前提

武德是武术文化中不可或缺的一部分。"侠之大者，为国为民"，倘若一个武术高手没有高尚的武德，既使他有再强的本领也得不到历史和社会的尊重。金庸的小说《天龙八部》中有一段描写风波恶武德的片段："只见那条小桥是条独木桥，一端站着个黑衣汉子，另一端是个乡下人，肩头挑着一担大粪，原来是两人争道而行。那黑衣汉子叫乡下人退回去，说是他先到桥头。乡下人说挑了粪担，没法退回，要黑衣汉子退回去。黑衣汉子道：'咱们已从初更耗到二更，便再从二更耗到天明。我还是不让。'乡下人道：'你不怕我的粪担臭，就这么耗着。'黑衣汉子道：'你肩头压着粪担，只要不怕累，咱们就耗到底了。'"一个身怀绝技，不恃强凌弱、欺压乡下汉子的武林高手的形象跃然纸上。金庸借萧峰之口问道："这样的人算不算英雄？算不算好汉？"这一问掷地有声，令人热血沸腾，这就是武德魅力。武德在中华民族的历史长河中，是武术界约定俗成的道德规范，其基本的出发点基于两个方面：一方面在于抑制武术的"暴力性"。诸如"不恃强凌弱""克己忍让"；另一方面在于站在道德的制高点鼓励"勇武性"。诸如"锄强扶弱""保家卫国"等。这些都有一个基本前提,那就是武术能"打"。

少林拳有"八不打"之说,即"一不打太阳为首,二不打正对锁口……",武术之打从"上斩颈领,下决肝肺"发展到点到即止,即能制人于服,但不制人于死,体现了武术之"打"这一内涵的进步与发展。然而,这种进步与发展是内在矛盾发展的结果。与人比武较技、争勇斗狠,难免会伤身害命,所以"打还是不打"是多数武术大家都深入思考过的问题。如少林寺觉远上人立的十条戒约中,第十条"戒恃强争胜之心,及贪得自夸之习。世之以此自丧其身,而兼流毒于人者,不知凡几。"清初,张一全重新修订第二时期戒约中,第六条规定"如游行时,遇有必相较量者,先举手作上式之礼……非到万不得已时,不可轻击其要害。"这都体现了武术大家们对这一问题的思考。正是因为武术宗匠们对武术之"打"带来的后果有清晰的认识,才会对武术之"打"怀有敬畏之心,才使"谦虚""忍耐""克让"等武德得以迅速和广泛地传播。武术之"打"从"上斩颈领,下决肝肺"发展到点到即止、以武会友,至后来上升到民族大义的层面,见证了武术文明的发展历程。与"斩其首""断其胆"相比,后世的少林拳有八不打之说。即"一不打太阳为首,二不打正对锁口,三不打中心两臂,四不打两肋太极,五不打海底撩阴,六不打两肾对心,七不打尾闾风府,八不打两耳扇风",充分体现了武术之"打"能制人于服,但不制人于死,这是"打"内涵的进步与发展,并间接影响到了武术形态的发展。民国时期的国术比赛、现代的武术竞赛以及民间比试共同见证了"直接比试"和"间接比试"的演变。有学者认为,在武术比试的去暴力化过程中,也引发了人们对武术比试文明化的思考,即武术之"打""在其发展过程中受到思想和现实两股力量的影响,形成了理想化的文化形态(套路)和现实性的运动形式(散打)"。

(六)"打"是武术派别的重要划分依据

"打"可以看作武术门派、门户产生的源头。门派、门户是构成中国武术博大精深的内容体系的基本框架,是区别于其他国家民族"武技"的重要文化标识。武术界流传的"拳兴于齐""剑起吴越""南拳北腿""东棍西枪""长拳短打"以及"内家外家"之分等,都是围绕"打"的特点进行划分的。有研究认为"门户话语并非毫无意义的空谈,而是以技术分析——或以'能不能打'的技击性衡量优劣等。"

门派、门户存在人际间的依存性,使该门派、门户的人产生一种归属感,进而又促使武术形成了伦理。武家在选择门派、门户之时，通常会以哪个拳种能打、哪个拳种厉害为基本出发点。关于武术门派之分的最早文献见于《纪效新书·拳经捷要篇》："吕红八下虽刚，未及绵张短打，山东李半天之腿，鹰爪王之拿，千跌张之跌，张伯敬之打。"可见，以打法特点对门派进行划分，是以地域、宗亲为基本社会单位，或以象形特点进行门户划分的基础。以"打"为特点划分门派、门户，主要表现在显性和隐性两个层面上。所谓的显性，体现在名称上，据此能基本判定该拳种的风格特点，因此具有较强的直观性。例如"炮拳""戳脚""劈挂"等。据有关学者考证，"红拳"的名称可能源于"伸手见红"。表明该拳种技击性强，能使对手挂彩见血。这也是拳种的名称直接挂上了"打"的烙印。所谓隐性，是指在拳种的名称上得不到直接的体现，而是在打的技术风格、拳理上得以体现。例如，"在技术方式上，在众多拳种以'在不跌不仆中求胜'，站着'打'探索技击新技术的同时，地躺拳、狗拳从倒地躺着'打'思想探索身体新语系，形成了在跌仆中求胜的'尚跌仆'拳种和技术体系。"又如，在王征南墓志铭中关于外家拳"主于搏人"，内家拳"以静制动"之分等，都是以"打"的特点为依据进行划分的。因此，"打文化"表征了拳种鲜活的特点和风格。

（七）"打"是武术文化传播的保障

"自古以来，中国武术所具备的打的功能是支撑着武术走向辉煌的重要力量，并在军事武术、民间武术等各个方面产生了深刻的影响。"有研究认为，"在群体间进行的打斗"已经具有集团军事的雏形，而"个人间的打斗"则是武术的开端。据明代拳术名家张横秋所书："余罔窃自思日，非拳无以保其身，非拳无以全其家，非拳无以锄其强，非拳无以除其暴，非拳无以免其辱，非拳无以止其害，是拳之益于人也。"这说明一个拳种的传播和发展与"打"是息息相关的。清末时期，社会动荡，在这一时期，大刀会、红拳会、义和拳等各种民间武术组织纷纷涌现，并催生了护院、武术教师、镖师等职业。对于一般的拳师来说，需要依靠自己的技艺来立地谋生，因此只有武艺高超者才能立稳脚跟，开创事业。民间拳师向都市流动促进了武术文化的传播与发展。在当时，对于视武术为主要谋生手段的武者来说，"打"是检验其武艺高低的硬性指标，打不出名堂来，是无法在业界安身立命的。

纵观近现代的武术宗师巨匠们，无不是以"打"来开门立户、扬名立万的。拳种著名与否、发展程度则与该拳种产生的能征善战之英雄人物的质量和数量是密不可分的。如以下几位拳种代表人物：杨露禅，人称"杨无敌"，对中国武术的发展产生了重大的影响。他把陈氏太极拳从河南温县陈家沟带到了北京，实现了太极拳以大都市为中心的辐射式发展。不仅使陈氏太极拳为世人所知，还创造了杨氏太极拳、培育了武氏太极拳，是我国太极拳史上承上启下、名垂青史的里程碑式人物。

郭云深，号称"半步崩拳打天下"，是谈论形意拳必提及的人物。关于郭云深的传说很多，但大多来源于文学色彩浓厚的人物传记式文章，因此学术性不强。尽管如此，我们仍可以得到一个准确的信息，那就是郭云深"很能打"。在信息闭塞的年代，能够闻名于大江南北，且鲜有败绩，可见其功夫之纯熟、技艺之强悍。形意拳作为一个著名拳种，与郭云深的"打天下"是密不可分的。

孙禄堂，别号"活猴"，又被尊为"虎头少保""天下第一手"。精通八极、形意、八卦掌，创立孙氏太极拳。曾徒步邀游南北11省，访少林、武当、峨眉等门派，"闻有艺者必访至"。与人切磋较艺，未逢对手。晚年又相继击败俄、日高手，被国术名家李景林誉为"遍顾宇内，能集拳术之大成而独造其极者，唯孙禄堂一人尔"。在1935年出版的《近世拳师谱》中，关于孙禄堂的条目里写道："技击独步于时，为治技者冠。"孙禄堂可以称为近代武术史上旗帜性的人物，他以一己之能，极大地促进了八极拳、形意拳、八卦掌、太极拳的传播和发展。有研究认为"孙氏太极拳虽不比杨氏太极拳传播得早，却不比陈氏太极拳为人所知得晚。"陈氏太极拳广为人知以杨露禅名扬天下为肇始，而孙氏太极拳在1916年就已经在北京的"四民武术研究社"、天津的"中华武士会"等社团传播，出现这种现象与孙禄堂"技击独步于时，为治技者冠"有关。

李书文，号"神枪李书文"，精通六合大枪、八极拳。关于李书文的传闻逸事很多，据民国时期《沧县志》记载，其"短小瘠瘦而精悍逼人，在室内排掌击空，离窗五尺，窗纸震荡有声；用大枪刺壁之蝇，蝇落而壁无痕。铁锥入壁力拔甚难，以铁枪搅之，锥即出。"据清末宣统皇帝御前侍卫霍庆云回忆："神枪李师爷的功夫，咱们练不了。他用大枪挑起80斤左右的大车轱辘摇风车似的呼呼转。他经常这么练，不费力。"李书文以技纵横天下，伤于其拳枪下者无数。尽管有人对其武德偶有微词，但丝毫不影响其在武术界巨大的影响力和感召力。"据不完全统计，神枪李书文的弟子传人国内外有万人之多，每年清明节前夕，常有来自不同国家、不同肤色的崇拜者飞抵沧州，前往神枪李书文墓地祭拜。"可见武术家"打"的能力对武术文化在古今中外传播产生了深远影响。

（八）"打"是武术理论体系中不可或缺的内容

武术理论是武术体系中极为重要的一部分。它从武术实践中产生，又对武术实践进行指导。1982年对武术的挖掘整理工作中对拳种的界定为："源流有序，拳理清晰，风格独特，自成体系"。如果没有一个独特的理论体系，也不能构成一个拳种。有史料记载，我国早在春秋时期就有了精彩的技击理论，《吴越春秋·勾践阴谋外传·越女论剑》论击剑之道："其道甚微而易，其意甚悠而深，道有门户，亦有阴阳，开门闭户阴衰阳兴。凡手战之道，内实精神，外示安仪，见之似好妇，夺之似猛虎。"明代戚继光所著的《纪效新书·拳经捷要篇》中"拳经三十二势"的歌诀都是围绕"打"展开的，如"雀地龙下盘腿法，前揭起后进红拳。他退我虽颠补，冲来短当休延。""朝阳手偏身防腿，无缝锁逼退英豪。倒阵势弹他一脚，好教师也丧声名。"另一位明代武术名家程冲斗在《少林棍法阐宗》中对枪法理论进行了总结："彼扎我圈里，我劈开彼棍，扎彼圈里；或手或心或肋，圈外皆同。封枪锁口：彼扎我圈里，我拿开棍，进步指彼咽喉。"唐顺之在《武编》中作了"拳势"之论，明"虚实"之法："拳有势者，所以为变化也……虚实之用，妙乎存人。"

自门派出现以来，各拳种立论之说都从不同的角度阐释了"打"的理论。少林拳关于"打"的理论颇为丰富，例如内要"四梢齐"，外不露"四相"。四相之弊在于"挥拳高举，劈头而下。拳既高，则腋下必空，其病一。或长拳冲入，手臂伸直无余，且拳之收入又迟缓停滞。手直必钝，不伤则折，其病二。既无马步桩法，长身直立，如僵立之碑。直立则后虚，一动即跌，其病三。怒气腾涨，进退甚猛。血气上升，手足无主。怒则心昏，自动不知，何能胜人，其病四。"苌家拳创始人苌乃周总结了《交手十失》："闪势而不进，不敢直入，舍近求远，劳而不逸，四失也……"在《头手二手前后手论》中论道："他先出手，我亦照住他膊根一伸既得，不必顾住他手，另觅打手，则迟而有变矣。"同时，还有大量的打法口诀存在于各个拳种之中，这些口诀不仅是用法说明，还是规范动作的基本法则。再如，八极拳口诀"上打云掠点提，中打挨戳挤靠，下打吃根埋根。身不舍正门，脚不可空存，眼不及一目，拳不打定处。贴身近发，三盘连击"；形意拳口诀"起如风，落如箭，打倒还嫌慢""两肘不离肋，两手不离心，出洞入洞紧随心；手高不过头，肘高不过口；一手攻击，一手顾破"；少北拳口诀"进必戳，退必弹，手足并进，上下齐开"等。"打"是产生武术技击哲学思想和武术丰富多彩理论体系的实践来源。没有"打",可以说,就没有其派生的技击哲学思想和武术丰富多彩的理论体系。

学术界的主流观点是不用"打"而用"技击"来描述武术的本质,这是因为"技击"更适合学术的语境,意指"用技术击打",用以区别会技术者之打和无技术者的"乱打",它指向了一个学习、练习和应用的过程。但是,"技击"在历史上曾经作为特定的称谓出现过,有指代武术的意思,用同一概念来定义概念未免违背了定义的原则问题。综上所论,本研究认为"打"在逻辑上、语境的广度上更适合描述武术的本质,但是为了体现出"概念一致性"的写作规范,书中尊重学术用语范式,在辨明二者的区别后,仍沿用"技击"的说法,在此处特加说明。

四、对武术本质认知的盲点

美国哈佛大学心理学教授马扎林·贝纳基(Mahzarin R. Banaji)和华盛顿大学心理学教授安东尼·格林沃尔德(Anthony Greenwald)经过多年的研究,提出了"盲点理论"。他们把视觉上的盲点比喻为隐性的偏见,即在潜意识里的偏见、歧视等。随着"盲点理论"研究的深入,研究也渐渐从心理学研究范围扩展到社会学研究等领域。"盲点现象不仅比喻内隐性的偏见、歧视,也包括对客观存在的忽视、无视以及人们对信息扑捉的滤过性等现象。实际上,对'盲点'的研究,主要是对理论研究的热点问题、焦点问题反其道而行之,研究生僻的、冷门的、易被忽视的,却又实实在在对事物的发展有一定影响的'灯下黑'的问题。其主要作用在于对主流研究起到有益的补充和警示,以及对有可能改变事物的发展轨迹、引起突变的潜在因素进行预测和分析。"根据该理论,笔者认为对武术本质的认知盲点主要表现在以下几个方面:

①与其他民族的"武技"相比,中华武术植根于中华民族的传统文化,其本质是含有谦虚、和谐、忍让等中华文化特色的防御性技击。"防身自卫"是习武者的修养,秉承着"人不犯我,我不犯人"的文化传统,习练武术的核心目的不在于主动征服对手,而在于"以斗止斗"。在学练武术套路时不难发现,几乎所有的"技击意象"都是建立在应对对方招法的前提下进行的,是具有"应答性质"的反击动作,而较少有主动进攻的内容。内家拳的"以静制动,后发制人""借力打力""以柔克刚"等,都是建立在防守反击的基础之上的。从这个意义上讲,武术的本质不仅仅是技击,更应该是防御性的技击。

②大多数人自觉地把武术等同地看作"动武之术",因而把"打"视为武术的重要评价标准。但在对象的认知上出现了偏差,"武术"不等于"武术人",即武术的"技击"本质并非"技击的人"。尽管武术的本质只能通过"人"这个载体得以体现,但是作为载体的"人"具有多变性,人与人之间具有巨大的区别。人的价值取向、历史条件、社会环境、制度法律乃至性格、性别、年龄、生理差异等都存在巨大的差别,"技击的人"只是表达技击的"变量"。例如一把刀,厨师的练法是为了更好地切菜,屠夫的练法是为了更好地宰杀,樵夫的练法是为了更好地伐树。厨师的刀法打不过屠夫,难道要怪其刀不够锋利吗?千百年的冷兵器战争史、游侠历史背景下产生和发展的武术技击不可以一概而论,许多精湛的技法是武术家千百年来实战经验的总结和传承,是历史的,也是群体的,不可以轻而易举地否定。在现代社会,失去了"穷文富武"的社会价值导向和"生死勿论"的法理环境,武术的实战性自然不可避免地被削弱,甚至一些技法不可避免地失传。

③对于武术本质的认知盲点还进一步表现在将"技击的人"默认为"技击的中国人",即以用武术技击的中国人击败外国拳术的外国人为评价导向。民国期间"津门大侠霍元甲击败俄国大力士""王子平击败俄国大力士""孙禄堂击败日本武士"等事件闻名于世,诸如此类的带有一定民族主义的心理倾向,惯性地使人们对武术技击的认知表现出消极的保守主义,而不似"跆拳道""泰拳"等技击术具有开放性。在搏击比赛中,人们经常看到的是"中国功夫"对抗"泰拳""空手道""拳击""踢拳道""跆拳道"等说法,代表中国功夫的几乎清一色的是中国运动员,很少看到代表中国功夫的外国人。曾经有一阵传闻,中国拳师、中国武术运动员要和美国拳王泰森进行较量,虽然在当时引起热议和关注,但遗憾的是最终并未实现。

我们应该反思一下,为什么一定要中国的武术运动员或者拳家挑战或者打败泰森来体现武术的技击性,而不是让泰森通过练习武术的"冲、掼、抄"等拳法称霸拳坛来表现武术的技击性呢?思维定式和认知偏差确实在武术本质的认知盲点中存在。把中国武术等同于中国人,把武术技击等同于技击的中国人,正是武术发展陷入困境的一个重要原因。为什么没有外国运动员代表武术散打参加诸如"K-1"这样的国际搏击大赛呢?武术要想走向世界,应该以更加开放的姿态、宽广的胸怀对中外等同视之,而且无论武术走多远,外国人在武术运动上取得了什么成绩,武术永远是中国的武术,这是毋庸置疑的。正如足球和乒乓球都起源于英国,但没有一项是英国的"王牌"项目。因此我们对于武术本质的表达应该更具开放性和融合性,减少更多人为设置的"认知障碍"。

④一些文人、学者对武术"打"文化的误读。有很多观点认为"武术是一种理想化的技击方式"。何为"理想化"？主要表现在片面地追求意境，无视技击实践。如"用意不用力""以弱胜强""以巧破千斤""以柔克刚"等。似乎用了力就是技艺粗糙的"莽夫"，功夫就不够纯粹。此类观点古今皆有，如"少林拳主于搏人，亦被人所趁"。这种说法贬损主动进攻的少林拳，抬高"后发先至"的内家拳。在现代也有学者引经据典，表达了类似的观点。如传统武术理论认为诸如"壮欺弱""有力打无力"之类"皆先天自然之能，非关学力而有为也"；王芗斋在《拳道中枢》中提到"得天独厚不得以代表拳学也"，认为"传统拳种中的'跛子拳'和'武松脱铐'等其深层含义是在讲述身残而技高，技击之道的另一层含义就是柔弱胜刚强"，"只有'四两拨千斤式'的随机而发方是传统武学中特有的臻美境界与技艺精髓。"这些观点是片面的，甚至可以说是唯心的，其有选择性地抛弃了相反的论据。众所周知，"先发制人"是具有进攻优势的，俗语讲"先下手为强，后下手遭殃""手慢让手快"，形意拳歌诀云："起如风，落如箭，打倒了，还嫌慢。"武术的一些谚语如"一力降十会""拳怕少壮""一胆二力三技术"等全被这些观点无视了。"神枪"李书文、"大侠"霍元甲、"赛活猴"孙禄堂哪个不是力大无穷，出手如电？现代格斗项目，包括武术散打，最重要的素质是力量、速度、耐力、抗击打能力等。少林拳"七十二绝艺"讲究的是"硬功夫"，太极拳也要练"旋大缸""抖大杆""缠井绳"之类的功法，正如少北拳歌诀所云："有阴无阳不出功，有阳无阴泪飞空。"阴阳相讥何益？一些纸上谈兵者崇尚的一些所谓的"内劲"似乎不必依靠肌肉的力量、骨骼的硬度，而仅依靠"气""意念""技巧"就能制敌取胜，几于玄学！"千斤压四两""刚强胜柔弱"才是常识，因而练武要练"功夫"，而不在于取巧。在军旅武艺上更是如此，戚继光讲"乱刀砍来，乱刀还他"，厮杀拼命之时哪顾得上许多。如此片面地解读武术的"打"文化，无视其全貌，必将导致我们对武术认知走向歧途。

此外，在宣传武术方面，强调技击性的话语权也占据了主导地位。从电影、电视剧、小说到学术研究，对武术"技击性"的宣扬占据压倒性的优势。在虚拟世界中，武术的技击属性固然占有重要的文化地位，也彰显了武术之所以成为武术的特点，但是在现代社会背景中，过于强调武术的技击本质容易造成"本质掩盖功能"的"副作用"，导致现代社会中的武术范畴的"文化堕距"现象和认知失调。原国家体委主任李梦华在全国武术评奖观摩大会上谈道："今后谈到武术的价值时，不必强调自卫应敌等，而应该强调它对人民健康的作用，因为增强人民体质就是对国防有益，对生产有益，即便是练习枪、刀、剑、棍，也不应理解为战斗武器，而应理解为运动器械。"这并非是单纯地对武术技击性的限制性规定，也指明了武术在新社会、新时期发展的方向，是站在国家层面的高度，从长期革命和建设经验中总结和提炼出来的指导性意见。二十世纪六十年代，武术界曾批判过"唯技击论"的观点。有很多学者认为，对"唯技击论"的批判运动阉割了武术的"技击性"，但过分强调武术的技击性，也会陷入狭隘价值观的误区，同时会弱化武术"表演""娱乐""竞技""健身"等其他功能在现实生活中的作用和价值，这些功能与价值在"技击"本质的光晕下，将会被遮掩得黯淡无光。

在现代社会生活里，这些功能与"技击"相比，哪个价值更重要？答案不言自明。技击作为武术的本质是唯一的，但并非是其功能的全部，功能超过本质价值的例子比比皆是，例如太阳、空气、水……作为本质的技击是不会变的，它是种客观的存在，而作为功能的技击则会在社会价值观念的转变中发生改变，武术的功能结构也会随着社会需求的变化而变化，把作为"功能的技击"当作"本质的技击"来认识同样是认知的盲点，会造成对武术认知上的误区，也是使武术发展陷入困境的认知陷阱。

第三节　武术的内容

一、武术内容概览

从目前的研究成果来看，对武术内容的概括与归纳还不够完善，很多情况下武术形式和内容混在一起，用形式指代内容，或用拳种、功能来描述内容。全国体育院校教材委员会审定的《中国武术教程》中写到："武术运动发展到今天，它的内容与形式有很大发展变化，其分类方法也不尽相同，有按性质和功能进行分类的，也有按运动形式分类的。这些分类方法有利于展示现代武术的基本内容。"这种说法其实并没有区分武术的内容和形式，也没有说清楚这个问题，这种宏观的划分方法是将武术视为一个整体来看的，从拳种的层面上来看，可能适用性受到较大的限制。少北拳创始人张荣时先生认为，少北武术的全部内容可以用"双功四术"来概括，"双功"是指六根功和九术功，六根功包括手、眼、身、腿、步、气，九术功是指马步、猫功、劈拍、跳行、穿越、摆腿、奔驰、打桩、身翻；"四术"是指拳术、器术、功术和巧术，"双功"是"四术"的基础，"四术"是"双功"的表达,"双功为武,四术为术","功"与"术"的辩证关系是"无武不出术,术由武中来"。从拳种的范畴上来看,具有高度的概括性,基本上涵盖了武术的全部内容。

在现代文明的语境下,武术的内容与冷兵器时代的内容相比显然已经发生了巨大的变化,拳术居多,器术被牢牢地限定在武术竞技套路或表演武术套路上,真刀实枪的格杀器术早已被"驯化",一些器术的内容已经走向消亡。如现代武术器械的划分一般来说包括"长、短、链、软、双"五类,目前"脱手器"已经很少见了,如"筒射""飞蝗石""飞镖"等。"功术"不同于"功夫"或"功力",既需要有专门的"功力",还有纯熟的运用技术,可以视为某种"功夫"的高级阶段,就是"绝艺""绝技",在现代社会中也已不多见,现在我们很少见到"少林七十二艺"之类的功术表演。《少林绝技》中的《名人异技录》所载:"胡某,忘其名,黔之黎平人。师从一贯禅师,苦练一指金刚功。三四十年中,运其精力于一指。后游川秦,所遇名家巨子,皆为胡一指所压服。"这大概是人们意识里对于武术的认知形象。1996年高等教育出版社出版的《高等学校教材——武术》中把武术定义为"武术是以技击动作为主要内容,以套路、格斗、功法为运动形式,注重内外兼修的中国传统体育项目。"首次把"功法"纳入武术的概念之中。2004年,首届全国武术功力大赛在佛山拉开了帷幕,但近年来全国武术功力大赛的起色也不明显,未免显得门庭冷落。《少北武术纲要》中记载,"巧术"是指"人上""网上""杠上"等使用的一些格斗或运动方法,用于"破陷阱、破机关"。少北拳创始人张荣时先生曾经谈及过去走江湖的一些防身巧术,如夜行术要注意"黑泥、亮水、灰白路",夜间给陌生人开门要身藏门后"以门为盾",利用网上、杠上、树上及人上的巧术破机关陷阱、翻越高墙等。但是这些小巧的功夫却离现代生活越来越远。近年来,被称为"鬼手"的王保合所表演的"缩骨功"令人惊叹,据说因为练习过程太过辛苦,已经面临失传的境地。显而易见,现代语境下的武术内容已经消逝了很多。除了上述"四术"外,武术的"打"还包括战术的运用,如"呆鸡技",形若呆鸡,迷惑对手,突然偷袭得手。再如"见之似好妇,夺之似惧虎"等,都是战术的运用。

二、现代武术内容划分的新视角

现代语境下的"传统武术"的内容基本上是按照拳种界定的。按照"源流有序,拳理清晰,风格独特,自成体系"的拳种认定标准,被认可的武术拳种基本上包含"拳术""器术""功术"的内容。例如，陈氏太极拳早期是没有器械套路的，后为了丰富其内容体系，现代拳家创编了"太极剑""太极刀"等器械套路。形意拳的一些招法、练法也是从枪法中演变而来的，历史上曾经出现过的"拳勇""手搏""角抵""相扑""白打"等功法，虽与器术无关，但也是着眼于肢体的练习，表现为"练拳不练器"。同时，一些器术也与拳术内容无关，表现为"练器不练拳"。《越女论剑》中有"其道甚微而易，其意甚幽而深。道有门户，亦有阴阳，开门闭户，阴衰阳兴。凡手战之道，内实精神……"的记载。剑术包含在武术中是毫无争议的，却不见与拳术的关联性。宋初有"踏弩社""枪棒社"等民间结社，练习内容以弓弩、枪棒等具有杀伤性的器械为主，也无法反映其与"拳脚功夫"有所关联。明代的"杨家梨花枪"冠绝天下，戚继光曾说："夫长枪之法始于杨氏，谓之曰'梨花'，天下咸尚之。"足可见，杨家梨花枪在于把枪术练得出神入化，与拳术无关。此外，一些武术的内容还表现出"有技击，无套路"与"有套路，无技击"。例如，少林拳的"破壁"全是单招动作，没有套路。再如"晋北的鞭杆，早期只有'点子'（即散招，打法）"。戚继光在《纪效新书·拳经捷要篇》所载："吕红八下虽刚，未及绵张短打，山东李半天之腿，鹰爪王之拿，千跌张之跌，张伯敬之打。"这里也没有提及器术，这表明当时的"拳术"与"器术"还没有得到完全的整合，是各自独立的存在。因此，现代语境下的武术内容与古代的武术内容并不完全是一回事，二者不能等同视之。

综上所述，要总结武术的全部内容可以借鉴少北拳的概括方法，可分为具有递进关系的四个部分，即"型—法—术—道"。"型"是指手型、步型、身型、器型等；"法"是指练习与使用的方法，其中包括了基本功；"术"是指综合运用五术（拳术、器术、巧术、功术、战术）的能力；"道"是建立在前三者基础之上的哲理体悟与道德修养，以达到超越自我的精神境界。当然，也会有观点认为"武术史""武术文化""武德"等也是武术的内容，但是学科视野下的内容与作为本体化的运动方式的内容并不在一个层面上，因此本书的立足点在于作为运动方式的武术。

第四节 武术的形式

武术的形式与武术的内容经常混在一起，有时候互相替代，但是二者是具有清晰界线的。武术的形式是武术内容的具体表现方式，是一种武术类别的划分，是在某个视角的规定下展现的。常见的武术表现形式有"军旅武术（又称军旅武艺）""实用武术""民间武术""传统武术""竞技武术""表演武术"和"养生武术"。这些武术表现形式存在着巨大的差异，有各自的风格特点和价值取向，它们的功能性质等完全不同，体现了武术内容的异质性。这些形式并不是一脉相承的，也并非是一种"异化"与新生，而是泛化武术概念下的统一，具有完全不同的属性，并且一些形式已经名存实亡。因此，一种武术形式完全不能替代另外一种形式。

一、军旅武艺、民间武术与实用武术

军旅武艺（又称军旅武术，这里是指属于武术内容的部分，即格杀技术，而非指军事）是指冷兵器时代的军事武艺，主要以"刀""枪""剑""戟""矛""戈""射箭"等为兵器，通过长期训练和实战习得的杀敌技艺。而实用武术是指在现代社会中，用于军警格杀训练的实战技法。还有一些人把"散打"等徒手格斗项目称为"实用武术"，意指以格斗技术为主的武术。在一些带有"实用武术"字样的著作里，其内容实际上也是一些徒手格斗技巧，诸如一些腿法、拳法、摔法、擒拿法等。军旅武艺与实用武术不同，军旅武艺是以冷兵器的格杀技为主，尤其是长兵器、射箭及马上的格杀技艺，因此在操练器械上、使用方法上及对敌效果上皆与实用武术完全不同。而用于军警格杀训练的实用武术并不是以冷兵器、骑马射箭为主的技术体系，因此从这个意义上来看，军旅武艺与实用武术是截然不同的。而随着时代的变迁，"军旅武艺"已经成为历史，因为现如今它已不具备使用的背景和存在价值。

以杀敌致胜为根本目的的军旅武术其内容基本上分为两个主体，一是"将艺"，二是"卒艺"。"将艺"讲究的是"力大""势沉""马快""善射"，马上技艺占比重较多，技巧性的内容相对较少。这一方面，《三国演义》可以提供一些佐证，如"颜良正在麾盖下，见关公冲来，方欲问时，关公赤兔马快，早已跑到面前；颜良措手不及，被云长手起一刀，刺于马下。"尽管是小说之言，但是也并非是完全杜撰虚构的，小说、野史等一些素材是来源于现实生活的，因此文学作品可作为正史的有益补充，且从逻辑上看也能自洽，关羽的马快、刀沉、势猛，且颜良轻敌，被关羽偷袭正符合兵不厌诈、一招毙命的残酷沙场。此外，"将艺"还十分重视骑射，它与卒艺中的步射、跪射，以及射弩、踏弩等不同，汉代飞将军李广、三国名将黄忠等都以骑射名扬天下。始于唐代的武举科考也多以考核力气、骑射,以及枪、矛等器术为主要内容。如《新唐书·选举志上》记载:"其制,有长垛、马射、步射、平射、筒射,又有马枪、翘关、负重、身材之选。""卒艺"所包含的内容较多,根据兵种的不同,所采用的器械也不同,使用技法也与将艺不同。例如"朴刀",在少北拳中称为"步战刀",据张荣时先生的观点,"步战刀"就是兵卒用来砍骑兵马腿用的。用来砍骑兵马腿的"卒艺",显然在练法上与技术上与骑在马背上制敌的"将艺"存在着清晰的界限。而兵种不同,"卒艺"的内容也会有所不同。

无论是"将艺"还是"卒艺",都与民间武术有着显著的区别,二者合而为一则成了民间武术的源头之一。《纪效新书·或问篇》记载:"如乡兵所执,名为镋、叉、钯者,横头用无刃铁梁,柄头用平顶铁箍,长不逾眉。其所习之法,又前后回头跳舞,双手平拿两头,所馀不过一尺。渠盖如此习之,及其平日在乡党争斗,每打必胜……殊不知此器此习乃乡中互相争斗用之,彼此皆然。且恐以刃伤人,得罪必重,故只用此物打伤,就或打死,终非刃杀之意。其贼之来也,利刃长锋,二丈有余,及身寸馀,应刃而毙,以一尺无刃之物,而当一二丈利渺之锋,就能见肉分枪,亦只格得他开去,不及我身兴矣,便终日对局,岂能跳进一二丈之远,以中彼哉?"这段话生动地反映出了军旅武艺与民间武术之间的区别。首先,民间武术"恐以刃伤人,得罪必重",强调了民间武术的使用范围受律法与伦理的限制,杀伤性会受主观和客观上的控制。其次,民间武术所使用的器械偏短小无刃,除了具有"保护对方"的安全意识和使用方便的特点外,与军旅武术重视器械训练,增加杀伤力相比,民间武术实际上是以身体运动为出发点和落脚点的,更注重的是身体练习。最后,民间武术在乡党争斗中"每打必胜",表明了民间武术具有一定的实战性,且在民间的利益斗争中发挥着一定的作用。

在晚清时期,军旅武艺又和民间武术结合得较为紧密,太平天国运动的兴起促进了"天地会""小刀会"等民间社团组织的发展,军旅武艺在民间又得以广泛开展。曾国藩在《保守平安歌三首》中写到:"读书子弟莫娇奢,学习武艺也保家。耕田人家图安静,学习武艺也不差。匠人若能学武艺,出门也有防身计。商贾若能学武艺,店中大胆做生意。雇工若能学武艺,又有声名又赚钱。"可见,当时的社会号召全民习武,全民皆兵。认为武艺既可以当作是杀敌防身的手段,也可以看作是获取功名的途径,还可以被视为全民性的军事训练内容。这类与军旅武艺密切相关的"武艺"既与"开大阵,临大敌"的军旅武艺有别,又与"点到为止"

"恐以刃伤人，获罪必重"的民间武艺有别，被称为突出搏斗实战功能的"实用武术"。当然，江湖之中的打把势卖艺、保镖等也是民间武术的重要内容。概言之，民间武术是与"庙堂"相对应的在民间所使用的武术体系的总和。

从历史上看，实用武术与军旅武艺存在密切关系，它们都是军事训练的主要手段和内容。但从近代以来，实用武术与军旅武艺渐行渐远了。飞机、汽车、轮船、大炮、各种制式的枪械、手榴弹等逐渐淘汰了冷兵器，同时也必然会伴随着一些技法的丢失。而在近代战场上的"刺刀见红"也主要是军事体操的刺杀术，同时短兵（如匕首）和徒手格斗技巧也在不断地发展，而长刀、马槊之类的技法逐渐退出了历史的舞台。

从一些现代的"实用武术"著作上看有两个方面，一方面，实用武术仍然具有较明显的体育性，可以作为时尚的、"酷"的运动方式；另一方面，其内容体系是个"大杂烩"，包含"散打""跆拳道""擒拿格斗""女子防身术""踢拳道""截拳道""合气道"等项目，它们共同点只有一个，那就是格斗。但是这些内容在很大程度上已经脱离了传统文化，因此它们在形式上具有一定的独立性，与传统意义上的"武术"具有一定的差异性。有专家认为，世界各国都有其自己的"武术"，在不考虑文化差异的情况下，都可称为"武技"，只是这些"武技"并不完全等同武术。

二、竞技武术与传统武术

有学者的观点认为"传统武术"是指1949年之前的武术，这种说法虽然指明了具体的时间节点，但从更广泛的意义上来看，"传统武术"是与"竞技武术"相区别的划分武术类别方式，而不是指向具体的时间节点。即其本质是指两者的内容体系及表达方式的不同，而不是时间节点上的不同。尽管"传统"与"竞技"在词义比较上存在一定的逻辑悖论，但人们仍然习惯用"传统武术"来表达与"竞技武术"相对应的武术内容，并对传统武术的发展认知产生了偏见。

正视"传统武术"以及武术发展的问题，有必要对"传统"进行深入的理解。吕乃澄认为"'传统'由单一概念转变为联结的概念，是取'传'的相传继续和'统'的世代相承某种根本性的东西之意，表现为'来源于过去，汇注于现在，又流向于未来'"。即传统是一个具有三维时序性的概念，是一个连贯的时空链。甘阳认为，传统并非是在过去凝结成的一种实体，而真正的落脚点恰恰是在未来，即传统乃是"尚未被规定的东西","它永远处在制作之中、创造之中,永远向'未来'敞开着无穷的可能性。"杨善民等则认为"传统是人类某种文化精神经过多次重复、再现凝止而成的结构——功能组织,它出生于过去,呈现于现在,并有向将来发展的趋势。"

综上观点,"传统"会受到社会环境、生产力、文化变迁的影响,是一个动态的过程,在这个过程中,一方面,有些"传统"遵循"优胜劣汰,物竞天择"的法则,注定成为"历史"(例如古代的殉葬制度,一夫多妻制等),而有些新事物指向未来,成了新的"传统";另一方面,"传统"是一个客观的实体,是群体意识的反映,具有时代性。"好""坏""美""丑"是时下的判断标准,但不是一成不变的唯一标准。个体的意识都融于当代的社会意识之中,被社会意识所同化,从而形成了该历史群体的群体意识。若以此视角来审视"传统武术",把"竞技武术"与"传统"割裂开来,截然对立,则忽略了武术的创新和发展。或过于强调历史,片面强调武术在现代化进程中部分内容的流失,显然有失偏颇。

人是文化的主体,文化的发展必将适应生产力的发展,反应社会历史的面貌是要发扬传统、创新文化、引领文化,而不是固步自封、裹足不前。"传统"与"创新""发展"并不是对立的关系,而是"青出于蓝而胜于蓝"的关系。诚如有观点认为的那样,"正是由于经济文化落后,现代武术才不自觉地要摆脱自认为'陈旧''毫无生气'的原始身份去寻求新的身份,摆脱自认为被忽略、被蔑视的自我文化标签去寻求其他身份,使自身看起来更有新意,能在国际舞台上大放异彩。"

传统武术的本意是指流行在民间的各个拳种的总称,它的价值取向主要在于防身自卫,具有一定的技击性,可视为武术传承的主体和主要形式。依据1979年原国家体委下发的《关于挖掘、整理武术遗产的通知》,于1983—1997年,按照"源流有序、拳理清晰、风格独特、自成体系"的原则整理和认定了130个拳种(少北拳于1997年被认定为第131个),这些拳种都可视为"传统武术",即一般性意义上的武术。

权威观点认为明末清初是武术的成熟期,以门派、拳械套路的出现为主要标志,主要通过五条路径传承:第一条路径是小农经济结构下形成的地域武术。有研究认为,我国民间武术多在农村中孕育、产生和发展,如温县陈家沟的陈氏太极拳、河北沧州孟村的八极拳、山西蒲州六合拳、陕西关中红拳等。第二条路径是明代户籍迁徙与军籍制度对民间武术的影响。如黄宗羲所撰的《王征南墓志铭》中所提的内家拳师王征南,有可能是对该王姓拳师的一种称呼,"征南"是指籍贯的搬迁，而不是其真实姓名，即表明"王征南"可能并非是黄宗羲所在地的本地人。有研究指出，"征南"应是明代大规模移民和军户随军迁移、征战后留在当地一类人的代称，有"征南""填南"之说。"征南"或者"填南"既见证和促进了拳种的繁衍和传播，又把军事武术与民间武术紧密地联系在一起。第三条路径是都市商业化的发展。以开设武馆、保镖等职业化为标志，都市商业化是民间武术发展的一支重要力量。例如，杨露禅在北京创造和传播杨氏太极拳，孙禄堂开设武馆，登报招徒曾经轰动一时。镖局出现的具体时期尚无定论，一些研究认为是清初时期，但是也有学者认为与镖局性质相似的机构早在唐代就出现了。镖客需精通水战、车站、马战、步战和夜战五种本领才能成为一名合格的"尖挂子"。据末代镖师李尧臣口述，北京八大镖局的师兄弟、师叔、师大爷共有1000多人，北京瑞蚨祥坐池子镖师陈友清，在1930年创办的北平大兴县第五国术社所授弟子就近千人。第四条路径是通过寺庙、道观等宗教场所的传播，代表性的场所是少林寺。实际上寺庙与道观等宗教场所历来就与政治存在密切的联系，因此与其他路径传承的民间武术不同。以少林寺为例，少林寺有"十三棍僧救唐王"的传奇故事；明代少林僧人小山等参加沿海抗倭战役；明代著名将领俞大猷考察少林武术，收普从、宗擎二僧入军效力，并传授二僧棍法；明末清初南少林"反清复明"的历史典故；清代道光年间满族大员麟庆拜访少林寺，观看武僧练武等。因此"武以寺显，寺以武扬"的少林武术从来就不是真正意义上的民间武术，它既缺乏民间范畴作为争夺利益的工具职能意义，又缺乏养家糊口的经济职能意义，而始终与政治若即若离地联系在一起，在政治与宗教的双重影响下，逐渐脱离了"以刃伤人，得罪必重"的世俗礼法规约和生产劳动的经济限制，因而形成了其独特的"门派"体系，而不似陈氏拳、杨氏拳、赵家拳等具有显著地域和民族特征的"门户""拳种"体系。第五条路径是帮会、秘密会社与太平天国运动。清末义和团组织主要来源于三个方面"一是由大刀会（金钟罩）拳会系统演变而来；二是从梅花拳和义和拳传播下来；三是从神拳发展而来。就这三个系统发展的源流来看，均与一些教派系统有密切关系。"关于太平天国运动与武术的相关研究资料缺乏，但从一些人物传记中（如《曾国藩传》）中仍能发现其与武术相关的一些蛛丝马迹，这场浩浩荡荡的农民起义曾引发了大半个中国的冷兵器战争，因此其对于民间武术的影响是巨大的。这些民间的传统武术是现代竞技武术的蓝本或文化母体，也是我们潜意识中对武术概念认知的主体。

竞技武术是特殊意义上的武术，与传统武术是同源之水、同根之木，二者之间是特殊与一般的关系。1954年，以原国家体委组建竞技指导科武术队为标志，现代竞技武术迈出了第一步。1957年，武术被正式列为竞赛项目，1958年开始举办全国武术运动会。原国家体委主任、第一任武协主席李梦华在全国武术评奖观摩大会上谈到："今后谈到武术的价值时，不必强调自卫应敌等，而应该强调他对人民健康的作用，因为增强人民体质就是对国防有益、对生产有益，即便是练习枪、刀、剑、棍，也不应理解为战斗武器，而应理解为运动器械。"1958年颁布了第一部《武术竞赛规则》，奠定了以长拳、南拳、太极拳为主要竞赛项目的格局，按照原国家体委提出的"难度大，质量高，形象美"的指示，明确了武术技术发展的方向。

据蔡龙云先生回忆，1955—1958年，原国家体委开始组织创编武术竞赛套路，"他们俩（指李天骥、毛伯浩）第一个搞的就是简化太极拳，主要是李天骥搞的；根据杨式，他（李天骥）不会陈式只会杨式，简化太极拳的创编没有混杂两式三式之说，简化太极拳是李天骥搞的。""1957年、1958年开始搞初级剑。"竞技武术中的"长拳"也不是明代的"长拳"，而是现代武术家根据查、华、炮、红、少林等拳种的动作素材和基本技法为基础创编的。

自1980年开始，经过4年的整理，于1984年确定了"擂台赛"形式，奠定了武术散打运动竞赛规则的基础，1990年正式出台了《散打规则》，1994年全国武术工作会议上明确了武术套路"高、难、美、新"的发展方向……这些都标志着现代竞技武术的诞生，并逐渐完成了由"套路"和"散打"两条主线构建的竞技武术体系，拳种、门户的界限不再清晰，技击性不再作为武术的重点符号，传统武术与竞技武术的差别扩大，逐渐走向分野。

有学者认为竞技武术是传统武术文化"异化"的结果，或者说是竞技武术侵占了传统武术的生存空间等。但实际上，现代传统武术的发展是沾了竞技武术的光。现代竞技武术的蓬勃发展是以中国恢复国际奥林匹克委员代表席位、大力发展竞技体育、争取历史上奥运奖牌零的突破、显示社会主义优越性、显示综合国力、展开"奥运争光计划"为时代背景而展开的。由于当时我国的经济相对落后，体育训练和科研水平还不发达，因此国家对竞技体育项目进行了总体布局，集中全国的资源重点发展田径、举重、游泳、射击、乒乓球等十个大项，与这些项目相比其他项目属于从属地位。发展优势项目管理采用军事化方式，训练采取"三从一大"原则，形成了"举国体制"。

随着竞技体育不断取得突破，我国在世界上的体育地位不断攀升，影响力不断扩大，竞技体育日益受到国家的重视。为了寻求发扬中华传统文化的新路径，同时也为了寻找奖牌新的增长点，于是把武术这一民族传统体育作为我国竞技体育发展的重要内容。长拳、太极拳、规定套路及散打等项目成为1990年亚运会的正式竞赛项目。随后成功举办了散打世界杯、世界武术锦标赛等世界级武术大赛，使武术成员国迅速达到100多个国家，并成为2008北京奥运会的申报项目和表演项目。同时，武术成为历届大运会、全运会和少数民族体育运动会等大型竞赛的常设竞赛项目，各高校、各级运动队，以及各事业、企业单位积极发展武术运动，广泛培养武术人才，吸引了大批的武术爱好者，共同促进武术在社会体育中的发展。现代武术题材的影视剧也是以竞技武术为主体的，功夫巨星李连杰、赵长军等均为竞技武术套路出身。因此，从竞技武术发展的历史上看，实际上是竞技武术促进了"传统武术"的发展。

竞技武术主要包括套路、格斗与集体项目。格斗项目是在现代体育规则下的技击运动，遵循自愿、公平、公开、公正等原则，具有遵守规则、保护运动员安全的"体育性"，与冷兵器时代具有"格杀"或"你死我活"的民间厮斗具有极大的差别。而竞赛套路主要是体现"高、难、美、新"的运动风格与特点。从武术的本质上来看，武术套路是从演练上表现出技击攻防的动作含义，实际上并不是以技击为主要技术方向。而以散打为代表的格斗项目，则是突出现代语境下的格斗技巧与规则。有一部分观点认为，散打并不是武术，代表性的理由是"散打没有门派，不是从传统武术演化来的，是现代化的竞技格斗。""散打就拳、腿、摔那么几个动作，没有套路。""散打的文化特点，与西方的竞技体育文化相近，与几千年的武术不是一回事。"等等。但实际上，这是一种认知上的偏见。首先，散打被称为武术散打，是源于中国并在中国发展壮大的一项格斗运动，虽然它是在现代竞技体育背景下的新生项目，与传统武术在技术体系上有诸多的不同，但是从武术产生和发展的历史过程上来看，"白打""角抵""相扑""使棒""射箭""踏弩"都被视为中国武术的内容，它们也都没有套路，也没有明确的技术流派的记载，只是历史背景不同。任何文化都会随着社会的进步而不断发生变化，因此创新、革新是必然的。冷兵器时代结束意味着一些格杀的武术技法失去了历史舞台，一些适应时代新要求的武术内容与形式必然应运而生。发展才是硬道理，明日将视今日为历史，那么为什么不能说散打是传统武术呢？其次，散打是民国以来，对近百年比武较技的方式和方法不断尝试和探索的结果，并不是对西方格斗项目简单移植的结果。虽然竞赛规则是参照西方的竞技体育规则制定的，但是其技术体系、礼仪仍旧是中国传统武术的体系。除了擒拿法由于带拳套不能使用之外，腿法、拳法和摔法都是武术技法精华的提炼。如果散打运动只是练习一般的"拳""腿""摔"技法，那么在达到一定水平后，就容易出现瓶颈，一些优秀的散打运动员会在武术中寻找一些新的突破，并在比赛中加以运用，这在外行人的眼里是看不出来的；最后，很多传统武术单招的动作数量比散打的还少，也没有套路，例如，少林拳的"破壁"都是单一或几个动作反复练习，功术也是单一的练法，依靠长年累月的反复练习，武术拳彦就有"千招会不如一招精""一力降十会"的说法。

如果说程序化编排的几个动作算是套路的话，那么散打的拳、腿、摔组合动作也可以看做套路。因此，说散打不是武术无论在哪个角度来说都是站不住脚的，说武术不能打就更站不住脚了。竞技武术的产生与发展是适应时代需求的结果，从过去、现在与未来的时空链中看，是一种与各个历史时期的新生形式具有同质性的存在样态。

三、表演武术与养生武术

表演武术自古以来就很流行。在古代，武术表演是非常受欢迎的，《史记·李斯列传》记载："二世在甘泉宫，作乐角抵，俳优之戏。"《汉武故事》载："未央庭中设角抵戏。"《东京梦华录》里提到的瓦子有9个，而根据《梦梁录》《武林旧事》和《西湖老人繁胜录》等记载，仅仅杭州就有瓦子17处，后来更是增加到23处。这些古代文献记载了大量的瓦舍勾栏的事迹与人物，可见当时表演武术的流行程度。

一些古代著名的武术家将表演武术称为"花把"，对其表现出一种鄙视的态度。明代名将、武术家俞大猷在观看少林寺武僧的武术表演后，竟摇头叹息说："真诀皆失矣！"连"天下功夫出少林"的少林武僧练习的都多为"花法"，可见表演武术在民间风靡已久。

表演武术具有极强的生命力，有三个方面的重要因素起到了决定性的作用。

第一是市场因素。表演武术具有较强的观赏性，因此更吸引人，能产生更好的经济效应。很多人专习"花把武术"，因此一些提倡实战功能的武术家对此表现出极大的惋惜甚至是愤慨。正因为表演武术要具有更强的市场表演价值，靠卖艺为生的江湖艺人必须要满足"外家看热闹"的市场需求，这也在客观上刺激了表演武术套路的发展。一般来说，街头的"打把势卖艺"主要有三种表演形式，第一种是"打套子"，即套路表演。明代武术家俞大猷把这类套路称为"花把"，意为花哨的把势；第二种是对练；第三种是"绝活"，也是打把势卖艺的"压轴戏"。如硬气功类的"胸口碎大石""油锤灌顶"，技巧类的"金枪顶喉""口吞宝剑"等。

一般来看，"打把势卖艺"的从业者具有较强的流动性，南宋吴自牧《梦粱录》卷十九中的"瓦肆"条中云："瓦舍者，谓其'来时瓦合，去时瓦解'之义，易聚易散也。不知起于何时。顷者京师甚为士庶放荡不羁之所，亦为子弟流连破坏之门。"其人员构成有可能是专业的卖艺人，也有可能是农闲时来自乡下的拳师，也有可能是寻仇避难的拳师。套路表演属于"垫场"，到"绝活"才是"压场"，意味着表演进入到高潮。而只有经过长期刻苦训练的高水平的武术艺人才敢表演这样的绝活，而表演绝活的"台柱子"成为决定其行业地位和收入的关键。如果某个艺人退步了，或者出现了技艺水平更高者，那么他就可能被排挤出瓦子，重新走上流浪、打野呵的道路。因此，要想保住瓦子的"江湖地位"是需要一定的真功夫来"镇场子"的。这就要求艺人不仅要有一定的技击能力和一些压场的绝活，还要在满足观众视觉消费上推陈出新、不断创造出具有"新""奇""巧""敢"等特点的"新花样"，以避免观众的审美疲劳。从这一点上看，打把势卖艺是具有较高挑战性的职业，在市场需求的刺激下，对表演武术内容的要求也具有丰富性和多样性，而历史的发展也见证了武术种类、内容的多样性。

第二是政治因素。在中国历史上曾经出现过多次大规模的"禁武运动"。战国时期法家就提出了"侠以武犯禁"，对社会上习武游侠的风气进行了抨击。"侠"分很多种，据文献记载和学者们总结归纳，大致上有"游侠""豪侠""儒侠""任侠""隐侠""盗侠""义侠""烈侠"，以及"布衣之侠""巷间之侠""乡曲之侠""卿相之侠"等。司马迁在《史记·游侠列传》中，开篇即说明了什么是"侠"："今游侠，其行虽不轨于正义，然其言必信，其行必果，已诺必诚，不爱其躯，赴士之厄困，既已存亡死生矣，而不矜其能。羞伐其德。"荀悦在《汉纪》中称游侠为"德之贼"，他认为游侠"以毁誉为荣辱，不核其真；以爱憎为利害，不论其实；以喜怒为赏罚，不察其理。"他给游侠下了这样的定义："立气势，作威福，结私交，以立强于世者，谓之游侠。"这一类的游侠或者"侠"对社会的稳定和统治来说有一定的消极意义，特别是田横、郭解之流影响更大。秦始皇收缴天下兵器，在民间大规模"禁武"，宋太祖"陈桥兵变"夺取天下后，开始对武将加强了防范和抑制，同时也对民间的尚武之风进行了压制，故而宋代呈现出"重文轻武"的价值导向，禁武政策也逐渐实施。宋初存在"踏弩社""枪棒社"等"武艺协会"组织，练习内容以弓弩、枪棒等具有杀伤性的器械内容为主，与军事训练内容相近，为统治者所忌讳。宋代开宝年间，统治者推行"禁武"政策，并颁布了相关法律，导致"格杀武艺"受到了打击和摧残，民间武艺曾一度偃旗息鼓。元代更甚，元代的武术活动甚至可以用"消亡"二字表述。《元史·刑法志》曰："诸弃本逐末，习用角抵之戏，学攻刺之术者，师弟子并杖七十七。"《马可·波罗游记》记载，元代杭州的市民"性恬静温文，他们对武器的使用一无所知，且家中也从不收藏兵器"。清代的"禁武"力度也是比较大的，例如，道光八年（1828年）三月，满族大员麟庆代巡抚杨海梁祭中岳，麟庆走马至少林寺，因久闻少林武功名冠天下，遂让少林寺主僧组织武僧为之演武。少林寺主僧见麟庆为满族大员，又因清廷禁止聚众习武，于是矢口否认寺僧练武。麟庆听后，立即明白少林寺主僧是惧怕清廷追责，于是安抚劝说道："谕以少林拳勇，自昔有闻，只在谨守清规，保护名山，正不必打诳语。"之后少林寺主僧方同意让武僧表演献技。

因为统治阶级禁武，而不具有技击性的表演武术则不会受到广泛的打击，因此其得以在瓦舍勾栏中广泛传播。中华人民共和国成立以来，原国家体委主任李梦华在全国武术评奖观摩大会上谈到："今后谈到武术的价值时，不必强调自卫应敌等，而应该强调他对人民健康的作用，因为增强人民体质就是对国防有益，对生产有益，即便是练习枪、刀、剑、棍，也不应理解为战斗武器，而应理解为运动器械。"这并非是单纯地对武术技击性的限制性规定，而是指明了武术在新社会、新时期的发展方向，是站在国家层面的高度，从长期革命和建设经验中总结和提炼出来的指导性意见。

第三是文化因素。蔡龙云先生曾问道："为什么说唐代的'三绝'是裴旻的剑，而不是秦叔宝的双锏呢？"杜甫在《观公孙大娘弟子舞剑器行》中描述："昔有佳人公孙氏，一舞剑器动四方。观者如山色沮丧，天地为之久低昂"。表演武术的文化意蕴是从古自今文人墨客和市井百姓喜欢的重要因素，从审美的角度上看，表演武术是肢体表达的艺术。在现代的体育非物质文化遗产中，朝鲜族的"刀舞"就是用来表达战斗之悲壮、民族勇敢之美。成龙做客浙江卫视的《我看你有戏》节目时，北京武术队表演了节目《祝寿威虎山》，其武术动作与成龙的电影动作一般无二，而成龙也一再强调他是出身"武行"的。"武行"一词很好地诠释了成龙的京剧"武丑"出身及"武行"与武术的关联。"武行"淋漓尽致地表现着的是"武打"表演，而并不是"打"。武术表演使人们沉浸于武术文化的赏析和对武者精湛技艺的崇拜，唤起人们对武术的想象，是一种武术文化的传播方式，也是一种清晰的文化路径。

"养生武术"与"表演武术""竞技武术"一样，是现代社会才独立出来的一种存在形式。中国传统文化语境下的"养生"与西方体育文化的"健身"具有完全不同的理念。将与生命的相关要素视为一个系统的整体，是谓"养生"。而西方体育语境中的"健身",对应的是"body-building",强调身体强壮的体质观,与强调"调身、调心、调息"的养生观截然不同。武术是在漫长的历史时期中形成的,自然不能脱离儒、释、道三教合一形成的"大一统文化"的影响,也脱离不了对生命观的哲学观照。因此,仁慈、贵生、养气等观念与修炼方法融入许多武术拳种之中,如少林拳中的《易筋经》《洗髓经》、少北拳的"气根功"、苌家拳的《养气论》、太极拳的"桩功",以及内家拳的"内力""练气法"等。武术的养生与普通人生活中的自我保养不同,它不是依靠药石、补品、饮食、作息等外物来获得,而是通过自我的身心修炼对生命的探索,有武术家就曾经玩笑地说道:"我的身体就是'实验室'。"

人通过武术的某种练习方法到底会对身体起到何种程度的影响,身体会发生什么变化?到底会不会有"特异功能"?如何达到"出神入化"等问题一直是人们探索、幻想、追求的奥秘。"养气""服气""运气"等都是武术练习中常常遇到的内容,这些内容绝不仅仅是为了技击服务的。"健体"—"修心"—"养生"是不可分割的链系,是练习武术的重要价值取向,王宗岳在《太极拳十三势歌》中提到了"详推用意终何在?益寿延年不老春"的观点,首次明确了武术养生的思想。有人认为太极拳是一种气功,但是也有观点认为太极拳是一种养生的"哲拳"。养生正是冷兵器时代谢幕后武术传承发展至今的内驱力,从某个角度上看,是社会进化的结果。

在当今社会,练习养生武术的大多数是上了年纪的人,这类人群比较适合缓慢柔和的运动方式,以追求修心养性、宁静淡泊,这实际上是从武术整体中抽离出的一种形式的坚守与传承。

在传统文化视野下,文化、教育、科学等是一个整体,是不分学科和专业的。武术也是如此,技击、表演、养生等原本是一个整体,而如今武术的支离破碎是社会变迁的结果。在社会分工、学科专业日益分化的今天,人们崇尚的是效率,而不是追求全面、厚实的系统文化。这种功利化的取向始于十八世纪欧洲工业革命以来所带来的竞争意识,到十九世纪初期逐渐激烈。随着实用主义的急剧扩张,英国社会学家赫伯特·斯宾塞赤裸裸地提出了"什么样的知识最有价值?"的心灵拷问,也因此引发了西方教育界的课程改革思潮。随着文化帝国主义的兴起,"文化快餐"更加大行其道,"工匠精神"不断退让,正如尼尔·波兹曼的观点所说,在文化工业化的现代社会,人们获取的信息是碎片化的。在这样的背景下,"表演武术""养生武术"才逐渐从武术中抽离剥落,成为独立的存在形式,并逐渐与"同气连枝"的技击渐行渐远。

本章小结

大众对武术的概念、本质、内容与形式的认知不足导致了对本土文化在某种程度上的"自我否定"。"文化自我否定"是指生活在共同文化圈的社会大众对本土文化的缺信和反感，是社会大众作为本土文化的主体对自身文化的割弃和排斥。其倾向主要表现在对某专业领域问题或现象的评判并不依托于专业素养，也不依托于科学素养和客观史实，而是基于某种导向作用下的文化自信丧失，是一种盲目批判的从众行为。古斯塔夫·勒庞（Gustave Le Bon）指出，社会群体是一群"乌合之众"，群体具有易受暗示和轻信的特点，"它把头脑中产生的幻觉当成现实……群体中有教养的人和无知的人没有区别……"

"千里之堤溃于蚁穴"，负面信息的宣传和引导威胁着武术的文化安全。自媒体的出现，使文化安全面临着更大的挑战。习近平总书记在党的十九大报告中曾多次提到互联网，且明确提出了文化安全、网络安全，要求牢固把握网络思想阵地。预防武术文化在网络上的消解，引导社会大众对武术的正确认知，在目前的形势下具有必要性和紧迫性。

认识武术并不是停留在概念上和现象上的争论，而是要从武术的本质、形式与内容，以及从历史的、社会的、文化的多维角度予以立体化的阐释，追本溯源，才能让人们全面地认识武术。

第三章 民间比武的"表象""真相"与"幻相"

引言

中国传统文化讲究"大象无形","象"是客观现象及隐藏在其背后的客观规律。"表象"则是心理学的术语,在许多学术领域的具体语境中均有使用,大体上是"表面现象"之意。"表面现象"显然并不是问题的本质所在,只是问题的映射。而问题的根源或者本质,才是我们所要追求的"实相",即"事实真相"。在佛教的语境中,"相"是一个专门的术语,用来表达能被察觉或感知的物景、状态等,具有具象性,与之对应的是"色"。在"空即是色,色即是空"的唯心思想观照下,"真相"是不可见的因果关系,也是个相对的概念。即所谓的"真相"是在不同的视角上产生的不同认知。可见,单一的视角、表面的现象、单边的话语并不能构成真相,因果关系也不能被忽视。"表象"与"真相"是既有区别又有联系的复合体,构成了中国传统文化意义上的"象",而"幻相"又是在真相不明、表象晦暗不清之下产生的错觉。在辩证唯物主义的视角下,真相是以客观存在为前提,力求客观存在与主观认知的辩证统一。即依据客观存在,厘清逻辑,究明因果关系,让表象褪去隐晦,让"象"显形,从而使公众获得全面的信息,才能形成客观理智的判断,消除"幻相"。

"太极大师"魏某与格斗狂人徐某的"比武"热度尚未冷却,后又涌现出"里合腿大师"田某大战"太极大师"魏某、王某大战"太极大师"魏某、咏春拳师丁某大战格斗狂人徐某等事件,反复刺激着大众的眼球。

而近年来,"混元形意太极拳师"马某大战民间业余格斗爱好者王某的事件再次引爆舆论,成为社会新闻的热点头条。

传统武术是不是假的、能不能"打"再次成为全社会关注的热点话题。有观点把民间综合格斗(MMA)爱好者徐某私下挑战太极拳师魏某、咏春拳师丁某等事件统称为"武术危机事件"。"武术危机事件"在社会各界引起了广泛而又深刻的消极影响。有研究指出:"中国武术界对此事件持不置可否之态度,武术界人士几乎集体保持缄默……一些体育院校的武术系管理人员还专门下达通知,要求在校的武术专业本科生、研究生、博士生不要对'徐、魏、丁事件'发表任何评论,以免给武术界带来更多负面性的效应。然而,武术界越是保持沉默,徐某、魏某、丁某越是获得了更大的话语权,而民间人士对武术界的集体沉默态度也会感到愈发困惑。由于武术界长期保持缄默,不少民间人士认为,中国武术的确有水货,极端者还认为中国武术原本就是'伪'武术,武林中的传奇豪杰都是文人编造出来的虚幻故事而已,且根本不存在所谓的真武术。""打"构成了"武术危机事件"的核心问题,似乎成了检验武术水平的唯一标准。然而,经过对这些案例的分析,这些系列事件本质上是多媒体条件下的娱乐经济活动,是游戏与经济活动的结合产物。但是从更深层的意义上来看,这些事件在一定程度上引起了民族内部对武术文化的"认异"。

本章内容主要分为四个部分:首先,还原了"比武打假"的初始。这是后面一系列类似事件的始作俑者,要知道它为什么会引起示范效应,离不开对初始材料的整理与审视。其次,对继发的事件进行了梳理。以摘录的方式客观地将有代表性的网络评论、网红言语、事件出处等进行较为完整的呈现。如果说个案可能是偶发性事件,杳无踪迹,那么高度模仿、发挥的系列事件就变得有迹可循,且具有一定的规律性。继发系列事件将"比武"不断放大、外延,愈发全面清晰地展示了问题全貌的同时,也为探索内在的机制性问题提供了线索。再次,对造成该连锁性事件的内因展开了探讨。尽管相关的理论厚度较为浅薄,但在分析视角的选择上具有学科交叉方面的突破和创新。最后,对系列事件给武术文化安全带来的冲击和影响进行了讨论和总结。

第一节　MMA挑战者拉开了"比武"的序幕

一、始作俑者

2017年5月，MMA（综合格斗）练习者徐某（以下简称徐）宣称传统武术没有实战性，要对传统武术进行"打假"。随后某式太极拳爱好者魏某应约而战。比赛开始数秒后魏某就被击倒，这引起了广大网友的热议。"武术能不能打？""传统武术是不是假的？"等问题成了全社会的热点话题，武术文化备受质疑。

从网上的资料来看，徐早年在北京什刹海体校学习散打、拳击，后又学习泰拳、MMA。魏某（以下简称魏），北京人，早年学习杨氏太极拳，百度百科上写着他是"雷公太极创始人"。央视在《体育在线》节目组的特辑《体验真功夫》中有对魏的专访，节目中说："中国出了十个宗师，太极宗师魏雷就是其中一个。"笔名为"雒城体育mp"的作者在搜狐网上发表了一篇题为《徐晓冬也是在为太极门打假，魏雷王占军不能算正宗太极拳传人》的文章，具有一定的"爆料"性质。文章指出："魏雷表演了两个很神的小节目，一个是对一只大西瓜一掌拍下去，西瓜没有碎。但西瓜打开后里面全震碎了，有些部分还变黑了。另一个小节目是魏雷手中站着一只鸽子，魏雷用内功吸住鸽子的脚，鸽子始终飞不起来，这是江湖上传说的太极秘笈'雀不飞'。不过事后央视记者私下自己也承认了，鸽子的脚是被透明胶粘在魏雷手心里的。魏雷与徐晓冬以前都在北京，魏雷也曾是练散打的。圈内人士披露，魏雷为了谋生前几年到成都学了两年太极后，就自创了门派——号称'雷公太极'。"笔者在网上还搜到了一些其他的文章和评论，都与这篇文章所揭露的内容差不多。

在百度百科中能够搜到两个人的一些基本信息，本身就是一件比较厉害的事，这意味着他们已经出名了。一些科学家、教授、学者、技术性人才都不一定能被搜索到，而这两位不仅成为百度百科的名人，还迅速成了热点人物。从二位的出身上来看，这场"比武"的结果基本上就已经注定了。尽管魏在数秒之内被"击败"，但是也增加了其知名度。有新闻报道，魏参加某活动走红地毯时，穿着武术练功服，手里拿着一把纸扇，写着"术高莫用"。实际上，"术高莫用"的出处，是在徐、魏比武之后，在赛后记者的采访中，被问及为何不出招的时候，魏回答语出惊人,我师父告诫我不能还手,不然会闹出人命的,术高莫用。"令人大跌眼镜的是"术高莫用"竟成为一种应答的范式,输人不输嘴,"比武认证"永无止境。

二、倒下的多米诺骨牌

上一章中,我们已经讨论过了武术的本质、内容与形式。而魏所练习的太极拳基本上是属于养生武术的一种,并不具有技击的功能。然而,事件的影响远远超出了当事双方的意料,并引发了网络上的看客和各媒体的关注。"比武"的结果像投入水面的石头荡起了一圈圈的涟漪,更大范围的民间武术也开始卷入其中,如费孝通先生所讲的"差序格局"正在发生连锁反应。

由于"雷公太极拳"师出杨氏太极拳,因此比武之后,又引发了杨氏太极拳一些拳家较为激烈的反应。按照"雏城体育mp"的说法,"雷公太极的师父、四川太极推手研究会路行会长发出公开挑战,正式以杨氏太极拳传人的身份向徐某提出挑战,并说:'杨氏太极门弟子的事不劳他门善后。'按照传统武术的门派观念,这些都是很怪异的。"既然成立了新的门派,并以新门派的身份进行的比试,那么已经跟原来的门派脱离了直接关系。况且,按照正常的认知,"丑闻"当避而远之,何必往自己身上揽呢。本来是两个人的事,但是后来在媒体、舆论的刺激下,扩大至门户的范围,成为事关门户荣辱的名誉之争。尽管这个门户的隶属关系存在一定的错位,但是传统的家长制观念还是发挥了一定的作用。

徐借机发挥,声称要挑战整个"传统武术界"。还没等到杨氏太极拳的正式应战,徐挑战的目标再次指向了陈氏太极拳。然而至今仍未战成。据律法网的国内资讯版面发布的文章报道:"5月1日,河南省焦作市温县陈家沟人,陈氏太极拳第十一代传人,人称'太极金刚'陈正雷在接受河南商报记者采访时提到,关于徐叫战陈氏兄弟一事,是别有用心的人,在扰乱武术市场。并称,他刚从国外回来,会给陈家沟的年轻人做好思想工作(不理会徐的叫战),因为应战反而是在抬高对方(徐)。关于徐在直播中提到的'目前太极拳90%都是假打'的说法,陈正雷称,徐所说也并不是全无道理,太极拳本身是冷兵器时代上阵打仗使用的,但目前太极跟大部分传统拳种一样以强身健体为主,研究拼打的人还是在少数,如果有10%能练出真功夫,中国武术会强大很多了。""四大天王"没有理会徐,但是由于名气、年龄等方面的原因,作为陈氏太极拳"八大金刚"领军人物的王某成了舆论的焦点,也成了徐挑战的主要对象。用徐的话来说,二人的年龄、体重具有较强的可比性。百家号在网络上发表了一篇《王占军:17岁出道二十年不败!徐晓冬能是他的对手吗?》,文章评论到:"尤其是太极大师王占军,从开始到现在从来没有回应过,并且还多次拿出自己的徒弟韩飞龙作为一个挡箭牌,表示要想挑战自己的话,先打败自己的徒弟再说。面对徐的挑战,他始终不敢应战,我想他自己应该也没有信心能够打过徐。"截至目前为止,二人之间的比武大战仍然没有举行。

  从徐前两年的挑战对象上看,主要是针对太极拳派。太极拳派的五大传统流派"陈、杨、吴、武、孙"都具有清晰的传承,应属"同气连枝",陈氏、杨氏太极拳没有进一步的回应,那么事情就可以"点到为止"了,如果事件不再被继续关注,那么就会随着时间被人们所淡忘,这也只是武术史上的一个小小的闹剧。但是,"树欲静而风不止",接下来的民间比武事件却愈演愈烈,从两个人的比武范围进一步扩散,甚至波及整个传统武术界。

第二节 "华山论剑"与"术高莫用"

  虽然人们没有等来杨氏太极拳正宗传人与徐的比试,也没有等来陈氏太极拳"四大天王""八大金刚"的开城迎战,但令人始料未及的是,民间比武的网络炒作却成了倒下的多米诺骨牌。一方面,徐似乎在某种激励机制的作用下,挑战的范围越来越大;另一方面,"太极拳派"之外的其他拳派的诸路人马也开始"不甘寂寞",相继登场。一些"武林豪杰"涌现江湖,在一些自媒体的镜头下开始"华山论剑"。诸如"里合腿大师"田某大战"太极大师"魏某、王某大战"太极大师"魏某、咏春拳师丁某大战格斗狂人徐某等事件,反复刺激着观众的眼球。近年来,"混元形意太极拳师"马某大战民间业余格斗爱好者王某的事件再次引爆舆论,成为体坛新闻的热点头条。

  这些代表性的案例具有几个共同的特征:第一,都打着"为武术正名"的旗号进行比武;第二,都有故事背景,打之前的隔空喊话似乎是必要的前奏;第三,各种媒体广泛参与其中,甚至一些商界人士也参与其中。这些参与比武的各路人马,在逻辑上应该在比武之前就会预知一些结果,这是基于对对手和对自己的了解而对比武结果的预判。

  下面列举几个典型案例:

一、里合腿大师

"里合腿大师"田某（以下简称田），在其与徐的比赛当天，主持人介绍1965年出生的田已经54岁了，他要用"里合腿"和"铁牛肘"让徐知道什么是传统武术。据生活娱乐网介绍"田会表演'里合腿'的绝技，因此大家给他起外号为'里合腿大师'。所谓的里合腿就是踢腿时的一个普通动作，并非什么神秘绝技……田并非专业的搏击手，自从毕业之后，他便一直从事电焊工作，即便练拳也是在闲暇时期，并没有任何打擂台的比赛经验。当初田与徐比赛的时候，田表示自己与徐之间的差距很大，毕竟徐是搏击出身，有着15年的搏击经验。"格斗世界快报报道："'里合腿大师'田挑战徐一事持续发酵，原定于2019年1月12日田和徐将展开三回合自由搏击大战，格斗世界更是对该赛事给予了较高的期望，并敢为天下先的对该赛事进行了独家版权购买，可谓一掷千金，版权购买合同金额逾百万。"

有文章表示，赛前田的状态就给支持者造成了不安，但却坚信田能赢徐。文中写道："今天更是在格斗圈中流传出一段'里合腿大师'田的实战视频，视频中显示田肆意攻击一名穿戴护具的运动员，而该运动员并没有做任何还击的动作，可是，田在这样的情况下，依然没有打出像样的组合动作，反而在使出了他的'独门绝技'——里合腿的时候，竟然身体失去平衡自行跌坐在地上。该段视频的流出，给赛事的正常举办再添变数，原本对田寄予厚望，希望田能KO徐的传武人士略感疑惑，在少林寺进行一段时间的强化训练，田比之前的实力到底提升了多少？"

比赛的过程可以说充满了喜剧色彩，从专业的角度上来看，徐本可以干净利落地击倒田，但是徐却故意让田用拳、肘击打其头部，故意拖延比赛，并做出各种不屑一顾的动作或表情。在第一回合中，徐在故意挨了几下拳和"铁牛肘"之后，仅随意使用了几个拳法组合就把田打得满脸开花，场下的医护人员把田的脸部用绷带包扎得更是夸张，就像是戴了面具，连主持人都惊呼："这样还能看得见吗？"在第二回合比赛中，徐更是放开了头部的防守，任田的拳头和"铁牛肘"攻击，甚至都懒得躲避，只是用低扫腿攻击田的腿部，田的腿似乎站立不稳，整个过程也没有踢出一个"里合腿"。因此"铁牛肘"和"里合腿"成了一个大大的讽刺。在第二回合即将结束的时候，田几乎站立不稳，连抬手的力气都没有了，徐飞起一记撞膝，直接KO掉田。

如果不是为了比赛的观赏性，这场比赛可能早就已经结束了，也许是徐对他与魏的比赛进行过反思，认为如果比赛过早结束看点就会减少，娱乐性不足，因此在与田的比赛中，充满了戏谑。同样的，田在输掉比赛后满脸缠着绷带，在接受全面的质问的时候，也采用了魏的应答范式："有位叫做杨光的拳迷问：'田老师的里合腿还是有杀伤力的，为什么在比赛中一次也没使出来？'有位叫广州铜人的拳迷也有类似的疑问：'比赛没见你踢一腿？'田回复到：'用里合腿死人，不敢用，用了死人。'也有拳迷嘲讽到：'术高莫用。'"

在大众和各媒体的促成之下，田与徐由隔空喊话转变成了传统武术之间的较量。传统美德所讲究的"君子不争"与"同仇敌忾"变成了"相煎何太急"，在二者的比赛中，所展现的风采既没有看到"里合腿""铁牛肘"，也没见到太极功夫。在技术统计中，民间打架绝招"王八拳"占了90%以上。大概由于年龄的优势，徐击败了田。与田不遵守规则的"野劲儿"相比，反而是裁判不懂风情，草草结束了比赛。

在这两场比赛中，即便田输了，亦是赢了。作者为"拳击航母"在网上发表了一篇文章名为《里合腿田某转型大网红，炫耀10万粉丝量，引来网友热议》，文中写到："田没有停下炒作的脚步。田还曝光了自己与一位出版社人员的对话。那位出版人员表示，自己很钦佩田的奋斗史，绝对值得写成书。并且，他希望里合腿田能够给他们出版公司授权，出版一本《田某武林外传》，相信一定大卖。另外，出版社人员还表示会做出一个方案来递交领导审批。同时，假设一本书定价十元的话，卖出一本大概会付给田八毛钱。田则表示出版的话，必须经过自己的查阅，并且最好是进行见面采访。"而"里合腿大师"则继续坚定地走在比武的路上，继续寻找下一个目标——跆拳道张龙、"一均道大师"……

二、咏春拳师

2018年3月18日，"格斗狂人"徐大战咏春拳大师丁某（以下简称丁）。在比赛之前，丁并未活跃在社会大众的视野中，但是随着比武日程的敲定，突然之间关于丁的网络消息就多了起来。从网络上的一些言论来看，丁似乎在民间有一定的拥护者，传闻其具有较深厚的咏春拳造诣，丁本人也颇为自信。有网络文章报道："赛前，丁扬言这次来参加这场比赛是为了证明咏春拳的实战能力，在此之前很多别有用心的人不断攻击咏春不能实战，而他就是要打破这个质疑，不仅要为咏春正名，同时也要为传统武术争一口气。"在比武当日，丁在74秒内被徐迅速击倒。关于输了比武的解释，丁认为自己的"技术动作和能力上高他很多"，但是由于担心"赢了可能走不了"，所以在心理上产生了急躁情绪，才导致失败的，而且只打了一局有点不甘心。事后丁的师傅余某认为"输在了略微紧张……经验不足。"网友爆料原因包括："一是没吃饱饭；二是现场不配合我们；三是……"而徐向网友们爆料他和咏春丁"打平"的内幕时说："我跟丁打的那场比赛，我告诉大家，KO他也就只需要一分钟的事儿。但是我不能那么打的原因你们知道，我都这么打丁了，还不踢腿，也没有地面打击对吧。裁判裁定我和他打平是什么意思？就是赛事方说了不能让传统武术太跌份，要给面子，所以我不能踢腿这的那的。如果要地面打击，丁在开始十几秒钟早就被我打死了。"余某抗议道："很多网友还在谈我们输赢看得重的问题，但事实和角度总是很难统一，我们和徐之前顶多是个交流，不是比赛！我们和徐那不叫比赛，因为很不专业，赛事方是徐自己，不公平，不公正，也不透明，没有尊重运动员本身，没有尊重裁判以及已定规则和观众，特别荒谬，三局就打一局，主持人见有利就收，不让打完判结果，一个荒谬没有打完的比赛你们网友非要我们承认输赢，不是很过分么？"徐则在一篇文章下留言说："还是要说，打太极雷雷是因为他骗！打丁浩是因为他在做节目时偷袭我，我要报仇。但丁浩的咏春拳，还是有实力的。我承认咏春拳的实战能力是有的，同时也承认丁浩本人的咏春也是有实力的。"

2019年10月19日咏春拳丁迎战民间高手阿虎大战再起波澜，原定于10月19日的比赛，一直未见咏春拳丁的回应，民间高手阿虎坐不住了，发视频质疑丁到底什么意思，是不是怕了不敢打，视频中，阿虎说道，丁浩若你怕了，你可以和你师父一起上。""刚刚结束的'崇武英雄自由搏击争霸赛'比赛中，散打天王'过江龙'姜春鹏的得意高徒阿虎以一打二车轮战'太极狂魔'宋某、咏春拳丁两位传武大师……"

咏春拳师为什么要与徐比武？"阿虎们"又为什么要挑战"咏春拳师"？这些现象是否会引起其他更多的民间比武乱象呢？

三、浑元形意太极拳师

2020年5月17日，自称浑元形意太极拳掌门人的马某与搏击教练王某进行了一场比武。那一年，马某69岁，王某50岁。从武侠小说的角度来看，他们的年龄稍大，都有门有派的，又都是掌门人，武功应该更胜一筹。这个事件很快成了当时最为流行的话题，二人很快家喻户晓，但此事件却与民国期间郭云深、王五、李书文等人名气传播的路径、方式和效率截然不同。实际上，这个事件单纯从比武的角度来说，有两个问题，一是太极拳能不能打？二是练习武术是不是年龄越大就越厉害？也许大多数人对这两个问题的看法是受到影视、小说的影响。尽管人们可以预测到二人之间的输赢，但是似乎还是会抱有一些期待。

两人比赛的视频在很多网站上转载，马掌门在20余秒的时间内被击倒3次，之后便不省人事。事后网易发布了一篇名为《马保国自曝惨败真相：怕给对手打骨折，造成终生残疾》的文章，马掌门在接受采访时说："自己如果真出手，王庆民就是个被打骨折、终生残废的下场。但是比武讲究的是点到为止是绝对不能把人给打残打废的，也绝对不能下重手。"当时有很多人调侃、起哄让马掌门与太极闫芳进行比武切磋。但是马掌门的理想挑战对象却是红得发紫、事业如日中天的张伟丽。

2020年8月29日，腾讯网发布了一篇《马保国发财机会来了！少林寺弟子愿出资50万，与其来一场传武对决》的文章，文章中提到："释延志是这样说的：'马保国师傅，我是释延志，我个人出资50万和你来一场中华传统武术的对决。'"

只要是想出名，比武可以找出很多名目，可以跨越年龄、性别、类别等诸多障碍。诸如此类的案例还有很多，这里不再赘述。应该深入反思一个问题："比武"的真正目的和动机是什么？社会主义市场经济下的多媒体时代，这一行为的自身含义需要深层次地讨论。

第三节　民间比武盛行的原因

民间比武的盛行是一个民间经济文化双向互动的结果。从受众的角度上看，此现象与其所具有的娱乐性是分不开的。从传播的角度上看，与媒体资本运作、媒介权力等具有密切的关系。从经济因素上看，与自媒体时代经济获益相关。在信息化和社会主义市场经济社会的双重背景下，"比武"系列事件中武术所扮演的角色只是一种工具，传统武术只是"被扮演者"，在这个由资本驱动的游戏中，"演员"只是"丑角"，并非"武旦"。

一、游戏与娱乐

游戏是娱乐的一种方式，二者之间有微妙的区别。人类离不开游戏，有学者认为，游戏是先于人类存在的，是人类文明的源动力，人类文明的进步是游戏的结果。

在赫伊津哈的思想里，游戏是个宏大的场域，人不能离开游戏，人性与游戏在深层次里是结合在一起的，例如一些民族喜欢"斗富"的风俗。语法上的修辞、诗歌及乐曲的韵律、想象乃至战争，在本质上都可视为游戏。他认为游戏的定义和本质为：①游戏是过剩生命力的释放；②游戏是为了满足"模仿的本能"；③游戏仅仅是为了身心放松的"需求"；④游戏是幼龄动物为准备应付生活而进行的训练；⑤游戏是为个体学习自我克制所必需的演戏；⑥游戏是身心的宣泄，是为了"满足愿望"；⑦游戏是一种虚拟的动作，旨在维持个人价值的某种情感。而游戏主要有三个特征：第一个特征，一切游戏都是自愿的活动。服从命令的游戏不再是游戏；第二个特征，游戏并非是"平常的"或"真实的"生活，它步出了"真实的"生活，进入一个暂时的活动领域，并带有它自己的倾向；第三个特征，游戏具有隔离性与局限性。游戏有一个起点，到了某一时刻，它就会"戛然而止"，走向自己的终结。

从游戏的视角看，"比武系列事件"是一种娱乐性的游戏，有角色的扮演、有约定的游戏规则、没有命令的强迫。尽管体育竞赛可视为游戏，但是这种"比武"游戏与体育竞赛在性质上是具有很大的不同的。首先，从组织形式上看，民间的游戏活动是自发组织的，不似正规的体育竞赛组织得严密、科学、合理、有序；其次，从仪式上看，民间比武具有较强的随意性，并不能体现和代表"合法性"（这里的合法性并不是相对于非法或违法来说的，而是指法统、正统、官方之意）；再次，民间比武的结果显然并非像正式体育竞赛成绩那么重要，更注重的是过程；最后，游戏的对象主要是普通大众，而体育竞赛的参与者则是经过训练、选拔，取得资格的运动员。例如，古代奥林匹克运动从诞生之日开始，就对竞技者的身份有很高的要求，要求一定是自由的、男性的希腊城邦公民。因此，这类民间比武并非是体育竞赛类活动，而仅能视为一种民间游戏，而游戏自然以娱乐为主，游戏的结果也仅仅是供大众娱乐。

游戏是娱乐的形式之一，美国著名的体育节目频道ESPN（娱乐与体育节目电视网，Entertainment and Sports Programming Network），在创立之初，定义为娱乐与体育。这在一定程度上反应了体育、娱乐、游戏的某种同一性。赫胥黎认为，娱乐是人们无尽的欲望，人类将毁于沉迷于娱乐。尼尔·波兹曼肯定了赫胥黎的观点，但同时他也指出，人们根本离不开娱乐，无论是娱乐有助于创造，还是导致倒退。虽然思想家们对体育、游戏、娱乐的褒贬不一，但是都肯定了娱乐或者游戏是人的本性这一观点。人们的生活必然依托于或者参与、创造某种娱乐，或者将类型不一的娱乐、游戏作为一种调剂品。

武术当然也是一种娱乐，或者将其视为一种游戏。基于人们对自身了解的愿望、对通过练习达到何种境界的求证、对于击败对手和扬名立万的渴求、对于身体活动方式展示和创编的冲动、对所习练拳种的炫耀，甚至是对于杀敌对阵的演练，都是武术游戏性的表现。

在古代的一些与武术相关的组织中，这种游戏性或者娱乐性表现得十分明显。例如，天地会和义和团运动中与武术相关的内容都有模仿戏曲的娱乐性。特别是义和团运动，除了上文介绍的"义和团神拳"带有明显的娱乐色彩外，还有戏曲角色扮演的内容。据文献记载："如果团民觉得自己是'八仙'中的铁拐李，不仅穿铁拐李的衣物（戏装）、执其道具，而且要'摇兀作跛势'，何仙姑则'扭捏为妇人态。'更令人惊奇的是，'拳众中有披发而金箍者，有带五佛冠者，有背插四棋如剧中战者。'吴永在《庚子西狩丛谈》中还记载了在义和团运动高潮时他正任怀来县令，义和团众去见他，首领八人，自称为'八仙'，如同演剧之亮相，每人唱名通报：甲曰：'吾乃汉钟离大仙是也。'乙曰：'吾张果老大仙是也。'以次序报，如舞台演戏状。"

生活即游戏，游戏即生活，民间的游戏、娱乐活动种类繁多，尤其是以套路为主要特征的武术活动，人们把身体当作了"道场"，在自说自话式的演练中，企图实现人与不可言知之力量间的对话。广东潮汕一带流传至今的"英歌舞"，戏曲中的"武行"，梅州客家的"五鬼弄金狮""席狮舞"，以及在庙会中形形色色的把势等，都是试图将身体与某种不可言知的存在之间建立起联系，是用肢体动作进行的，既严肃又娱乐的表达。清史学家冯尔康在《生活在清朝的人们》书中写到："宴会无时，戏馆、酒楼凡数十处，每日剧演……如寺院、戏馆、游船、青楼、蟋蟀、鹌鹑等局。"

在有关武术史的一些资料中，少林寺与天地会有着密切的联系。现在莆田少林寺遗址中，仍有暗道、梅花桩、机关等设施，可见少林五祖的传说与清王朝火烧少林寺的故事应该并非是捕风捉影、空穴来风。按照尊我斋主人所著的《少林拳术秘诀》和无谷、刘学志所著的《少林寺资料集》所载，少林五祖、"万云龙"可能是天地会（又称"三合会"）的创始者或重要头目。在天地会的开香堂仪式中，会有武术元素的戏剧化场景，也充满了游戏性和娱乐性。在新香入会时的"过桥""进木杨城"等仪式中，也充满了一些戏剧性的场景。在一些地方，入会仪式被称为"做戏",举行集会的人则称为"开台",加入三合会的叫"拜台",组织者则被称为"放台"。曾经活跃在1842年前后的一个团体,其仪式被称为"登台演戏",这种舞台与普通戏剧表演的舞台相同,大多数会簿都将入会仪式划分为五幕:第一幕,花亭聚会;第二幕,中堂教子;第三幕,花亭发誓;第四幕,桥边相会;第五幕,定国斩奸。

入会过程中,主持人和入会者都依据《问答书》的知识进行身份识别和认同。二人的问答贯穿了全过程:

甲:将军有请。

乙:你是何人?

甲:我乃苏洪光是也。闻得五祖架桥开墟,召集天下英雄,因此奉了高溪天佑洪之命,带了新兵数百万到来,过桥、进大洪门、入木杨城,请令定夺,烦请二位将军方便。

乙:可有忠义么?

甲:人人有忠义,十八般武艺件件俱能;文韬武略,般般俱晓,方敢到来。

乙:有何为证?

甲:有诗为证:

五湖四海集新丁,过桥起义显威名。

万望义兄协辅进,木杨盟誓号英雄。

乙:既然如此,可向桥下过来。

甲:将军无令,不敢自过。

乙:有何为证?

甲:有诗为证。诗点话,诗曰:

洪门今日已重开,五房出现祖公来。

请令通传同气度,将军把守亦无害。

太平自有兴明日,洪英聚会显奇才。

内进花亭旗色现,盟心义合五湖胎。

四海英名如川至,云集源流八面来。

文武坚心同韬略,扶持明主作龙台。

乙:何不进来?

甲:桥下水深焉能得过?

乙：既有忠义之心，水火之害，焉能可惧？
甲：凭将军教习。
乙：洪水横流放石头，水乾水火几时休。新丁过石同忠义，奸心命丧水中浮。

问答的版本还有《禀进词》，有三个角色，守香堂的执事、香主、带领新丁入会的介绍人。对话是为崇祯皇帝尽忠的太监黄承恩（有学者指出"黄承恩"系"王承恩"，"黄"暗自朱明皇室），死后借尸还魂于天地会首领苏洪光。

甲：禀上头门中军大人得知，闻得今夜五祖大放洪门，木杨大会，架桥开圩，今高溪天佑洪带领新丁到来投军食粮。有手本投见五祖，烦将军与我通传。
乙：可禀主上教师。头门有一位天佑洪带领新丁来投军食粮，现有收本呈上。
丙：说来你姓乜，姓天，盘古以来至今并无人姓"天"，因何有姓"天"之人？叫他快把真名说上，若有半句讹言，赶出辕门，定斩不饶。

按照田海的研究，文中提到的"桥"是指洪门五祖在海上逃亡时出现的神迹——"天桥"，因为五祖踏上"天桥"得以逃生，因此天地会的入会仪式中有"过桥"环节，但因祖师是从桥上通过的，所以后入会的新丁只能从桥下通过，进入木杨城。还有的入会仪式把桥分为两座，一座是"洪桥"，是为了纪念祖师遇险脱难，同时有保佑徒子徒孙遇难成祥之意；另一座是"剑桥"，与"刀山""火海"相对应，意为为了忠义可以上刀山、下火海，如有违背誓言，则万剑穿心。"木杨城"其实不是真实存在的，一般多指供桌，亦是新丁最终要达到的精神领域。田海认为其有保佑入会弟兄的平安之意。"高溪""剑桥""木杨城"等均是象征性的场所，对答的暗号、切口亦是按照一定的政治纲领、评书戏曲、小说传闻等知识混杂在一起形成的。根据田海的研究，近代马来西亚仍有这种入会仪式，且是半开放的入会仪式，前一部分允许外人围观，只是到了最为核心、隐秘的部分（如"血誓"等部分）才不对外开放。在对外开放的部分中，锣鼓声乐、过桥仪式等都具有很强的娱乐性，因而吸引了大批的围观者。仪式的最后以会餐的方式作为收尾，因此，仪式的过程从始至终都有大量的娱乐成分。

民国时期举办的"比武大会"实际上也存在一定的游戏和娱乐色彩，如当年中央国术馆举办的第一届、第二届全国大赛，就被媒体调侃为"斗牛会"和"斗鸡大赛"。根据蔡宝忠教授的研究，当时中国武术家打败俄国大力士也具有一定的娱乐性，当时俄国大力士炫耀力量，被围观者发现表演道具弄虚作假后臊走了，因此他并非是被打败，而是不战自逃。

民间传说、戏曲、庙会比武、打把势卖艺等本身就具有较强的娱乐性和游戏性。中华人民共和国初期至二十世纪八十年代，根据一些口述史性的材料记载，在当时的"上山下乡"等背景下，许多青年人在进行乡村建设时重要的娱乐活动就是"比武较技"，这其中就包括"摔跤"。有位老人得意地笑着回忆，曾经用了一招儿（据描述，应该是"手别"技法）赢了摔跤，自己起名儿叫"单手抄足"。八十年代的农村在广场上放香港武打片，因此不少的青少年模仿电影的动作进行"比武"游戏，在"武术热"时期，各武术门派门人弟子之间比武较量的消息也是层出不穷。只不过那时的比武游戏只是比较单纯的游戏，并没有名利因素掺杂其中。当然，具有门派之分的比武较技似乎更显得"正规"一些，因为参与者通常具有武术拳种或者门派的背景，学过一些武术套路，算是"练家子"，同时意味着此类比武具有一定的"道统性"，是"真正的比武"，而不是瞎打闹。

可见，"比武""比试"等是一种传统的、街头巷尾常见的游戏、娱乐活动，是社会大众喜闻乐见的民俗文化。如今在网络媒体的助推之下，武术与娱乐更深更广泛地融合在一起，以民族文化为道具，以与竞技体育相关联且风格迥异的另外一种方式娱乐大众。但是，从社会的历史进程上看，一些游戏仅仅是游戏，而一些游戏却并不能完全将其视之为游戏，尤其是中国武术作为代表性的民族文化。民族文化是一个民族的独特标识，对于民族优秀传统文化的热爱、传承和保护是本民族的本分和责任，不应作为过度娱乐消遣的对象。

二、媒介权力与经济利益

从传播的视角上看，民间比武的问题显然具有一定的复杂性，从上述材料的整理中不难发现，传播这些比赛信息的网站主要是个别网络媒体平台，这在深层次上指向了媒介权力和经济利益的分配等方面的问题，并对武术文化安全造成了一定的负面影响。

媒介的最初作用是依据事实传递信息，随着技术的进步和电台、电视、网络的兴起，人们获得信息的渠道日益快捷、方便和多元化，媒介的功能也发生了一定的变化，它并不是单纯的传播信息，更为重要的是，它也在生产现实、炮制新闻、策划新闻等。在当下这个各类媒介发达的时代，它更是获取利益的重要手段。正如米歇尔·福柯所说："话语构造了话题，它界定并生产了我们知识的各种对象，它控制着一个话题能被有意义地谈论和追问的方法。"武术在信息不发达的社会传播中，由于地域限制信息流通性较弱，主要靠"名气""口碑"口口相传，因此信息传递速度慢、效率低，出名的拳师要经过多年的"浴血奋战"才能在"江湖上"占有一席之地。"半步崩拳打天下"的郭云深一定不会想到，现代的拳师出名有多么的容易。有些拳种或秘而不传，或秉承着"传男不传女""传内不传外"的宗法，因此仅仅在宗族、地域内进行有限地传播。这在一定程度上造成了武术的神秘性和封闭性特征，有些拳种与秘密会社有关，不肯轻易示人，例如少林武术宗法戒约（宗法第二时期，重订少林戒约）第七条规定："传授门徒，宜慎重选择，如确系朴厚忠义之士，始可以技术相传，惟自己平生之得力专门手法，非相习久而相知深者，不可轻于相授。至吾宗之主旨，更宜择人而语，切勿忽视。"以及清末义和拳、教派武术身份识别的保密等，至今韩国三仙武馆仍然标识着"非人不传"的信条。

一些流行拳种的名气是靠打出来的，主要通过镖师走镖、拳师寻仇及武技切磋等形式传播。"文无第一，武无第二""行家伸伸手，便知有没有"等的行间俚语就是这种观点的一些间接佐证。

可以遥想，在"穷文富武"的时代背景下，武术是一些拳师养家糊口、防身保命的手段，在一些传统观念的限制上，"教会徒弟，饿死师傅"式的代际竞争意识造成了习武人士对绝招、绝艺的保守性。"绝招""绝艺"是需要靠下功夫磨炼出来的，具有时代性的实用价值。"经济""实用""绝招""保守""谦忍"等主客观因素的驱使下，技击性强的实用武术与具有表演性质的"花把势"截然不同，排斥"张扬""炫耀"的言行，崇尚"隐忍""含蓄""守雌"的传统观念。

现代社会经济方式、媒介传播方式的剧变，以及人们意识观念、价值观念等方面都发生了根本性的转变，注定了当下的武术传播发生了根本性的变革，由于传播的视角不同，武术所被凸显的内容、形式也随之被放大或缩小。

近代以来，到多媒体时代来临之前的一段历史时期，武术的商业化要素在社会大范围内的影响微乎其微，这一时期的武术一边以自发性生长的地域武术存在，一边以精英阶层与国家力量的管理和引导发展，较少掺杂商业化元素。中华人民共和国成立以来，武术的发展、变化是伴随着国家的引导而逐渐改变、形塑的，人们对武术的认知也主要是依靠国家层面的传播力量获得的。如武术在学校、运动队的发展，以及有关武术的影视作品、外交等，而武术也成了民族精神、传统文化及展示国家形象等的符号。尽管有很多观点认为，由于武术技击性的弱化，以及一些技法的失传导致武术已经退化了，但也有观点认为武术的发展并非是单向度的，国家在现代武术的发展中发挥了强大的力量，给予武术发展以重大的支持。因此，从某一个角度上看，现代社会中的武术作为体育，实际上是依托政府推动的，体现出国家意志的发展方向。无论是作为竞技体育的武术，还是作为健身运动的武术，都是政府引导、支持和管理的结果。如果没有政府的支持，在社会主义市场经济的浪潮中，武术的发展可能会衰退得不可想象。正如有观点认为的那样："从武术的历史上看，从来没有任何一个时代像今天这样重视武术的地位。武术从难登大雅之堂的'旁枝末技'到成为一门独立的学科，从民间禁武，到把武术视为提升国家形象的战略地位，从镖师护院的低贱行业到高等院校的专任教授，从随性自然的邻邦传播到有目的、有组织的国际化推广，从自生自灭的'野花'到'非物质文化遗产'的申遗对象，从直接的'武把式'到高学历的武术理论研究者，从'官擂''私擂'到走向现代赛场的'竞技武术'，从下九流的'瓦舍勾栏'到功夫明星、商业运作，武术理论从以技击为主向文化、审美、教育、竞赛等多元角度延伸等。"

多媒体时代之前，武术传播大体上经历了民间口传身授向政府主导转变的过程。中华人民共和国成立以来，尤其是中国竞技体育战略布局确立之后，政府对武术的投入是巨大的，并且政府并没有对武术提出经济回报的要求，国家发展武术的主要目的是希望武术为国争光、为人民的强身健体服务、树立良好的国家形象。因而，从契约精神上看，政府可视为是武术的"经纪人"，武术的发展及民间武术的行为不完全是自发的，武术的发展从大方向上不能背离政府的付出、脱离政府的管控。

自媒体在我国新闻体系改革与发展管理体制尚未健全之际突然涉入，从而扰乱了固有的秩序。在我国的新闻规范体系中，媒介主要有三种角色：喉舌角色、市场竞争主体角色、社会公器角色。而新媒体的出现，在很大程度上打破了传统权威媒介控制信息的不对等局面，媒介的喉舌角色和社会公器角色就受到市场竞争主体的更多挑战。具有个性化、多元化等特点的传播端能够多方位满足客户端的多样化需求，客户端在对碎片化媒介信息的选择中并不是完全依照机会均等原则浏览信息的，控制方会通过一些技术手段对信息资源进行一定的调配，使一些信息成为头条或热点。这也使现代媒介在很大程度上成了规定、塑造武术话语权的控制者。

武术作为自媒体市场经济运作中传播的题材，渐渐脱离了新闻体系的管控，也背离了社会主义市场经济的契约精神。但滑稽的是，比武事件的源头竟与官方媒体有直接的关系，甚至可以说官方媒体是事件的发端。如果没有央视《体育在线》节目组特辑的《体验真功夫》中对魏的专访和宣传，那么所谓的"打假"将毫无价值与煽动力。因而官媒在进行文化宣传的时候，是否考虑到民智的发展程度？公开展示宣传的内容是否严谨妥当？是否有可能遭到批判？是否代表权威性的知识引导以及是否可能产生失范后的负面影响等问题都值得我们深思。

从另一个角度看,"比武"系列事件在网络上传播,也是网络媒体不规范的市场运作的结果,它的背后离不开一些民间资本甚至境外资本带有一些目的的运作。媒体、网络媒体、自媒体在信息传播中改变了传统的传播结构,在信息传播过程中,资源分配、技术控制、不规范的市场运作等为利益寻租和破坏文化安全起到了一定的影响。因此,要深层次地探讨这个问题,有必要较为系统、深入地了解我国网络媒体体制改革的基本历程和其中仍然存在的一系列问题。

2009年,国务院新闻办推行全国重点网站转企改制之路。有研究指出:"从现实的发展来看,体制转型给我国网络媒体带来最大风险就是不规范的市场化运作及由不规范运作带来的寻租行为。不少新闻网站实行'事业单位企业化经营'后,由于行政拨款渐行渐远,而清晰的盈利模式又难在短期内找到,因此陷入生存窘境。"

有分析认为,造成网络媒体权力寻租的主要原因是:首先,市场运作的不规范,主要表现在以下几类:①制定不切实际的广告和发行指标;②要求网站广告公司承接正常范围之外的业务;③引导记者寻找具有商业交换价值的报道选题。网络媒体市场运作的不规范导致了采编和经营业务的混乱,为寻租行为提供了各种便利条件。从现实后果来看,它对内纵容了有关部门对"创收"的过度追求,对外引来了网络公关公司,推动了权力与资本的非法结合。其次,新的资源分配的游戏规则不完善。数字信息、技术管理权限为网络社会重新制定资源分配的游戏规则提供了可能,在不完善的内部监管机制中沦为权力寻租者的掘金利器。网络媒体的权力寻租通常是以数字信息、技术管理权限为砝码,操控某些新闻在网络空间中的显示规则,进而影响并制约网络舆论场域的构成。信息、技术管理权限之所以沦为权力寻租者的掘金利器,既有先天属性的原因,也有后天推动的作用;最后,对社会公器角色认识不到位。与部分网络媒体从业人员对媒介社会公器角色认知不到位,容易在利益与伦理的博弈中错位为权力寻租的经济行为主体。与传统媒体从业人员相比,网络媒体从业者容易混淆媒介角色,尤其在社会公器角色上处于认识模糊的状态。在现实的权力寻租案例中,媒介社会公器角色的认知问题是造成从业人员出现越轨行为的内在根本原因。

在市场运作不规范、新的资源分配规则不完善、社会公器角色失范等综合因素的影响下,资本的过度介入使其借助媒体日益扩大其影响。有研究指出:"资本逻辑的运作空间明显高于媒体逻辑,在博弈中,资本逻辑渐渐凌驾于媒体逻辑之上。"资本的逐利性如果缺乏有效监管,那么必然会在道德、文化安全等领域产生消极的影响。

有观点认为:"在商品生产主导的社会,传媒产品的交换价值是第一重要的,资本家投资传媒首先是为了盈利。"追求商业利润成为境内、外资本介入我国媒体的主要目标。有研究表明,由于我国法律对外资进入电信增值服务业的限制,以及我国金融市场风险资本的缺位,国内互联网企业及创业者会倾向于寻求境外风险资本的支持。境外资本主要采取投资中国互联网企业股权、并购中国互联网企业、战略合资、品牌合作、购买境外上市中国互联网企业股票等方式进入中国网络媒体市场。有研究指出:"我国互联网公司几乎失去了所有的公司管理、经营权、发展的控制权,其实质只是代理外资所有者在国内经营互联网业务。"

而境外资本投资新媒体产业的一个重要目的是追求利润,而作为公共资源的新媒体本应该代表或者追求的是公众利益,于是在利益的驱使下,伴随着互联网媒体产业的快速发展,资本的逐利性使其在媒体内容中渗透了投资方的意志,束缚或制约着所介入的媒体。媒体独立性遭到破坏的同时,也在一定程度上对公共舆论的导向产生了潜在威胁,有的甚至与公众利益背道而驰,从而产生了诸多相关问题。

有观点认为:"中国新媒体产业格局在资本、媒体和权力交织中不断变迁发展。在境外资本注入获得更多市场机会的同时,我们也应时刻关注在资本支持下所形成的新媒体平台与信息垄断,以及其如何借助轻松娱乐的新闻信息麻痹人的神经输送西方意识形态。我国政府要时刻保持高度警觉,并在完善的法律体系下积极打造更加完善的市场监督制度,维护第四空间的国家安全。"

米歇尔·福柯认为:"话语即是权力,它是人们进行斗争的手段,人们通过话语将权力赋予自己,话语和权利不能一分为二。"在信息化时代,传统媒介的权力正在去中心化,公共权力开始由上至下转移,社会大众获得的信息不再单纯依靠传统媒介,网络媒体、自媒体,且正在发挥更大的作用。媒体角色的多元化,意味着其作为喉舌角色、市场竞争主体角色和社会公器角色立场的多元化,正如有观点认为的那样:"进行传播的媒介会播散权力,传播渠道会渗漏,这些都意味着权力中心不再那么安全。"

武术在网络资本的角逐中似乎也正处于这种非安全的境遇。古斯塔夫·勒庞指出,群体是"乌合之众",即便是精英在群体中也会丧失自己的判断。信息的扩散与利用不再仅仅局限于传播,也谋划生产。当真相被裹挟在铺天盖地的信息之中,文化安全对于具有煽动力和破坏力的群体、大众而言就显得无足轻重。

网络平台为"吃播""抖音"等各种吸人眼球的创新题材创造了有利的条件,武术作为中华民族传统文化的瑰宝,在个别人士追逐"网红""名人"的逐利背景下，难免沦为炒作的卖点。比武事件的主要当事者之一，就曾面对媒体赤裸裸地说："只要给钱，跟谁都可以打。"而后，一些网络上爆料，这些所谓的"名人"还有不菲的"出场费"，从几万元到上百万元不等。传统武术"打假者"、穿着戏服的各门各派"掌门"的粉墨登场在赚足了大众眼球的同时，也在很大程度上引导了大众对武术文化的认异。当人们对中国武术失去了文化自信，加之不能有效排除境外反华势力的煽动与破坏时，由此带来的武术文化安全问题值得警醒。从话语权力的视角上看，武术传播的话语权正在从武术主管部门向民间多媒体转移，尤其是在信息快速传播的时代，不少民间媒体极力迎合大众的猎奇心理，促进了话语权力的转移与重新分配。在新型的权力转移与重新分配的过程中，最为关键的不是谁的力量大，而是谁最能让最广泛的群众信服。

"犹抱琵琶半遮面"的情况最容易引起人们的猜疑，要打破谣言、避免以讹传讹的最佳方式之一就是尽早公布真相，尤其是在信息迅速发酵和传播的今天。而应对民间自媒体的发难，最近中央电视台纪录片频道组织拍摄并推出了武术题材的系列纪录片《藏着的武林》，纪录片从器术、功法、军警实用武术等角度较全面地展现了武术的全貌。同时结合历史还原与专家的讲解，作为一种科普的方式进行了正面的回应，这是非常有意义的，是维护武术文化安全措施的时代性探索。

"兵来将挡水来土掩"，官方媒体终于不再缄默，以权威的方式对武术的整体面貌向大众作出了应答，其效果比在学术期刊上发表文章、出版学术专著等面向小众群体的影响力要大得多，尽管略显姗姗来迟，但总算是为时未晚。以媒介应对媒介，强化媒介的正向引导功能，应该是信息化时代应对文化安全的基本措施，但是如果能够未雨绸缪，或者更加及时地应对，率先占领战略高地，可能会更加积极主动，在维护文化安全上也会取得更好的效果。

第四节 民间比武对武术文化安全带来的影响

一、民间比武引发的"从众行为"及其影响

"从众行为"是一种社会心理现象，是指在社会情境影响下，或在群体压力下，个人改变自己的态度，放弃自己原先的意见，而产生和大多数人一致的行为。实际上，从众行为在很多时候表现为一种盲从，在没有理由、没有思考的状态下，人很容易"随大溜"。法国人古斯塔夫·勒庞（Gustave Le Bon）对这一现象具有

深入具体的研究，他以社会历史发展的宏观视角对不同群体从众行为的特征进行了系统的阐释。据此，古斯塔夫·勒庞指出："所有刺激因素都对群体具有支配作用，并且它的反应会不停地发生变化；群体所服从的冲动十分强大，以至于个人利益也会被抛诸脑后；群体往往不会深思熟虑；群体易受暗示和轻信；群体受暗示的左右；他们常把头脑中产生的幻觉当做现实；群体中有教养的人和无知的人没有区别；众口一词的证词最容易混淆是非；群体的情感总是走极端；群体对变化和进步本能地敌视；群体很少被利益所左右，但利益往往是个体独自一人时的唯一动力……"

从民间比武的发展过程上看，与这种心理具有惊人的相似性。民间比武从单一性事件逐渐发展成为系列事件，后有愈演愈烈之势。舆论也从"圈内人士"的评头论足到后来成为社会街谈巷议的话题。从对战双方的"口水战"再到学术界作为第三方参与其中，甚至一些有些名气的专家都认为"打假"有一定的必要性。可见，在这次比武事件中，几乎全民都被裹挟其中，各方人士就现象谈现象，就问题议论问题，充满了妥协、回避甚至是随波逐流。

可是，是谁在获利呢？这是一个核心的问题。对于社会大众来说，似乎无利可图；对于国家和民族来说则有百害而无一利，那么获利者只能是"个体独自一人"。为了个别获利的人，诋毁民族共同的文化，岂非亲者痛仇者快？当时广泛的语境已经成了似乎谁再坚持武术能打，谁就是徒逞口舌之能。

这一系列"民间比武"事件，一度把武术推向了全民质疑的风口浪尖。与历史上国外体育文化的强势冲击与植入不同，这种由内及外的文化内讧使全民对武术文化的信心产生动摇，由于信息高速发展，这种消极的影响突如其来、史无前例。

从大众的反映上来看，表现出了一定程度上对武术文化的自我否定。文化的自我否定是生活在共同文化圈内的社会大众对本土文化的缺信和反感，是社会大众作为本文化的主体，对自身文化的割弃和排斥的表现或倾向。主要表现在对某专业领域问题或现象的评判。这种批判并不依托于专业素养，也不依托于专家解读或理性思辨，而是基于某种导向下，主观上放弃文化自信的一种盲目批判的从众行为。

对于从众行为，需要用正确的立场和观念加以引导，用历史的、客观的材料加以佐证，把武术能不能打的事说清楚，把对武术文化安全的影响弄明白。

二、民间比武对武术文化的误导与评介

文化的自我否定是一种民族内部"破茧式"的消耗与分裂，相对于外部文化植

入乃至文化侵略更具有根本性的破坏和颠覆,其后果是极其可怕的。有专家曾经讲到"五四运动"的消极一面,当时对中国传统文化的全盘否定差点给中国文化带来巨大的灾难。

目前,社会大众对武术文化的否定倾向已渐露端倪。中国人练习国外格斗技术来打传统武术的"假",目的还是去伪存真,这在逻辑上显然是错位的。

武术是什么?谁能代表武术?武术的历史性与现代性该如何理解?关于武术家"登峰造极"事迹的记载,以及"一羽不能加,蝇虫不能落"的神乎其神的技术,是否真实存在?对于这些问题不宜过于武断地主观否定。所谓的"眼见为实",是受一定条件限制的,并非唯物历史观。基督教徒笃信耶稣,据《圣经》记载,是耶稣在传教的时候展示了"神迹",比如让患麻风的病人康复,使瞎子重获光明等。根据《楞严经》记载,释迦牟尼开释阿难的时候,身现十二种庄严法相,手握空明拳,放出万道光芒。老子著《道德经》五千言,年逾九十,骑驴胡化西去。

历史不可复制,但也不能将其割裂、片面看待、武断否定。人体的奥秘即便今日的生物学、医学也不能完全解释清楚,世界吉尼斯记录中的种种超能力,应该不能完全视之迷信。故而,在冷兵器时代,一个真正的武术家终其一生修炼武术,能够到达何种境界,其身体机能会有怎样的变化,有没有失传的修炼秘法?客观地讲,我们不得而知,只有一些零星文献记载聊以佐证。在中国的一些古代典籍中,有许多关于诸侯、贵族徒手搏熊、徒手搏虎的记载,如果将此类文献全部视为虚妄,那么只能说是缺乏思辨精神的。春秋时期齐国的相国崔杼弑君,太史记下"崔杼弑其君",崔杼以死威吓太史篡改史实,而太史不为所屈,遂慷慨赴死。更令人动容的是后继的史官面对前辈的尸体,仍然坚持记录"崔杼弑其君"的史实,继任史官接连被杀后,第四任史官仍"执简以往",最后连崔杼本人也不得不接受史官的如实记载。《山海经》曾经被视为充满浪漫色彩的"科幻小说",而随着"三星堆"文物的出土,一些曾被认为荒诞的传说重新成为有迹可循的未解之谜。

尊重历史、以史为鉴意义重大。武术文化同样是厚重的、优秀的民族历史文化,应该得到应有的尊重。如果当武术文化遭遇诟病时,不仅没有得到社会的广泛指责,反而吸引了大批的拥趸者,很多人对武术"喝倒彩",支持"打假",推波助澜,便会使武术文化安全陷入危机。

在比武事件舆论的引导下,"武术不能打"几乎成为大众评判武术的唯一标准,也成了许多人对武术"倒戈一击"的理由。实际上,对"花拳绣腿"的批评与争论就从未停止过,这并不是一个新话题。明代著名武术家俞大猷把华而不实的武术斥为"花把",叹到:"真诀皆失矣!"民国期间,以唐豪为代表的一些武术界人士,认为所有的武术套路都是"花拳绣腿",主张短兵长兵摔跤;中华人民共和国成立初期,针对武术工作的"八字方针",原国家体委主任贺龙明确提出"就要真功夫";蔡龙云先生在做口述史访谈中问到:"中央国术馆也没完全把套路丢掉呀!这就是一个问题,你在那时候认为不行,但它为什么存在?不要套路的花拳绣腿,但它为什么弄不掉?它的生命力到底在什么地方?田镇峰摔跤摔不过人家,后来要革命,所谓革命就是讲打。那为什么套路你革命不了?那为什么李文贞的拳和剑就好呢?有人说戚继光就反对,但是从那个时候就反对、反对到解放前、反对到现在,怎么没有反对掉?"

在李小龙的电影《猛龙过江》中,餐馆外打斗场面中的台词就传递了一个很重要的信息——"中国功夫不是花拳绣腿"。而戏里戏外,几乎没人看过李小龙练套路。可见,即便是从战争年代走过来的国家领导人、打败过外国拳手的武术家、功夫巨星、乃至历史更为久远的武术家都对"武术是花拳绣腿"提出过质疑和批评,且从未将"花拳绣腿"等同于武术,他们都对传统文化心存敬畏,具有强烈的民族文化自豪感。

事实上,社会大众对虚拟武术的"意象技击"也存在过质疑。二十世纪影视剧的"武打热"后,人们对一些如"踏雪无痕""登萍渡水""天外飞仙"等"神功绝技"进行过调侃,认清那是一种艺术想象和表达,知道影视作品中的一些打斗是经过彩排的程序化套路。但是,人们并没有对武术进行过全盘的否定,这些并不影响人们对武术的热爱。人们消遣武术文化的同时,也认同武术文化,似乎中国人都具有深厚武术文化情结。

近年来,网络上发酵、传播"武术打假"系列事件,具有特殊性。首先,在"总体国家安全观"视角下,信息化时代信息传播具有特殊性。当今社会,网络平台如直播、微信、微博、抖音等新型媒体的出现使信息管理更加困难和复杂,而对于一般社会大众来说,很难分辨信息的是非真伪。"好事不出门,坏事传千里",负面新闻、小道消息似乎更容易刺激大众的视听"味蕾"。诚如古斯塔夫·勒庞所说的那样,社会群体是一群"乌合之众",群体具有易受暗示和轻信的特点,"他们把头脑中产生的幻觉当成现实……群体中有教养的人和无知的人没有区别……"

习近平总书记提出了"总体国家安全观",并在党的十九大报告中八次提到了"互联网",明确提出文化安全、网络安全,要求"建立网络综合治理体系,营造清朗的网络空间",牢固把握网络思想阵地。预防武术文化在网络上的消解,引导社会大众对武术的正确认知,具有必要性和紧迫性。另外,在"实践是检验真理的唯一标准"伪装下，诱使公众对武术文化的认知产生了颠覆性的负面认知。

"打"对于武术来说确实具有特殊的意义，自二十世纪初期"西学东渐"以来，中国的知识分子仿佛深深地困厄在文化的"土洋之争"中。由于当时的中国在科教、经济、军事等各项领域都落后于西方，因此造成了广泛而深刻的文化自卑心理。在此背景下，武术作为民族传统文化的代表独树一帜，成了"尚武精神"的先锋。霍元甲大败俄国大力士、蔡龙云大败俄国大力士，以及王子平、王芗斋、孙禄堂、李书文等击败外国武士等，使得武术成了振奋民族精神的强心剂，武术也成为了国民精神上的图腾。为此，"打"对于武术来说，乃至对于国民的情感认知来说都具有特别的意义。二十世纪二三十年代，国民政府中央国术馆举办的两场武术比赛，一场被讽为"斗鸡场"，一场被讽为"斗牛场"，社会评论的着眼点还是"打"。因此，否定武术的"打"，无论是在本质上，还是在文化上，抑或是在感情上，都是予以彻底的否定。

眼见未必为实，似乎武术只有通过"打"才能证明其真实性。这种观点看似客观，实则片面。过分强调武术能"打"或者"格杀"，试问，如今会允许"游侠刺客""军旅武艺""镖师""帮会"等存在吗？实战性较弱的武术内容作为一种武术存在样式是一种历史上和文化上的选择，其对于健身娱乐、身体教育、文艺创造、社交和谐、经济增长、文化输出、竞技体育、非物质文化遗产传承等都具有十分重要的意义。

"关公战秦琼"式的"打"是在混淆视听，在极具迷惑性的煽动下，已经引起了严重的负面效应。有研究指出，"徐、魏、丁事件"发生后，"不少民间人士认为，中国武术的确有水货，极端者还认为中国武术原本就是'伪'武术，武林中的传奇豪杰都是文人们编造出来的虚幻故事而已。且根本不存在所谓的真武术。"当人们对武术的情感由"爱之深，责之切"转化为"恶之深，弃之切"的时候，又何谈文化自信与自觉呢？

本章小结

据网上消息，某些"比武"人员的出场费已经超过百万，并受到多位知名企业家的关注甚至赞助，更有人声称："只要有钱，跟谁打都可以。"当事人的话在一定程度上是对"比武事件"根本目的最直白、最言简意赅的表达。在这一系列事件中，各类角色各取所需，使武术成了一个文化道具，以供大众消遣。

武术作为一种民族传统文化，并非不能成为娱乐消遣的手段，因为自古有之，也是武术服务社会的一种价值表达，但是也不应过度消费。曾经有一篇文章对练习泰拳的泰国儿童进行访谈，泰国的儿童表示："泰拳是我们的民族文化瑰宝，我们不去发扬谁去发扬呢？"字字掷地有声，与之对比之下，我们对武术的态度令人深思。在娱乐与庄严之间、传统与现代之间、民族与世界之间应该存在一种合理的"度"，既不固步自封、孤芳自赏，又要不卑不亢、坚持自我，这个"度"应该是我们对本民族文化的自信、热爱与保护。

在自媒体高度发达的时代，官媒既要不断提高专业素养，具有一定的洞察力和预见力，产出专业性和权威性的宣传报道，力求严谨；还要依据媒介传播的特点，对自媒体信息的传播及时予以关注与监管，未出现问题时应进行"治未病不治已病"地预防，发现问题应及时积极主动地应对，是维护武术文化安全的必要措施。

第四章　武术文化的现实困境

引言

　　武术文化安全是一个系统问题，既有外在的挑战，也受内部环境的影响。辩证唯物主义哲学认为内因是事物发展变化的根本原因，而外因起到的是"催化剂"作用。正视武术文化安全，不能回避武术自身特点与生存环境的现实问题。

　　武术的产生与发展具有悠久的历史，深深地植根于中华民族传统文化之中。从历史的视角上看，其漫长的形成与发展过程中深受冷兵器时代环境、狩猎与农耕生产方式、传统文化意识等方面的影响，具有丰富的、独特的运动方式与文化内涵，因而中国武术文化是博大精深的。

　　自近代以来，中国在从封建社会向社会主义现代化转变的过程中，对武术的发展产生了重大的影响。主要体现在以下几个方面：一是以火枪火炮为主导的"热武器"代替了以刀枪棍棒为代表的"冷兵器"，使得武术的格杀功能受到了极大的削弱。二是生产生活方式的改变，使习武的经济效益受到了较大的影响，一些与武术相关的职业逐渐退出历史的舞台，如镖师、打把势卖艺的艺人等。同时，一些新生的相关职业受新社会环境的制约，对武术的内容、形式及价值功能等产生了较大的影响。尤其是中华人民共和国成立以来，对"体育"的定位与对武术"唯技击论"的批判，以及法制与道德对人们观念的影响等都对武术的发展、重塑产生了重要的影响。三是文娱活动形式不断丰富，使得人们进行健身娱乐的选择日益多元化，故而对传统的娱乐方式产生了冲击。例如，在农耕文明社会中，很多人喜欢把摔跤作为休闲娱乐的方式。农谚云："立了秋，挂锄钩，看戏摔跤放牲口。"反映了摔跤曾经是农人农闲时主要的娱乐方式。忻州文献中生动地记载了人们观看"挠羊赛"的场景："百戏歌舞千般好，不如去看挠羊跤。老汉看跤看门道，哪个后生有诀窍。老太看跤心圪挠，我的儿孙别伤着。后生看跤看破绽，上场破跤不蛮干。媳妇看跤暗祷告，孩子他爹把羊挠。小伙看跤热血烧，上场我就露高招。姑娘看跤眼睛瞟，心中暗把情郎挑。小孩看跤看热闹，扑拉露水学跌跤。"这段文字既描绘了人们看摔跤的情境，又刻画了不同看客的心理活动。现代文娱活动的多元化，以及信息、交通的便利发达更加促使传统娱乐方式的改变，武术受其影响颇深。四是国外体育文化带来的冲击和影响，使得武术进一步被边缘化。武术文化在现代化进程中呈现出的困境日益突出，其中既有来自传统与现代的冲突，也有来自中西文化的对立。

  本章内容主要在以下四个方面展开讨论：首先，从"现代性"理论切入，主要聚焦在吉登斯的"脱域""信任体系"理论观点，借此理论尝试探讨武术文化面临的内生性危机。其次，对武术经济在现代社会中存在的问题进行探讨。经济活动是人类社会活动的主要驱动力之一，在客观上影响和制约着武术发展的程度，如果对其经济现象避而不谈，那么就难以触及问题的实质。分析"民间比武系列事件"的中心离不开经济问题，也许是武术在当今社会中寻求经济出路的一个偶然性的压力出口。再次，从文化堕距与武术伦理体系的变迁重构的视角，讨论武术文化在现代蜕变中的困境。在全球一体化的今天，文化的开放与融合可能更深刻地影响着传统的观念和文化样态。最后，较为细致地分析了"文化工业化"对武术文化安全产生的影响。

第一节 武术文化的现代性危机

一、现代性危机的理论背景

吉登斯将"现代性"解释为:"社会生活或组织模式,大约十七世纪出现在欧洲,并且在后来的岁月里,程度不同地在世界范围内产生着影响。"现代性并非是聚焦在历史时期的划分方式,而是集中在社会体系的转变上,目的在于对新时代的到来作出准确的认知和恰当的回应,以期实现超越现代性的目的。利奥塔基于人们对知识的异质要求的多样性,以及人类在物质进步过程中信念的背离提出了"后现代性"的概念,他认为现代社会已经步入了"后现代性时期"。然而吉登斯仍然认为"在整个社会科学中,人们对现代性的理解仍然极为肤浅。我们实际上并没有迈进一个所谓的后现代性时期,而是正在进入这样一个阶段,在其中现代性的后果比从前任何一个时期都更加剧烈化更加普遍化了。"在吉登斯的语境中,现代性具有不可控、充满风险等特点。在吉登斯关于现代性的讨论中,"脱域"与"信任体系"等是现代性的主要特征。

吉登斯认为现代的社会制度是独一无二的,具有不可复制性,历史并非是具有目的性的,而是按照有序的、传统的样式继承发展的,是突变的、多元的,即所谓的"社会制度断裂"。实现"断裂"的主要动力在于"脱域",即"社会关系从彼此互动的地域性关联中,从通过对不确定的时间的无限穿越而被重构的关联中'脱离出来'。"

以钟表的发明为肇始,时间与空间开始脱离,人们不再依照太阳的空间位置或指针投影来确定时间,而原有的生活方式、生产关系也随着时空的脱离改变与重构。在这个过程中,虚拟化的"信任体系"得以建立,成了现代社会秩序与劳动分工的必备条件。用吉登斯的话来说就是"时空的相互脱离"与"信任体系"实现了人们社会关系的"脱域"。这种虚拟化的信任体系是导致现代性危机的爆发点,可能会引发严重的后果。

二、武术发展的现代性危机

武术源于技击的观点是公认的,历史的社会环境给予了武术技击的滋养土壤,武术在产生其本质的特定时空和社会关系中具有不同的表达。有观点认为，远古时代人们将与野兽搏斗、敌人格斗中有效的"一击一伐"总结下来，形成固定的动作程序以便将战斗的经验进行教育传承，这便是套路的雏形，套路服务于技击，如此这种关系便形成了。随着时光的推移，社会环境不断发生变化，武术的内容、形式也日益复杂，这种有效的技击动作程序在不同的武术形式中产生出极大的差别。例如，在军旅武艺中的刀、枪、剑、戟的使用方法、训练方法与民间武术中的使用方法、训练方法具有很大的不同。武术的形式在具体的时空场域中具有不同的表现，如果脱离了这种时空场域的限制条件，单纯地谈武术的技击性，就完全是一种悖论，因为既不能在战场上杀敌的时候讲"点到为止"，也不能在比武较技的时候讲"一招毙命"。

武术的技击性在特定关系中也具有很大的局限性，例如，在军旅之中，提倡"一招毙命"的绝技，追求杀敌的利刃，不重视礼仪、美观。而在社会生活中，则恐"伤人性命，获罪不轻"。在一定程度上表现为重礼仪、讲武德，谋求以武会友、以和为贵。

封建社会的统治阶层都在不同程度上制约乃至禁止民间习武结社、传播武艺。"侠以武犯禁"是许多历史朝代的一种共识。据史料记载，宋、元、清等朝代都曾多次出现严厉的"禁武运动"，以维护社会稳定和阶级统治。然而，历经消磨的武术仍然在不断适应时代和社会的变化，不断新生、创造、重塑，顽强地生存下来并流传至今。一些技击方法、礼仪规范、身份象征等转向"象征符号系统"的建立，例如，武术套路从攻防意象的表达，逐渐扩展为对劲力、节奏、精神、气质、阴阳、物我、审美等多元信息的表达。著名武术家蔡龙云先生曾经问到："不要套路的花拳绣腿，但它为什么弄不掉？"

其中一个原因就是"象征符号系统"的存在，即武术会适应时代的变化，是武术不断实现"脱域"的结果。

传统文化的力量使然，武术在历史长河中逐渐形成了极为丰富的"象征符号系统"，礼仪、拳掌、器械、势、招、架无不蕴含着丰富的含义。例如，武术的抱拳礼，左掌右拳以示"以和为贵""先礼后兵"，反过来，右拳左掌就具有一些秘密会社的暗语之意。长拳的"十二型"既是对动作标准的要求，又有古代传统的"天人合一"表达。再如，"剑"具有多重的文化隐喻，代表着"权力""武力""法器""男性"等意义。"技击"只是"武术象征符号系统"当中的一部分，在历史演进的过程中得以延续，并且伴随着失传、异化等，因此其在"脱域"中又实现着"重构"。

武术在发展和传承的过程中，不断脱离地域的特征非常明显。一些拳种在传播的过程中逐渐打破了地域、血缘宗亲的藩篱，孵化出一种武术派别，使其社会关系发生了复杂的变化。武术门户与地域、代表人物、自然环境都具有密切的关系，因此具有宗法的性质。在宗派观念中，具有寻根意识和强烈的荣誉感与归属感，这不仅体现在对拳种起源的探寻、假托中，也体现在强调拳种的"正宗""嫡系""真传"等方面。在原生态的场域中，这些问题并不能成为问题，因为人们之间的社会关系较为简单，在同一地域、同一宗亲关系上建立起的传承关系清晰可见。文化同源、生息与共、长幼尊卑自然有序，"北人善马，南人善舟"的地域性风格迥异。随着交通、信息的发达和文化全球化的推进，封闭的地域时空很快被打破了，在新的经济生活环境中，不仅"闻鸡起舞""二五更的功夫""冬练三九，夏练三伏"等这些与时空相关的概念逐渐消解，并且地域关系、师徒关系也开始呈现出虚拟化的特点，导致由此构筑的武术文化根基在传承中产生了遗失或偏移。现在，很多人学习武术可以通过光盘、视频等资料学习，教学的主体、时空条件均虚拟化。笔者在韩国留学期间，曾接触过韩国一些年纪较大的武术爱好者，他们回忆当年学练武术时的情景，与友人互相开玩笑便问："你的师傅是谁？"友人答："我的师傅是录像带。"这种现象在国内也很普遍，一些有点武术基础的人在网上学一些东西，又创编一些套路，然后就自称"掌门""大师"，这种现象屡见不鲜。

一方面，"脱域"是避免不了的社会现象，是社会进步的客观结果，给人们的生活、生产带来了极大的便利。另一方面，"脱域"是一个长期演变的过程，在人们的主观世界里，也已经产生了影响。

例如爱情，宋代欧阳修在《踏莎行》中这样描写新婚夫妇的相思之情：

"候馆梅残，溪桥柳细，草薰风暖摇征辔。离愁渐远渐无穷，迢迢不断如春水。寸寸柔肠，盈盈粉泪，楼高莫近危阑倚。平芜尽处是春山，行人更在春山外。"

后半阙的意思是说少妇坐在高楼之上，冒着跌落的危险倚着栏杆极目远眺，在天地相接的尽头是春山，然而郎君却在春山后面看不见的路上。她不知道自己的丈夫具体什么时候回来，不知道具体到了哪里，没有时间和空间的概念，只能坐在楼上盼望、等待。因此，在这种情况下，人的感情是细腻的、丰沛的。但是现在，丈夫出门远行了，乘坐的是什么交通工具、到哪里了、什么时候到等信息全部清晰明了，甚至都不用饱受相思之苦，只需要视频聊天就可以了，这种情况下产生的感情变化又怎么与古代相比呢？

再如蒙古族摔跤，在原生场域下，蒙古族游牧于广阔的大草原，一方面造就了他们热情好客的民族习性，另一方面也苦于构建稳固的社会关系，尤其对于适婚年龄的男女青年来说就显得"相见时难别亦难"。因此，为了促进交往，形成了举行"那达慕大会"的传统，在节日期间，牧民从四面八方赶过来参加盛会。骑马、射箭、摔跤成了节日期间必不可少的项目，这些比赛本没有什么现代竞技体育的竞赛规则，赢了所有的对手，便能成为"草原之王"，成为炙手可热的英雄人物，并在择偶、获取社会地位等方面形成巨大的优势。相比之下，现代竞技体育场馆中的摔跤比赛就没有那么引人注目了，因其已经失去了场域的文化特征，也就失去了其固有的魅力与光芒。

朝鲜族摔跤也是如此，按照传统的中国朝鲜族式摔跤规则，总决赛只产生一个冠军，没有级别限制，只有击败了所有的对手，才能成为王者，正符合"进化论"视角下，自然界择偶的倾向性。在场景的刺激下，在摔跤比赛中，摔跤手表现得异常勇敢，不仅是为了奖品，更是为了尊严和荣誉，以及在异性和族群中展现魅力。

再如流行于东南沿海一带的民族传统体育项目"抢花炮"，在传统的范式中，要在节日期间进行，把供奉在妈祖庙中的花炮"请"出来，这样人们所抢的"升官炮""发财炮""多子炮"才灵验，这种激情和冲动才是人们在"抢花炮"中争先恐后的内在驱动力。而在现代竞技化体育比赛中，争夺的是工业生产出来的花炮，因此其在文化内涵上显然是不能与其相提并论的。

诺贝特·埃利亚斯所认为，一个部落组织或国家的衰弱或消失，会使其前辈人不论在原来生存单位的组织框架内，还是以原来生存单位的名义所从事过的和所经受的一切，都丧失了任何意义。这可以看作是"脱域"对人们的社会关系、价值观所产生影响的有力解释。

可以认为，"脱域"深深影响着人们的日常生活，成为人们信赖的运行体系。然而，支撑"脱域"得以良性运转的条件是这个信任体系的建立与成熟。这个信任体系大体来自两个方面：一个是通识性的社会规约。例如货币，尽管纸币、电子货币本身并不具有价值，但是人们都知道这种东西几乎能够交换到任何所需的商品。另一个是专家体系。由于社会分工的日益细化，人们受时间、精力等所限，不可能在各个领域中都无所不知，那么不了解的领域就需要依靠各领域的专家进行判断，专家越是权威，影响力就越大。例如汽车，每个驾驶者不需要通晓汽车的发动机与变速器的工作原理，不需要明白底盘构造，在选购汽车的时候，仅依据专家的介绍及专家团队背景、品牌等，一个对汽车不甚了解的人往往也会作出适当的选择。

在吉登斯的语境中，现代性的危机就在于"信任体系"的崩塌。对于武术来说，"脱域"已经成为既定的事实，但是"信任体系"仍然没有完全建立起来，无论是在通识性的社会规约上，还是在专家体系上都没有完全建立。一方面，对于广泛的人群来说，武术是小众的运动方式，对其符号体系的解读就会受到较大的专业限制。在大众的认知体系中，武术往往是武侠小说、武打电影中存在的形象，而不是一种思辨性的学术。另一方面，武术的专家体系也具有较大的缺陷。"院校派"与"民间派"对于武术的认识具有一定的分歧，尤其作为某些权威的"专家体系"往往并不践行武术技击，因此他们对武术的"打"是理论内行，但是对其的实践则是外行，在一定程度上削弱了这些专家的权威性，并不能让人信服。

就"专家体系"而言，如今的"专家""武术家"与过去的"武术家""武把势"在身份认同上就产生了较大的区别，已经形成了体系的分离。中华人民共和国成立以来，批判武术"唯技击论"至今历经了半个多世纪，因此相关观念已经产生了深远的影响，武术技击的本质与功能分化、脱离已经成为现实。

想象中的武术与现实中的武术并不完全是一回事，对武术"脱域"现象的忽视是造成专家体系失信的根本性原因，从这个意义上来看，武术文化面临的现代性危机并不是意向中的可能，而是现实中的既定事实。想要突破困境，其根本出路在于武术文化信任体系的重构，而不是倒退式的"场域复原"，即要实现武术的创新性发展与创造性转化。

第二节　现代武术的经济困境

一、历史上与武术相关的经济活动考察

"天下熙熙，皆为利来；天下攘攘，皆为利往。"武术在中国已有几千年的历史，其形成与发展同经济背景存在着密切的关系。近代以前的"穷文富武"可为例证，与"千军万马过独木桥"的读书入仕之路相比，习武的经济道路要宽阔得多。

从历史的纵向来看，与习武相关的职业具有多样性，诸如春秋战国时期的"侠"，他们既可以凭借武艺成为诸侯的"门客"，以此获得较高的地位和丰厚的回报，也可以通过民间的组织获得显赫的名声和财富。秦汉时期，有专门的武术表

演艺人，在宫廷之中进行"角抵"等活动的表演，深受人们的喜爱并一直延续到清代。而产生于唐代的"武举制"也一直延续到清末，成为一条习武人仕的路径。比"武举制"更早的"举荐制"和"承袭制"也都能起到通过武艺选拔人才、获取官职的作用。宋代，在瓦舍勾栏中进行的相扑、舞剑、角抵、使棒、打套子等娱乐活动深受欢迎，参与的阶层十分广泛，"一等富室郎君，风流子弟，与闲人所习也"。这些表演者不分性别，以市场需求为导向，以赚钱谋生为主要目的，形成了类似于今天职业俱乐部的存在。《武林旧事》中记载了当时有名的女相扑手"秀勒帛""锦勒帛""赛貌多""韩春春"等。但有观点认为这些女性相扑手实际上是从事色情表演。此外，武艺表演活动还有赌博活动参与其中，例如元曲《杂剧·刘千病打独角牛》第三折写道："每年三月二十八日，东岳圣诞之辰，我在这露台上，跌打相搏，争交赌筹，二年无对手。"这反映了古人将体育活动与赌博娱乐结合在一起的现象，与现在的泰拳、拳击的经营方式有异曲同工之处。《水浒传》中描写的林冲棒打洪教头，柴进等人也是押了赌注以此助兴，比武获胜者有赏，失败者亦有安慰。尽管是小说之言，但也应当认识到小说源于生活，脱离不开历史的局限性，也是是现实的一种写照。

历史的真相往往就隐藏在街谈巷议之中。史载清代的江南"二三月间，里豪市侠，搭台旷野，醵钱演剧，男女聚观，谓之春台戏，以祈农祥"，描述了利用赛会、庙会取利的活动，与武术有关。兴起于北宋，明洪武年间遭禁，成化年间复兴，一直延续到清朝的"迎神赛会"也是敛财的重要途径，虽有地方官员以耗业费财、招盗兴赌为由屡次主张禁废，但最终未能实现。苏州的"五方贤圣会"颇具影响力，值其时，富人有力者纷纷捐金谷，借乘骑，出珍异，请伎乐，命工徒雕朱刻粉，以主其事，凡神所栖舍，皆大具威仪，杂以箫鼓声吹，引来无数人观赏。商人出资的本意在借此联系同业，整合资源，而"里豪市侠，能以力啸召俦侣，醵青钱，率黄金，诱白粟"，显然是为了求财，所以经常"手搏者数十辈为之前驱"，"于是游手逐末，亡赖不逞之徒，张皇其事，乱市井之听，惑稚狂之见"，是为秦汉以后以及宋元以后游侠的另一种面相。

再如镖师这一职业，在冷兵器时代形成了产业，使得习武的拳师有了专业化的谋生手段。晚清之后，武术馆开始成为拳师谋生的重要方式，一些有名的拳师收入是相当可观的。例如，晚清时期杨氏太极拳宗师杨露禅在北京开的武馆，声名远播，从学者多为富户、贵族子弟。有文献记载，民国时期孙禄堂开馆招徒，刊登广告的报纸曾"一时纸贵"。

此外，还有一些间接与经济活动有关的武术活动，例如农村的武把势，一方面通过招收徒弟收一些茶敬，另一方面也可以通过弟子在学艺期间提供的免费劳动力获取利益。杨露禅在陈家沟跟随陈长兴学习陈氏太极拳时就曾"半工半学"，此外，一些乡村由于抗匪及争取水资源等进行的械斗，也都与经济有关，且在一定程度上刺激了武术的发展。

二、中华人民共和国成立以来武术经济活动的特点

中华人民共和国成立以来，中国的政治制度、经济体制、社会环境都发生了重大的变化。在改革开放之前的计划经济体制下，通过武术谋生的传统行业基本上消失了。

武术在社会上大体是以两种形态存在的：一是在"体育"范畴内，作为体制内的教练员、运动员、教师等职业；二是民间的非经济化的、自发性存在的习武活动。这个特点就决定了武术既属于"国有"，又属于"民办"，官方与民间的武术之间具有密切的内在关系。一方面政府对武术的发展投入了大量的资金，培养了大量的专业人才，不断提升武术的地位，后来武术也成为亚运会、全运会的竞赛项目，并成立了国际武联，国家也在武术申奥、申遗等多方面进行了巨大的投入。这种投入基本上是公益性的，是基于文化的传承与保护，以体现国家形象、促进体育交流等方面为目的，而非营利性的。经济上体现为"政府搭台，民间唱戏"，目的在于促进民间武术经济的发展。因此，政府理所当然对武术的发展有监管的职责与权利，但是在这个管理的过程中，政府基本上是无例可循，只能不断探索，积累经验。另一方面，民间武术在较为宽松的环境里实现了一定规模的经济发展，但也在监管的盲点中不断暴露出新的问题。矛盾的关键在于，政府扮演着服务的角色，不与民争利，但与此同时，对武术树立正面的国家形象、促进精神文明建设、实现优秀传统文化的良好传承具有明确的要求，不能允许民间资本炒作跨越底线破坏文化，玷污武术的正面形象。从权利、责任与义务对等的角度上看，政府作为投资的主体，有权利管理和引导民间武术经济活动向正常的方向上发展，民间在享受政府搭建平台的利好的同时，也应承担起维护武术文化形象的责任和义务。

从历史发展的节点上看，改革开放前，武术发展以"国有"为主，改革开放后，"民办"逐渐与"国有"并驾齐驱，成为武术发展的两条平行线。

改革开放前，即便有些拳师在民间教拳，收入也是较为微薄的。例如，创立于二十世纪六十年代的"少北拳"，宗师张荣时先生一直坚持免费教拳，直到二十世纪九十年代以后，弟子们才开始创办武术馆校，收费招徒。据陈氏太极拳拳师马虹

回忆，二十世纪六七十年代，陈氏太极拳师陈照奎在河北、北京一带传授陈氏太极拳，生活条件较为艰苦，其经济收入水平与当今拳师不可同日而语。

改革开放之后，社会主义市场经济逐渐建立，与武术相关的经济活动才开始活跃起来，武术作为谋生的渠道也日渐丰富。尤其是以《少林寺》《霍元甲》，以及李小龙系列功夫电影、香港武打片为代表的武术题材影视作品的广泛流行，在全社会兴起了武术热。先后涌现了李连杰、成龙、甄子丹、吴京等功夫巨星。在影视文化的带动下，全国范围内大量的武术馆校如雨后春笋般大量涌现，学习武术者众多，武术馆校所收取的学费不菲。

"福兮祸所依"，事物的发展都具有两面性。随着武术经济日益繁荣，由于过度追逐经济利益而忽视了办学质量的现象时有发生，加之对武术的发展缺乏监管，一时间各类武术馆校盲目扩张、良莠不齐。有些武术馆校弄虚作假，欺瞒哄骗，要么宣传与实际不一致，夸大其词，鼓吹"秘笈"，到头来只教学员学会了一些简单的套路或擒拿术；有些收取完学费后之后，不再认真履行教学任务，加之经营不善，卷钱溜之大吉等。这些消极的影响为武术经济走向滑坡预设了伏笔。

缺乏教育内涵和规范的过渡文化消费必定不能支撑长久的繁荣，随着"武打热"的退却，以及人们的文娱活动日益丰富，学习武术的人大幅度减少，大量的武术馆校先后倒闭，市场呈现出两极分化的特征。有名气的、具有一定规模的武术馆校蒸蒸日上，一些有名气的拳师收入颇高，甚至有些名师成为一种偶像级的存在。因此，"名牌"经济在武术市场上形成了认知，拳种的"正宗""嫡传"之争在市场指挥棒的指挥下日益凸显，使得一些传统文化观念、伦理规范受到影响。

三、影响武术经济的因素分析

从深层次上看，在武术的经济活动背后离不开文化的推手。改革开放以前，由于受国内外政治环境的影响，以及交通、信息的不通畅，物质水平较落后等原因，使得人们的精神文化生活较为单一。改革开放肇始，一切得以改观，人们有了武侠故事的连环画，有了金庸、古龙的武侠小说，有了武打影片，这些新兴事物的出现迅速填补了人们的精神文化生活，对于社会大众来说，武术的启蒙教育就以这样的方式开始了。

武术是什么？是侠、是超能力、是神秘……人们对武术充满向往和美好的想象。在影视作品的影响之下，武术如洪水猛兽一般占领了人们的精神世界，学练武术成了当时的一种流行方式。然而，随着人们对现实中武术的逐渐了解，又开始出现对武术文化的质疑与反思，思考花钱学武术的价值是什么？反思之后，人们才意识到，打架的成本太高，"游侠"已经没有了市场，生活和享乐才是大众追求的永恒的现实问题。

随着社会主义市场经济体制日渐成熟，曾经闭着眼睛都能赚钱的市场环境很快展示出了市场竞争的残酷性，无数的下海者开始被市场浪潮淘汰，人们日趋精明，先掌握市场，再进行投资生产成为市场经济成熟的标识，目标、竞争、效率、回报率等成为人们思考的重要问题。因此，武术经历过大众的追捧之后，又成了少数人生财有道的途径，经济蛋糕开始"缩水"，利益格局划分基本已定，再靠传统的方式赚钱已经步履维艰，不少拳师感慨到："捧着金饭碗要饭。"

为什么练习武术？能不能赚钱？现代功利主义导向下，经济问题是武术发展不得不面对的现实问题。武术产业化的呼声不仅是民间武术从业者的心声，也是政府发展体育经济的目标路径之一。政府出台的相关政策、文件，以及资助的课题研究都在鼓励探索关于这一方面可行的产业化之路。

与西方体育产业化相比，武术的产业化有两个缺失的先天性条件：第一，中国并没有经历过西方的工业革命，因此工业社会历程较短。西方的体育经济是伴随着工业社会成长起来的，例如现代足球运动是工人在与教会、资本家的斗争中争取来的娱乐休闲权利，是各方利益协调的结果，一些具有运动天赋的工人逐渐成了职业球员，后渐渐拥有了一定的粉丝，他们可以代表企业、俱乐部进行比赛，代言企业产品，为企业创造利润，形成了体育产业与工业产业的良性互动。而武术在城市化的过程中与工业、产业几乎毫无关联，武术习练者或是开办武馆，或是街头卖艺，因此他们一直是自生自灭的独立存在。即便是现代社会中提到的所谓的"武术产业"也不过是一些专门生产武术器材、武术服装的小型工厂，与更广泛的工业体系并无紧密的关联。第二，武术运动自身的特点及我国法律、道德规范的限定，使得武术的产业化受到一定的影响。武术并非是一种开放的、互动式的游戏，或者说是娱乐活动，而是一种相对封闭的、内省化的运动文化，因此它更强调体悟、个体化的特点。练习武术的目的并非在于娱乐，即便是武术套路表演，因为无论是多么精彩的动作，看多了也会出现审美疲劳。所以如果仅仅依靠体制内的某种需求，但是缺乏市场的参与和与他者的良性互动，其影响范围与经济价值也就大打折扣了。

反观一些搏击类的运动，除了带给人们一种攻击性的快感之外，更为重要的经济因素是搏击带来的刺激，这在泰拳和西方的拳击运动中已经得到了很好的证明。即便是在对中国古代体育的考察中，也能得到清晰的佐证。南宋吴自牧《梦粱录》卷十九"瓦肆"条中云："瓦舍者，谓其'来时瓦合，去时瓦解'之义，易聚易散也。不知起于何时。顷者京师甚为士庶放荡不羁之所，亦为子弟流连破坏之门。"赌博、结党结社、聚众哗宠之类的娱乐活动实际上是为我国传统文化所不齿的，在许多朝代都被明令禁止，也是我国法律与道德所不允许的。

因此，从上述讨论上看，武术的产业化或者经济活动的范围是很窄的，历史上的经济方式已经被时代淘汰，又没有现代工业化的支撑，目前武术经济主要集中在武术馆校经营、商业表演、一些赛事的运作（只在形式上照搬西方的模式）等简单的经济活动方面，离产业化的距离还相差甚远。而武术经济在现代社会中理想化的创造性转化还未实现。在监管尚不完善的条件下，一些不成熟的、冲动的、自发性的经济活动也开始萌生，如何打破现下武术经济利益的固化格局，自媒体结合民间比武也许是突破经济困境的一个出口。

第三节 文化堕距对武术伦理体系的影响

美国社会学家W.F.奥格本认为，在社会变迁的过程中，物质文化与科学技术的变迁速度往往是很快的，而制度与观念的变化则较慢，这就产生了一种迟延现象，即"文化堕距"。中国自近代以来，沿袭几千年的传统文化在传统与现代、民族与世界的交融与抗争中发生了激烈的冲突，发生了深刻的变革。武术这一古老的传统文化在宏大的历史场境中断裂、异化与调适，并实现发展与新生。在此过程中，武术文化中的一些内容不可避免地遗失，部分内容也残存在遗失的边缘，还有一些在新的环境中产生与发展。现代文化的变化速度让传统武术文化猝不及防，文化堕距对武术的发展产生了深刻的影响。

一、文化堕距对传统伦理的影响

有学者认为，在人的深层精神构造中，潜在着超越性诉求。在中国，具有与西方完全不同的文化路径，中国传统视血缘关系为终极生命价值的家庭型伦理，成为与宗教精神并行的世界两大精神体系。在传统"伦理型"的中国社会语境中，"'伦'是个体性与普遍性统一的具有精神意义的实体，表现着人的公共本质。'理'是'伦'之理真，或个别的人达到'伦'之实体的规律。""'伦'犹类也。理，分也。（郑玄注《礼记·乐礼》）。""伦理"反映着人与人、人与社会及人与自然之间的关系。在"无宗教，有伦理"的中国传统文化中，"君臣、父子、夫妇、兄弟、朋友"作为传统社会中人际伦理关系基本框架,维系了中国几千年的"家长式"社会结构、心理认同、管理模式和文化价值体系。以"仁、义、礼、智、信"为代表的"五常"成了支撑传统伦理体系的纲目和范式。因此,以家庭型伦理关系为内核衍生出的中国传统文化必然在历史社会和现实社会中表现出稳定的民族气质和结构特征。换言之,民族文化必然反映出相应社会形态下的伦理,并由这种内隐性的"定在"决定着文化存在的价值和人们精神的皈依。

"伦理"不仅反映着"人伦之礼",还充分的表达了人性之需,是连接精神世界和客观世界的桥梁与纽带,在政治、经济、社会、文化等诸多方面都得以表达,并受之影响不断更新,建构一种符合人性所需的社会关系。从更广泛的范围来看,"伦理"不仅包含人伦、道德,还指向与人发生关系的"自然伦理"。"自然伦理"是"把包括人在内的一切自然均做为'伦理关涉者'的绝对无条件的根据。人对自然物的敬重乃是出于对'绝对无条件者'的敬重,进而是人对人自身的敬重"。因此,在"伦理"不断的嬗变过程中,其深受社会转型的制约。社会转型实际意味着社会的更替和社会的变迁,它既指人类社会从传统形态向现代形态实现结构性、整体性转变的历史过程,同时也是人类存在方式的现代化转变。近代以来,我国的社会制度、经济结构、意识形态、价值取向都发生了巨大的转变,传统的伦理构造不断受到冲击和重组,在社会转型的过程中自然地自我调适,不断实现重塑与革新。

二、文化堕距对武术伦理关系的影响

武术伦理是建立在人际伦理和自然伦理基础之上的,它不仅反映在"门户谱系""价值观念""师徒关系""武德"等人伦关系与道德取向等方面,还反映在人们对人与自然关系的理解等方面,具有鲜明的时代特征。

武术是中国文化的子系统,并不能成为脱离现代中国社会转变进程的孤岛,其伦理建构必然受地缘关系、价值观念、文化形态、经济模式等影响,且呈现出一种动态的过程。在农耕社会时代,武术与自然环境构建了密切的伦理关系,一些功法、练法、技法及知识都与自然密切相关。例如,练习手臂硬度的"打桩",练习背部抗击打的"靠桩"都是以树为练习工具的;夜行术中的谚语"黑泥、亮水、灰白路"是对夜间行走在土路的安全总结;一些"巧术",如翻墙越脊,穿行跳跃是在平房、大树、矮墙,以及一些机关中施展的,福建莆田南少林寺遗址就有一些"机关",而武艺高强者则必须具备一些破除机关的能力。再如,古代镖师的五种功夫"步战、水战、马战、夜战、车战"都与环境有关。因此，古代武术中"天人合一"的哲学观念与现代都市高楼大厦构筑的"水泥森林"具有完全不同的内涵。

长期以来，人们围绕宗亲血缘关系构建了地域武术的伦理体系，形成了独特的文化特征。改革开放后，开放型社会增强了人口的流动性，稳固的地缘关系被打破，人们的乡土意识开始逐渐淡薄，宗亲家族的影响力和感召力受到削减。人们摆脱了固有的生活方式和经济模式，因此固有的地缘结构得以改变，同时也对地域文化、风俗习惯产生了强烈的冲击，并逐渐形成了"经济一体化""文化一体化"的模式，鲜明的地域文化逐渐呈现出去地域化的特点。例如，现在无论去哪里旅游购物，当地的土特产已经不够特别了，北京烤鸭、天津狗不理包子、陕西凉皮等几乎在任何一个城市都可以轻松买到。而对于在过去具有鲜明地域特征的武术文化来说，也是如此。现如今，"南拳北腿，东枪西棍"等门派特征已经不再明显。有研究指出，作为首批武术之乡的河北沧州，原有的村落中带有深刻传统烙印的"把式房"随着传承人纷纷外出开办武术馆校而名存实亡。一些传统的"礼仪""把势""行话"等武术文化符号也随着人口流动而逐渐消亡。迁出者在外地教拳，大多要适应外地的文化习俗，从而需改变原有的伦理规范，甚至改变原有的技术风格，来遵循"适者生存"的进化法则，进而产生新的内容体系。在这个过程中，认知与想象、传统与现实等矛盾之间似乎还未来得及调适。蔡龙云曾在香港论坛讨论过"传统的拳术有没有丢掉传统？"的话题。几个来自中国台湾的人讲现代武术丢了传统，蔡龙云论到"你练那个也丢掉了传统，你那个架子没有丢掉，但是传统的魂你丢掉了。"那么什么是"传统的魂"呢？是想象的，还是现实的？

传统不等同于历史，历史社会语境下产生的，特定因素共同决定了武术形态与特征，因此其具有不可复制性。故而，在关于传统武术的相关论题中，应该以现实的伦理精神坦然面对历史事物，而不应该完全从"历史伦理"的视角审视和评判现代武术的存在与发展问题。

在社会主义市场经济背景下，知识产权和商标权等新兴事物与传统的假托仙佛创拳、圣贤创拳的"正统"意识，以及"宗派"观念处于完全不同的语境。正宗性一直是武术界争论的话题。"正统宗派"意识除了标明"血统正宗"之外，还有特别的商业价值和文化价值，尤其在文化安全方面还面临着来自国际的现实压力。例如，日本曾试图争取太极拳"宗主国"的地位，而他们不是简单地采取口头宣扬的形式，而是采用形成组织规模、申报遗产等手段形成相应的"证据链"。这些"改弦易辙""背叛师门"的行为已经打破了传统武术门户、传承的伦理认知。在全球一体化的时代背景下，传统"家丑不可外扬"式的"人情伦理"面对讲证据、重产权的现代"法制伦理"未免显得有些措手不及。

武术传统的代表性师徒关系是"师徒如父子",因而常用"师父"一词,而不用"师傅"或"老师"。在传统文化中,师徒的关系是非常亲密的,"天地君亲师"中,"师"与"亲"都具有一定的家族性概念。明成祖朱棣抄斩方孝孺"十族",这里的"第十族"就是指他的学生。传统武术中的师徒关系是建立在"亲"和"师"双重关系之上的,师徒之间往往以深厚的感情为基础,以宗亲地缘关系为纽带,以传统的伦理观念为价值取向。在武术的语境来说,这种"家长制"的关系具有很高的忠诚性,门派和谱牒意识较强。一般来说,择徒是较为严格的,需注重学生的天赋和品行,需要学生恪守武德,形成门户或拳种、宗亲的利益共同体。

随着经济观念的不断深入,固有伦理观念的打破,传统的师生观念也发生了变化。武术馆校如雨后春笋般地大量涌现出来,传统的教学模式已经不能满足现实的要求,商业化的运作模式下,对招生规模和经济利益有着更为强烈的渴求。现代学校教育模式在一定程度上疏远了师生之间情感上的沟通,教师是作为一种职业,与传统的教学目的、教学方法手段和教学内容截然不同。传统伦理关系中"尊卑有序""等级森严"的伦理观念已经与现代社会中"民主""平等"的观念渐行渐远。而在商业化武术馆校中,学生与教师之间还多了一层商业关系,现代青少年表现出更强的自我意识,"宗派观念"逐渐淡化,"教不严,师之惰"不完全符合商业身份及其附带的商业利益,并且家长也参与其中,家长怕教师过于严格,不希望教师打骂自己的孩子,同时可能还因为学费较贵的原因,对教师提出较高的要求,"亲"与"师"甚至是对立的。

《吕氏春秋·尊师》论到:"君子之学也,说义必称师以论道,听从必尽力以光明。听从不尽力,命之曰背;说义不称师,命之曰叛。背叛之人,贤主弗内之于朝,君子不与交友。"可见,在古代尊师重道是何等重要,甚至会影响其社会信誉和名声。而在现代社会中,人们的观念和社会生产关系都已经发生了巨大的改变,若因循守旧,完全依从传统师徒伦理关系,那么在一定程度上就会造成时代性的错位。古代"师"的地位之所以高,与"天地君亲师"的伦理结构具有密切的联系,教师的地位高,其相应的责任重大,需要其学识渊博、道德高尚、奉献更多,甚至是影响和改变学生的人生,值得托付信赖。因而,古代拜师礼的仪式感颇重,有"投拜师贴""向师傅敬茶""拜祖师"等仪式。而现代的一些拳师自身的知识、技术、道德水平有限,且多以经济收益为目的,以学费多少为评价导向,既要最大程度地满足私利,还要其以古人所执之尊师礼,显然有些不合时宜,且一些行为已经与现代社会环境、法治文明、教育导向等背道而驰。社会上一些人仍然"挂羊头卖狗肉"，打着"传统"的旗号赚吆喝，进行商业炒作和进行某些非法行为，为武术的健康发展留下了巨大的隐患。

传统武术伦理价值观中的"武德"是具有内倾性的，这种内倾性既受历史环境、文化习俗等限制，同时也是哲学智慧的表现。受几千年的儒家文化影响，在中国人的文化价值观念中，"谦忍""中庸"是言行的重要道德标准。人们喜欢"深藏不露"的谦谦君子，而讨厌"轻浮外露"的狂浪之徒。如《王征南墓志铭》中写到："征南为人机警，得传之后，绝不露圭角。非遇甚困则不发。"在这样的背景下，人们认为武术应该是"内敛"的、"谦忍"的、"克己"的、"体悟"的，把武术视为一种个体修为的、安身立命的防御技能。但是在更广阔的视角下，武德具有在具体的语境中独特的内涵。例如，军旅武艺，将士之德在于听命杀敌、舍身成仁；民间武术的武德多表达为"点到为止"；游侠的"武德"在于惩强扶弱、知恩图报；帮派中的"武德"注重讲义气和江湖道义；竞技体育中的"武德"在于尊重对手、尊重规则、为国争光等。

"武"及其所在环境的内容不同，所对应的"德"亦有区别，视角上具有很大的差别，如果将"武德"张冠李戴，也容易成为笑柄。例如，某"太极大师"在被打之后，把输了的原因归结为怕伤人过重，有损武德。谎言及丑化武术的行为本身即是失德，又何以谈德？用体育的方式进行"比武"，用民间武术的传统武德文化作为遮羞布，岂能不令人嗤之以鼻？岂能让大众信服？

三、文化堕距对武德的影响

很多观点认为武术的一个重要价值就是"武德"教育，但是这样的说法过于笼统，武德之于学校德育中的爱党爱国、遵守社会公德、遵纪守法、公平正义等，有何不同或起到怎样的补充作用呢？有观点认为，现实中，武德教育的重视已经成为一个空泛而形骸化的口号，究其原因，在于我国社会环境变化与武德精神产生了错位，古代的武德精神已不能完全符合现代武术的发展。还有观点认为，武德是在武术领域中或武术领域与其他领域发生联系时所有与武术发生功能关系的人所表现出的与武术有关的道德品质，同时它是调整武术工作者之间和武术工作者与非武术工作者之间相互关系的道德总和。显然，武德与环境、武术的形式具有密切的联系，换言之，武德是一种在特定情形下，动态的社会关系中表现出来的武术行为，是内化的意识观念与工具价值的表达。知而不行或知而悖行都不能算是武德。正如荀子所说的那样："知而不行，虽敦必困。"例如，在军旅武艺中，杀敌即是德，不能讲"点到为止";而民间的比武较技虽然讲"点到为止",但那是建立在"武技"的基础上的,自欺欺人、轻浮外露是明显不符合传统武德要求的。一些民间拳师在比武中明明打不过,却拿武德作为借口,损害了武术的形象与工具性价值,以一己之力损害了武术的文化安全。

伦理在文化堕距中不断地调适,随着物质文明和科学技术地不断进步,人们在社会竞争中心理压力不断增大,又开始寻找精神的依托,充满了文化回归的诉求,正如海德格尔所言的"文化失根",因而新型武术伦理关系构建也极为迫切。

在数次社会转型过程中,人们一面追求现代价值(如武术商业化、武术竞技等),一面又不断追根溯源地找寻传统文化内涵,以传统伦理规范现代武术伦理范式,或以传统伦理的角度审视武术的现代发展。尽管追求现代价值和发扬传统文化之间并不矛盾,但若以传统伦理作为武术的文化路径和评价标准,或从传统伦理的视角审视现代武术运动的精神理性,可能会导致武术发展的失序。在这个新型伦理建构的过程中,如何面对和解释传统文化,处理好传统与现代、未来的关系,对于武术文化安全亦具有重要的意义。

第四节　文化工业化对武术文化的影响

1944年,西奥多·阿多诺(Theodor Wiesengrund Adorno)与马克斯·霍克海默(Max Horkheimer)提出了"文化工业"的概念,指出"文化工业"生产出来的产品具有同质性和可预见性两大特征。法兰克福学派认为文化工业生产出来的文化具有标准化、模式化、保守、虚幻等特征,是极具操纵性的消费品,文化工业化的后果是产生意识形态的控制,导致丧失文化的多样性和民族性。

文化工业化是伴随着西方国家的霸权主义产生的,尤其在现代媒介的推波助澜之下,在全球范围内产生极大的影响,主导着文化话语权。印度在被英国殖民统治时期,一些印度人以踢英式足球作为身份认同的象征。20世纪五六十年代,巴西足球曾一度崇拜欧美的风格,几乎抛弃了本土的桑巴足球,直到"球王"贝利的出现,才使巴西对自己民族的体育文化重新产生了认同感,这也正是贝利如此伟大的原因,他是拯救桑巴足球的民族英雄。

近现代以来,西方体育文化在世界范围内都占据着主导地位,且具有强大的话语权,这是不争的事实。在向全球输出体育文化的同时,也挤压着各国民族体育存在的空间,除了外在的运动项目以标准化、统一化的形式输出以外,在深层次上也对人们的意识形态和价值观念产生了深刻的影响，对于中国的民族传统体育，尤其是武术文化产生的影响尤为深刻。

一、文化工业化的特点

文化工业化在体育方面的影响主要表现在以下几个方面：第一，以西方体育为主体，全球统一化的运动技术与裁判规则，便于推广和管理。这样就使得全人类玩的是同一个游戏，也因此削弱了本民族文化的独立性和游戏的多样性，间接限制了体育的创造性发展；第二，游戏的规则由西方国家制定，并且已经在世界范围内被接受，这间接加深了西方体育话语权的霸权性。其更深刻的影响在于，在民族项目竞赛规则的制定过程中，多参照西方的竞技体育规则，并把被纳入奥林匹克运动体系作为重要的奋斗目标。韩国的跆拳道、日本的空手道都按照西方认同的范式进行了改造，并成为奥运会项目。佐藤穗花等指出，空手道申奥成功主要是通过改善招式，力求做到规范化、简约化，同时舍去了部分器械招式，以"寸止"来突出其特殊性，兼顾安全和观赏性；第三，文化工业化的特点之一在于效率，即便于学练、复制、生产。既体现了基于身体素质的"快餐性"文化（如简单易学，尤其体格强壮、身体素质好者更易掌握，或更容易表现出色），使得匠艺文化受到冲击，又在一定程度上实现了伦理关系的虚拟化。例如，人工运动场地使运动者脱离了原始的自然关系，影视、网络上的教学视频使师生关系的虚拟化，造成了为了学习运动技术而学习的心态，人格之间的感染、熏陶，以及人与人之间的感情缺失了；第四，缺失了民族文化内涵的文化工业产品在价值观念上具有统一的规定性，无论是游戏性较强的对抗性项目，还是更具表演性的难美项目，都是建立在西方评价体系之上的。对于各个民族的传统体育文化来说，如果按照这种统一的评价体系进行改造，极易造成内、外两层皮的状况，即外在的表现形式与本土文化的分离。

二、体育文化工业化对武术文化安全产生的影响

体育文化工业化对武术文化安全造成的消极影响是显而易见的。首先，大量输出的西方体育文化已经严重挤压了武术的生存空间。在学校体育这个主要阵地中，足球、篮球、排球、乒乓球、羽毛球、网球、游泳、田径、体操这些在学校体育中的常设项目没有一样是中国的民族传统体育，武术开展的情况令人堪忧。绝大多数的学校存在不开设武术课、缺乏专业武术教师等问题。而在社会体育领域，武术练

习者多以中老年群体为主，参与群体结构不合理，经济产业薄弱，与网球、羽毛球等娱乐性较强的项目相比相差甚远，与相似项目如跆拳道、泰拳等项目相比也不容乐观；其次，竞技武术套路的竞赛规则基本上是参照了西方体操的裁判体系，以"高、难、美、新"为标准，动作演练也呈现出标准化、统一化的特点，尤其在规定套路、规定动作中表现出千篇一律，极易产生审美疲劳。时间一久，不仅观众不喜欢看，甚至连裁判员都"眼花缭乱"而评分随意。注重外在表现的套路练习摒弃了一些功力练习和技击方法训练，使得武术内容不再完整。有位外国的武术家形象地说道："练习套路如同吃饭，练习功力如同吃菜，光吃饭，不吃菜没意思。"东北大学的刘和臣教授讲当年和师兄弟们一起练八极拳，练功时打翻板、打沙包、喂招试敌的往事，他说那才是练武术，才有意思。尽管并非放开手脚进行无限制的格斗，但在习武的内容上是完整的，在这个过程中，对武术的体验和理解与竞技武术套路是有明显区别的。虽然竞技武术套路也讲究科学训练，但是其训练的重点在于动作的规格、演练的技巧，更注重的是外在形态，而不是自我体验和技击能力；再次，武术源于农耕社会，与源于工业社会的西方体育具有极大的文化差异。在幅员辽阔的中华大地上，产生了"源流有序、拳理明晰、风格独特、自成体系"的一百多个武术拳种，不同的拳种具有不同的文化土壤，反映了地域、民族等文化特征。在中国"易文化"的总体文化滋养下，各拳种在传承的过程中追求的是和而不同、不断创新，呈现出个体性。在文化工业化的影响下，武术的传播过程中，存在标准化的特点，以"美""动作标准"作为扩大练习者数量的宣传手段。一些传统拳种甚至会按照长拳的动作规格对自身的技术体系进行改编，而对原有动作的含义却不求详解，因而逐渐失去了原有的风格特点；最后，文化工业化的逐利性实现了文化工业产品的批量生产，使得武术在武术馆校的传承中摒弃了个体化特征，门户之别、师生伦理关系等均受到了较大的影响。在商业化的教学过程中，一个老师按照固定的课程对十几名甚至几十名的学生进行标准化地教学，把学生和武术套路当作工业化生产的商品，注重的是教学的效率和经济成本，因而很难兼顾学生个性、特点及个体化的教育方式，师徒如父子的传统关系逐渐扩展为师生关系兼主顾关系。武术馆也成了各门各派技法的"大熔炉"，门派、门户的概念，以及地域武术文化日益淡化，这样一来，缺乏感情的工业产品被关注的只是产品的质量如何（学习套路的标准性及套路的多寡），而对于"拳打人不知""出手有如神助""登峰造极""登堂入室"的匠艺式的追求就搁浅了。对于学生来说，相对简单的同质化动作学习极易感到枯燥，也会逐渐失去学习的兴趣。反观一些传统武术的传承体系，其内在的凝聚力和感染力极强，具有深厚的文化内涵。例如，发源于广东江门的蔡李佛拳，在创始人陈享诞辰纪念日上，有不少"洋弟子"前来认祖寻根。据了解，这些不远万里来到中国认祖归宗的"洋弟子"是经过师傅多年的考察才被赋予资格的，这恰恰反映了传统武术"非人不传"的规训。

具有"快餐"特性的文化工业化产品在信息化时代里如鱼得水，对文化的深刻性与完整性产生了明显的影响。正如西方的学者提出的"信息碎片化"观点，人们对信息的了解往往仅停留在一个片段、一段故事、一个情节甚至一种印象或感官上，而忽视了信息的完整性，同时对于信息量的攫取欲望远远大于对信息准确性及文化深度的追求欲望。比如娱乐八卦和花边新闻永远是人们喜闻乐见的，以前在中国台湾有个综艺节目，报社老板问手下什么叫好新闻，答案是丑闻加绯闻，如果是名人的丑闻加绯闻，那就更具爆炸性了，而"名人"在现代更容易炮制。与此类似，有人对现代泡沫剧提出了这样的看法："过去那种你要有好的过硬的作品才能挣大钱的落伍观念，要埋进历史的垃圾堆了。"文化工业制造的铺天盖地的碎片化信息，泡沫文化充斥在社会的各个角落。对于武术而言，"十年太极不出门"式的技艺追求已经落伍了。少北拳创始人张荣时先生曾经说过："要想练好武术，少则三五年，多则十来年，没有长期的刻苦练习是不行的。"漫长的成才期显然在当今社会中已经不合时宜了，文化工业化显然对传统武术文化产生了巨大的影响。

本章小结

武术在现代的传承与发展中面临着诸多挑战，这是武术史上从未遇到过的系统性问题，既无迹可循，又无例可鉴。历史在不断进步，变化是客观规律运行的时代性结果，并不以人的意志为转移。从社会进化论的视角来看，历史中的武术从来就不是以一种稳固的状态存在的，而是在进化的过程中不断"扬弃"，不断调适与更新。辩证唯物主义认为，事物具有两面性，当下武术文化安全呈现出消极的一面也许是一种警示，但其中挑战与机遇并存，呈现的问题可能正是指引我们重新反思武术文化、重新审视武术新颜与旧貌的逻辑起点。"脱域""经济转型""伦理变迁""文化工业化"等都显示了武术文化在面对"传统"与"现代"、"国内"与"国外"文化碰撞中表现出的不适与迷茫。回归文化自觉，实现武术文化的创新性发展与创造性转化也许是突破武术文化困境的必由之路。

第五章　武术文化自觉

引言

　　费孝通先生基于19世纪上半叶中西文化之争与比较的思考，觉察到了民族文化的危机，于是他在1997年北京大学举办的第二次社会人类学高级研讨班上提出了"文化自觉"的观点，其核心观点是促进民族认同和文化认同。在他看来，"生活在一定文化中的人对其文化要有'自知之明'，明白它的来历、形成的过程、所具有的特色和它发展的趋向，自知之明是为了加强对文化转型的自主能力，取得适应新环境、新时代文化选择的自主地位"。他将文化自觉进一步阐释为"不带任何'文化回归'的意思，不是要复旧，同时也不主张'全盘西化'或'坚守传统'"。"首先要认识自己的文化，理解所接触的多种文化，才有条件在这个正在形成中的多元文化的世界里确立自己的位置，经过自主的适应，和其他文化一起取长补短，共同建立一个有共同认可的基本秩序和一套与各种文化能和平共处、各抒所长、联手发展的共处原则"。他认为对文化自觉的深入探讨，应该从历史学、人类学、社会学的角度进行认识。

　　按照费孝通先生的观点，文化自觉至少包含三个方面的内涵：首先，是生活在一定文化中的人要对其文化的来历、形成过程、文化特色及发展趋势有着深厚的了解。其次，文化自觉绝不是盲目自信，而是以实事求是的客观态度寻求适当的发展方式。在知己知彼的前提下，保持本土文化的自主地位，是一种文化安全的保护机制。最后，文化自觉并非是内倾性、封闭性的，而是开放性、适应性和发展性的动态过程，它指向自主性的文化转型和未来发展，是与时俱进的。

武术文化是中国传统优秀文化的组成部分，自20世纪初西学东渐以来，中西文化之争一直成为困厄学术界的重要命题，武术的"土洋之争"亦裹挟在"中西文化之争"这一大环境之中，至今仍有一定的影响。在信息化时代，武术文化面对多元化的媒介传播，遭遇了前所未有的挑战，武术文化在社会大众乃至更为广泛的世界人民的注视之下，已经走出了武术群体自我言说的语境，需要一个与"他者"对话的体系。尤其是在西方主导的世界体育话语权的背景下，坚定武术文化自信、维护武术文化安全更需要进行深刻的文化自省，要求我们全面梳理武术文化的来历、特色，以文化战略的高度系统地思考其所处的境遇以及如何发展等命题。从根本上看，武术文化自觉和武术文化安全具有同一性，是现实武术文化安全路径的自主选择，也是坚定武术文化自信的基本思路。

本章从以下几个方面进行探讨：首先，从"大传统武术文化"与"小传统武术文化"双重视角对宏观的武术文化构造进行整体性考察是一种研究视角上的突破。其次，武术在教育方面具有哪些特色是一个非常值得进一步反思和讨论的问题。本章节将尽可能地从反思性的、整体性的视角探讨武术的教育价值。再次，如何看待武术文化与奥林匹克文化之间的关系仍是值得我们深入研究和探讨的话题。中西体育文化的碰撞与交融并非是冰与火的关系，本章节将对武术为什么要与奥林匹克运动实现文化和平共处及如何和平共处展开讨论。最后，从文化嬗递的动态视角讨论现代武术的发展问题，浅谈武术在现代社会中的创新性发展与创造性转化。

第一节 "大传统武术文化"与"小传统武术文化"

李慎之先生把"儒释道三教合一"的文化框架称为"大传统文化",而把官方意识形态以外的、代表社会底层的"隐性社会文化",以及非主流的意识形态下的文化称为"小传统文化",或是"游民文化""江湖文化"。"小传统文化"是"大传统文化"的补充,完整地解释了中国社会和中国文化,被学界誉为"发现另一个中国"。

费孝通先生指出,文化的自知之明,要明白该文化的特色。细思之,武术的文化特色并非是一个容易阐述清楚的问题,更难一言以蔽之。由于武术形式与内容的多元性、中国地域的广阔性与民族的多样性,以及历史与社会的限定与交融性等诸多因素使然,武术文化具有多层次、多元化的特点。虽然学界对武术文化的研究已经取得了较为丰富的成果,但是相对于武术文化的整体存在来说,仍然具有明显的视角落差。例如,对武术文化特色进行描述的代表性关键词主要有"天人合一""阴阳相济""刚柔并进""形神兼备""崇礼尚德""反者道之动""尚意不尚力"等,这些词看起来似乎很传神,但是假如换掉"武术"这个主语,这些词也可以用来描述京剧、书法等传统文化。此外,用"借力打力""以柔克刚""用巧不用拙""后发制人"等词似乎又有以偏概全之嫌,陷入了用个别拳种的特点来概括武术的整体文化特点的泥潭。一些观点对"大传统文化"意义上的武术文化解读不足,偏囿于表层的简单理解,而忽视了文化的普遍联系性。例如"赵文王喜剑",仅仅引用庄子的观点不足以说明赵文王喜爱观看斗剑的全部含义,基于喜爱观看斗剑的表面现象就说明赵文王的不仁、暴虐是片面的,这种观点也许忽略了战国争雄背景下的民族气质的养成问题。此外,也有很多关于地域武术文化及人类学视角下的拳种文化研究等成果,丰富了武术文化的内容,开拓了武术文化研究的视野,对于认识、理解和宣传武术文化有一定的引导和借鉴意义,但是对于一些社会文化方面的解释却略显不足,例如江湖武术文化。

因此,从武术文化研究的整体上看,还存在进一步讨论的空间:首先,是文化中的"武术"还是武术中的"文化"?这一对主客关系有待于进一步厘清。如从传统哲学、传统文化、中医等角度对武术文化的阐述就属于"文化中的武术",虽具有文化上的共性,但缺乏对武术文化特质的讨论,因而表达力与说服力不足,正如有观点指出的:"书法有刚柔阴阳;棋道也讲奇正虚实。"其次,已有的研究多聚焦在"大传统文化",而忽视了对"小传统文化"的研究。有学者认为,"江湖"是中国社会和文化中的重要组成部分,是对"帝制中国""儒教中国""乡土中国"三维传统中国社会与文化结构的有效整合,文化既要"阳春白雪",也要"下里巴人"。中国武术与欧洲的"武艺"、日本的"武士道"具有一定的相似之处,但中国武术并没有生成"骑士阶层"和"武士阶层",而是走向了民间,形成了居于"庙堂"之下的"江湖武术文化"。

文化是人类社会活动的产物,如果脱离了人的主观判断与价值选择,文化也就没有了意义。对武术文化的讨论不能离开"大传统文化"与"小传统文化"双重视角的考察,因为那是"生于斯,养于斯"的中国文化全貌。为了便于书写,本书将按照上述文化的划分方式,将武术文化分为"大传统武术文化"与"小传统武术文化"进行讨论。

一、大传统武术文化

严格意义上来讲,"大传统武术文化"是现代视角下赋予的含义,是从"小传统文化"中演变出的产物,其更倾向于一种自发文化形态的默认。从整体的历史视角来看,武术自产生伊始,几乎就不是以"大传统文化"的方式存在的,在封建时期,基本上可以将其看作是不入流的旁枝末技乃至违法犯禁的工具或组织。从建功立业的角度上看,武术作为一种个体化的运动方式,其价值导向并不指向"安邦定国",因而其理性导向也相对有限。项羽习剑不成,说:"剑,一人敌,不足学,学万人敌。"这应该是古人对武术认知的代表性观念,可以看作是古人对武术价值观的一种概括。

近代以前,武术基本上属于民间,这是由当时的政治制度所决定的。对于统治者来说,他们更注重的是政权与社会的稳定,需要以文治国,因此历代推行重文抑武的政策就不难理解了。如西汉史学家司马迁在《史记·游侠列传》中就明确提到了"侠以武犯禁"。宋太祖赵匡胤在陈桥兵变夺取皇权之后,就吸取前车之鉴,为了防止武将权力过大而"杯酒释兵权",宋代也推行了重文轻武的政策。明朝初期(明朝是一个习练武术的政策环境相对宽松的朝代),明太祖朱元璋为了利于其统治,剪除开国元勋的羽翼,杀了很多善于开疆拓土的武将,而那些善于守城的武将却得以保全性命。可见封建时期的统治者始终对"武"是持有戒备之心的。创立于隋唐并一直延续到清末的武举选士制度,也不是以常态化的形式存在的。古代的科举考试有"常科""制科""特科""恩科""加科"等不同形制,武举考试并非是作为一种常规化的"常科"存在的,对于统治者来说,武将只有在战争时期才有用,武举考试往往是应现实需求而定的。需要说明的是,这里要区别民间的武术与军旅武艺,尽管二者有密切的联系,但存在巨大的本质性区别,因前文已经较充分地进行了阐释,在此不再赘述。讨论军旅武艺,其文化就不能用运动文化或儒释道三教合一的文化视角来理解,更适合将其与军事文化或兵器文化相联系。因此,本书在讨论"大传统武术文化"的时候,并不聚焦在军旅武艺之上,而是指向民族气质、道统观念和人文精神上。

中国文化的发展是一个"化合"的过程,而不是物理性的叠加。换句话来说,武术作为一种个体性的运动亦不能完全从大传统文化中切割出去,大传统文化是文化的母体,影响着方方面面。

其一,武术与尚武精神具有密切的关系。有时候,如果换一种视角,就会对武术文化产生一种新的思考。例如,关于武术的起源,较权威的观点认为是原始人通过与禽兽的搏斗,不断积累攻防搏斗技能,经过发展形成了搏斗的技击攻防动作,从而形成了武术。古代的一些文献和壁画记载了一些关于"徒手搏熊""徒手搏虎"的故事。有意思的是,与古罗马竞技场的角斗士不同,中国文献记载的"搏熊者"或"搏虎者"并非是战俘或者是奴隶,而是上层社会的人,包括诸侯等贵族。例如,司马相如的《上书谏猎》中记载:"相如从上至长杨猎。是时天子方好自击熊豕,驰逐野兽。"再如,《西京杂记卷三》中记载"广陵王胥有勇力,常于别囿学格熊。后遂能空手搏之,莫不绝脰。后为兽所伤,陷脑而死。"为什么古代的贵族要以身涉险,亲自与猛兽搏斗,且有人命丧于野兽的尖牙利爪之下,仍有乐此不疲的后继者?这种现象产生的原因大概不仅是为了游戏,可能是为了展示什么,或者象征着什么,因为这种记载不是个案,而是有很多类似的文献记载。与此相似者,如庄子劝谏赵文王放弃观看斗剑嗜好的故事,虽然没有证据表明其文化内涵与"徒手搏熊"有直接的关联,但仍可以从相似性的互证中得到一些启发。赵文王喜剑,"剑士夹门而客三千余人,日夜相击于前,死伤者岁百余人"。赵文王的这种爱好久之影响了国家的繁荣稳定,于是太子悬赏有能力说服文王者,众人推荐庄子。庄子分别以"天子之剑""诸侯之剑"和"庶人之剑"喻以善诱之:"天子之剑,以燕溪石城为锋,齐岱为锷,晋魏为脊,周宋为镡,韩魏为夹;包以四夷,裹以四时,绕以渤海,带以常山;制以五行,论以刑德;开以阴阳,持以春秋,行以秋冬。此剑,直之无前,举之无上,案之无下,运之无旁,上决浮云,下绝地纪。此剑一用,匡诸侯,天下服矣。此天子之剑也";"诸侯之剑,以知勇士为锋,以清廉士为锷,以贤良士为脊,以忠圣士为镡,以豪杰士为夹。此剑,直之亦无前,举之亦无上，案之亦无下，运之亦无旁；上法圆天以顺三光，下法方地以顺四时，中和民意以安四乡。此剑一用，如雷霆之震也，四封之内，无不宾服而听从君命者矣，此诸侯之剑也"；"庶人之剑，蓬头突鬓垂冠，曼胡之缨，短后之衣，瞋目而语难。相击于前，上斩颈领，下决肝肺，此庶人之剑，无异于斗鸡，一旦命已绝矣，无所用于国事。今大王有天子之位而好庶人之剑，臣窃为大王薄之"。赵文王深为所动，遂听从了庄子的意见。从这段话中可以看出两个不同的结论：一方面，赵文王绝不是听不进去忠言劝谏之人，他是有分辨能力且执行力很强的人，知过必改，说到做到；另一方面，庄子打动赵文王的并不是他的比喻说辞多么生动有理，而是基于维护赵国的统治和强大的观点，在思想上与赵文王达成了共识。可见，赵文王的内心是希望握有"天子之剑"的，他绝非一个暴虐荒淫、不务正业的诸侯。但后世的观点几乎一致性地批判赵文王，称颂庄子之德智，这是不够客观公平的。换一个更大的、普遍联系的视角来看，如果设身处地地想，赵文王喜剑，可能是处于一个诸侯乃至整个社会都喜欢剑术、喜欢比剑的时代，而赵文王具有典型的代表性。

历史总有惊人的相似性，中西方概莫能外。18世纪英国人约翰·基甸·米林根认为，荣誉是第二生命，他在其所著的《决斗》一书中记载了中世纪以来的欧洲，以及18世纪美国盛行的具有代表性的"决斗"案例。从王室成员到诗人，从贵族到仆从，"决斗"几乎成了各个社会阶层解决纠纷、获得爱情，甚至是司法裁决的手段，而其核心就是维护和增加自身的"荣誉"。正如18世纪英国文学评论家塞缪尔·约翰逊所云："在一个高度文明的社会中，一次侮辱会被认为是严重的伤害，因而必须受到憎恨，甚至必须为此进行一次决斗。人们公认忍受这种侮辱而不进行决斗的成员，必须被逐出他们的社群。"

以大传统文化的视角来看，一方面，以剑扬名、以剑扬威可能是剑客突破社会阶层壁垒、获得荣誉与财富的重要路径，成了他们生命的信念和孜孜不倦的价值追求，可能与日本武士道所展示的武士与领主之间关系的认同具有某些方面的一致性。为什么在日本形成了武士阶层、欧洲形成了骑士阶层，而在中国古代却形成了"士、农、工、商"四个阶层（明代的"军籍"与社会阶层根本就不是一个层面的意思），而武士或骑士并没有作为一个社会阶层而存在，这与晚清落后就要挨打，以及孙中山先生再提"尚武精神"有没有关系？这些问题值得我们深入思考和讨论。

在赵文王喜剑的故事中，在当时的环境下，曹沫劫齐桓公、专诸刺王僚的案例尚未久远，以身报国的侠者剑士可能正是赵文王所要寻觅的。另一方面，在战乱的年代，倡导的是"但使龙城飞将在，不教胡马度阴山"式的国之利器，斗剑展示的亦是敢于挑战、勇于牺牲的尚武精神和民族气节。赵文王喜剑与"虎狼之秦""齐人隆技击"可能都在培育尚武精神、民族气质方面具有异曲同工的导向意义。陈独秀在《东西民族根本思想之差异》中曾说："西洋民族性，恶侮辱，宁斗死；东洋民族性，恶斗死，宁忍辱。民族而具如斯卑劣无耻之根性，尚有何等颜面，高谈礼教文明而不羞愧！"这正是对晚清以来缺乏尚武精神，人们纵情享乐、苟且偷生的丑恶精神状态的批判。

从另一角度上看，也许在大传统文化的意识观念中，又有对"匹夫之勇"存在一定的鄙视成分在里面，如苏轼在《留侯论》里写了这么一段话"匹夫见辱，拔剑而起，挺身而斗，此不足为勇也。天下有大勇者，卒然临之而不惊，无故加之而不怒，此其所挟持者甚大，而其志甚远也。"而"大勇"与"匹夫之勇"之间的界限是泾渭分明的，具有"大勇"之士，必定是非常之人，对于绝大多数人来说，"匹夫之勇"汇聚成的民族气质才能在文明衰落、战乱纷争的年代中具有重要的作用，这也正是大传统文化崇尚的智斗，贬低武斗教育的结果。长期的重文轻武思想导致的弊端，在近代以来人们才大声疾呼提倡"尚武精神"，教育民族要"文明其精神，野蛮其体魄"，从这个意义上看，武术有着重要的教育意义。

其二，武术隐含着深刻的民族主义精神。学界一致认为，明清时期是武术发展的定型期，民族大义也深深地烙印在民间武术活动之中。清代的"少林宗法戒约"中有明确的规定："少林技术之马步，如演练之时以后退三步，再前进三步，名为踏中宫，以示不忘中国之意。"又如"凡少林派之演习拳械时，首先举手礼，惟与他家异者。他家则左掌而右拳拱手齐眉，吾宗则两手作虎爪式，以手背相靠，平与胸齐，以示反背胡族，心在中国。" 近代以来，西方侵略者的坚船利炮轰开了晚清的国门，烧杀抢掠的强盗行径给中华民族带来了深痛的灾难。由于旧中国在军事、科技、教育等方面落后于西方国家，"国术"（武术）成了一枝独秀、振奋民族精神、坚守文化自信的精神图腾，也成了抗击侵略者的国之利器。一方面，以孙中山为代表的革命党人将武术与西方体操相结合，作为军事训练的内容，提高了军队的战斗力；另一方面，民族武术组织也自发地进行了可歌可泣的、英勇的反侵略斗争。广东三元里人民英勇抗击英国侵略者，"更练馆""武馆""石行会管"等习武组织请教习、授武艺、操练乡勇，人们手持大刀、长矛、钯头等器械击杀英军，给侵略者以沉重的打击。义和团、小刀会、红枪会、顺枪会等民间组织以练拳棒为由，不怕流血牺牲，积极投入到反侵略战争之中。当时的北京、山东、河北、天津等地拳场林立，尚武蔚然成风，不断掀起反封建、反帝国主义的战斗热潮。在全国各地先后涌现出了一些侠义之士，如大刀王五、霍元甲、蔡龙云等人相继击败外国武士，为国争光，极大地提高了民族士气，鼓舞了人民反帝、反侵略的战斗意志。

其三，武术与中国传统伦理体系具有高度的一致性。首先，从大一统的社会道德观念上来看，武术是符合"大传统文化"所提倡的"仁、义、礼、智、信"的道德体系标准的，其中的典型代表就是侠士精神。金庸先生曾说过："侠者，为国为民，人之大也。"在《史记》中有专门介绍游侠刺客的篇章，如《聂政刺韩王》《曹沫劫齐桓公》《田横五百壮士》《布衣之侠郭解》等，证明游侠刺客在中国的文化史上是占有一席之地的，且具有独特而又丰富的人文内涵。游侠刺客的行径是融合伦理、信仰、礼仪、族群、道德、正义等为一体的人文精神的深刻表达，也对后世造成了深远的影响。中国侠士"轻生死，重然诺"的舍生取义价值取向与西方的"决斗文化"截然不同，西方的"决斗"一般是发生在受到了人格受辱的前提下，主要是为了维护本人的尊严。当个体的尊严受到侮辱时，不敢决斗者会被所在的群体所歧视，也会被该群体歧视。而"侠"之快意恩仇与慨然赴死，是利他性的壮举，绝非为个人的得失而拼命。如在《赵氏孤儿》的故事中，公孙杵臼对程婴说的"死易而立孤难"，让程婴做一名忍辱负重的"忍侠"。说明中国的"侠义"精神具有更深刻的人文精神和牺牲精神。而"武侠"则是人们希望侠客具有高超的本领，既能抱打不平，又能全身而退，是一种圆满的企盼，如果武艺不高，空有一身侠肝义胆是令人惋惜的。例如，陶潜吟咏荆轲："惜哉剑术疏，奇功遂不成"，元稹云："侠客不怕死，怕在事不成"就是最好的例证。由此可见，大传统文化视域下的武侠是由双重标准判定的，一是要有高尚的道德品质和道德行为，二是要有高超的武艺。这也反映出在中国传统观念中，关于人才的判定标准，要求文武双全、德艺双馨。在所谓的"学会文武艺，货卖帝王家"的道统意识下，一文一武，一阴一阳，正是中国传统文化精髓的反映。

其四，从武德的专业化角度上看，也充分体现着中国大传统文化的特色。觉远上人所立的十条戒约，其中的第十条是："戒恃强争胜之心，及贪得自夸之习。世之以此自丧其身，而兼流毒于人者，不知凡几。"体现着谦虚、忍耐、克让、贵生等武德精神。一方面，需要尽量保护敌我双方的安全，保持理智和克制，这是传统技击伦理"有限制约"的表现；另一方面，当技击者占领道德制高点，在"遇甚困乃发"的境遇下，传统技击伦理又默许从有限制约上升到无限制约。眼睛、裆部、喉部、反关节等部位便成了重点打击目标，技法与谋略并用，强调一招制敌，非伤即残。这便是"道"与"德"的辩证统一。

其五，"大传统武术文化"是文化自信与国家形象的表达。近百年来，武术在提高国家形象、凝聚民族团结、振奋民族精神等方面发挥着巨大的作用。1936年1月，国术馆和国立国术体育专科学校组成的"南洋旅行团"在馆长张之江的亲自率领下，前往新加坡、马来西亚、菲律宾等地进行了为期3个月的武术表演，所到之处皆受到各界人士的强烈欢迎。新加坡爱国华侨领袖陈嘉庚激动地说："这是一支传播中国国术的先锋队，它将会把中国国术传遍东南亚各国，乃至全世界。"随后，"南洋旅行团又到过吉隆坡、雪兰峨、霹雳、太平、马六甲、槟榔屿等地。"1936年，中国武术队随同参加第11届柏林奥运会并进行了精彩的表演，柏林市长竖起大拇指说："真是了不起，想不到中国竟然有如此奇迹般的民间体育。"他还表示："中国功夫不仅可以用来搏击格斗，也能作为艺术表演，其中蕴藏有深奥的哲理。愿贵国政府能重视它，我相信中国功夫必将成为人类文明中的精华。"当时的《德意志报》对此次表演发表了评论，盛赞中国武术的精湛卓越，富有艺术性、舞蹈性。之后，法国、英国、德国一些城市也争相邀请中国武术队进行表演。1960年，中国青年武术队赴捷克斯洛伐克表演，同年底，武术队又随周恩来总理赴缅甸进行武术巡演；20世纪六七十年代，李小龙的功夫电影在世界范围内掀起了功夫热；1974年，武术表演团访问美国和墨西哥，在国际上再次引起强烈反响；1985年，在西安成立了国际武术联合会筹备委员会；同年11月，欧洲武术联合会在意大利波轮亚市成立；1986年11月，南美武术功夫联合会在阿根廷拉里奥哈省雷西多市成立；1987年9月在日本横滨举行了亚洲武术锦标赛，并成立了亚洲武术联合会；1989年，非洲功夫联合会成立；1990年，武术成为亚运会的正式比赛项目；同年，国际武术联合会在北京成立；1994年，国际武术联合会正式成为国际单项体育联合会会员；2001年，国际武术联合会正式向国际奥委会递交了武术入奥申请书；2002年，国际奥委会执委会决定将武术从国际奥委会临时项目转为正式项目；2008年，武术成为北京奥运会表演项目。至2011年，已经连续举办11届武术锦标赛。2012年，已有145个会员国和地区并定期召开世界武术锦标赛，2019年，春晚《少林魂》激发了全国人们民族精神，令人热血沸腾……

近百年来，武术在国弱民困的历史条件下，在外交、改善国家形象、振奋民族精神、文化输出等方面发挥了重要的作用，在国际体育文化中独树一帜，成为中华民族传统文化的重要标识，是中华民族深以为傲的文化瑰宝，是文化自信与国家形象的重要表达，也是武术文化自觉的集体记忆。

二、小传统武术文化

简而言之，"小传统武术文化"指的就是江湖武术文化。长久以来，在封建阶级统治时期"侠以武犯禁"思想的影响下，民间的习武活动屡屡遭到禁止，从而导致民间的习武活动由公开转为隐秘，并且在战争、自然灾害、社会变迁、民族矛盾等客观因素的影响下，武术与帮派、秘密会社，以及江湖卖艺、走镖等社会组织和行业之间形成了千丝万缕的联系。

"江湖"在不同的语境下虽然具有不同的涵义，但并不是一个纯粹虚拟的场域，它成为承载着游民、流民、游侠，以及贩夫走卒、倡优匪盗等所谓的"三教九流"赖以生存的历史空间。从武术的发生过程来看，"江湖"并非是其唯一的来源，狩猎、军旅，以及士、门客等都与武术有着密切的关系，直到后期的分化中武术才以民间为主，尤其是在江湖的场域中盛行。因此，武术与"江湖"自然地形成了某种关联，产生了你中有我、我中有你的文化交集。故而，当提到"江湖"，人们就很容易联想到武术，尤其是在武侠小说、影视及评书曲艺作品中，武术成了江湖中必不可少的一部分。然而，以江湖与武术为题材的学术研究却一直集中在文学艺术领域，武术文化领域研究的主流方向则大多聚焦在"大传统文化"层面上。尽管近些年来也出现了一些关于镖客、武术与秘密会社的相关研究成果，但是在武术文化中，人们耳熟能详的侠客、侠义、镖客、打把势卖艺及刀光剑影等武术元素与"江湖"到底存在怎样的内在关联？其文化魅力为何千百年来一直萦绕在人们心头挥之不去？这一命题学界至今尚无深入系统地研究。文学艺术等方面的研究毕竟是以虚拟的文艺作品为对象，它的起点与终点都归结于对现实的剥离、抽象和想象，而武术在中国历史社会中却是实实在在存在的，是"小传统文化"的重要组成部分，在一定程度上反映了中国历史上人们社会生活的场景和样态。以武术文化本体为出发点，考察江湖与武术形成的内隐性文化构造，既是对武术文化本身研究的需要，也是对中国历史社会文化研究的有益探索。

（一）"江湖"的释义与内涵

1."江湖"一词的出处

据考证，该词最早见于《庄子·大宗师》："相濡以沫，不如相忘于江湖。"

在《庄子》一书中"江湖"一词出现多达七次，是文献中最早出现"江湖"一词的。学界对"江湖"一词的来源基本持相同意见，但"江湖"一词在历经了几千年的历史后，其文化外延不断扩大，产生了更多的涵义，并不能将其囿于某一个单一的角度得以阐明。因此，要解读"江湖"的内涵，有必要对"江湖"所涉及的不同语境进行全面的梳理和分析。

2."江湖"的分类及其特点

"江湖"是中国的特色文化之一，其具有复杂的内涵和多种概念，如"闯荡江湖""退隐江湖""重出江湖""落魄江湖""人在江湖""混迹江湖"等词。有学者认为"江湖"是中国社会和文化的重要组成部分，是对"帝制中国""儒教中国""乡土中国"三维传统中国社会与文化结构的有效整合，完整地诠释了中国历史文化与社会结构特点与风貌，也是对"有人的地方，就有'江湖'"这一民间俚语的理性诠释。学者们对"江湖"的内涵从不同角度进行了阐述，从资料整理上看，"江湖"大致分为五类（表2）。

表2 "江湖"的特点与分类

分类	特点	例证
地域江湖	表现地域特征，属地理性的概念	《史记·三王世家》有"江湖之间，其人轻心"，指"三江、五湖"地域，例如"江湖酒伴如相问，终老烟波不计程"，又如"江湖派诗"指的是以地缘结构为特征的文学派别
意境江湖	由文人虚构，超然于现实的意境，是思维的产物，具有某一语境的虚拟性，也具有浪漫主义色彩	武侠小说中的"江湖"及古代文人隐士、失意官员等向往的"桃花源"，如"几年无事傍江湖，醉倒黄公旧酒垆"。后又演化为以醉心山水、隐世弃俗等内容和风格为特征的文学派别
圈子江湖	具有"隐性社会"特征。覆盖社会的各个角落，具有另类的运行规则和运行机制，与道统、正宗的主流文化和价值观相悖	以人情、关系或程式化的符号建立并维系起来的小团体或"小圈子"，也包括"规矩""潜规则""走后门"等方面

（续表）

分类	特点	例证
游民江湖	与"庙堂"相对应，代表底层社会的生活形态，脱离正常的经济秩序，以自谋其利、缺乏依靠和社会保障的"游民"群体为主	无正当职业的市民，不从事农业生产、流动性强的农民、小商贩、娼优吏卒、流氓光棍等游手好闲之辈。例如"落魄江湖载酒行，楚腰纤细掌中轻"
帮会江湖	以"帮派""教会""秘密社会"为基本组织形式，具有非法组织性质，以暴力为基本手段	黑社会组织、邪教组织等

注：表格内容来源于笔者对文献资料的整理和归纳。

3. "江湖"的内在逻辑

（1）"地域江湖"折射的中国传统伦理观念

《庄子》中的"江湖"泛指三江五湖。《史记》"江湖之间，其人轻心"中的"江湖"，亦是三江五湖。因此中国人喜欢使用"江湖"一词表示三江五湖之意，而很少使用"江海""海洋"等词进行表达。一方面，表现出人们不喜欢惊涛骇浪的风险，而愿意选择相对休闲安稳的保守思想。正如袁中道在《前泛凫记》中所讲："天下之乐，莫如舟中，然舟之在大江也，虽汪洋可观，而其惊怖自亦不少，故乐少而苦多，惟若练若带之溪，有澄湛之趣，而无风涛之险，乃舟居之最适者也。"大江尚且"惊怖"，更何况是汪洋大海！文人隐士倾慕范蠡的"携美泛舟"，向往隐居江湖、寄情山水的生活，不羡哥伦布发现新大陆的壮举，体现出中国古代一种风雅安逸的人生观和价值观。另一方面，中国传统的乡土观念和"入土为安"等伦理观念使人们对海洋有本能的抵触和排斥，恐惧飘零海外，葬身鱼腹。传统文化中的"五福"之一的"考终命"就是指在家中寿终正寝。落叶归根、终老田园的意愿，使人们不愿意背井离乡，走出自己的"江湖"。孔子曰："道不行，乘桴浮于海"是指走投无路，不得不"乘桴浮于海"，可见"海"在中国传统观念中意味着惊险和分离。"四海之内皆兄弟""海内存知己"等诗句，讲的都是"海内"，而海外则是个边缘化的概念。在中国古代历史上，航海业和海军建设得不到应有的发展，就是有力的佐证。千百年来，只有在明代永乐年间，出现了郑和下西洋这一昙花一现的壮举。在传统伦理观念影响下，中国人没有殖民海外、发现新大陆的欲望，只有对"江湖"的守候和依恋，从这个角度上看，"江湖"即是家园。

（2）"意境江湖"表达的中国伦理路径

"意境江湖"是人们对逍遥自在生活的一种向往，它逃离了现实生活的束缚和羁绊，是想象出来的虚拟空间，因此具有一定浪漫主义色彩。但是这种空间与宗教世界的"天堂""极乐世界"等概念又有所不同，它是以自我为中心的且有丰富的情感，是一种有憧憬的生命方式，也有快意恩仇的随性，是以现实社会为蓝本，创造出的具有浪漫色彩的"理想国"。在"意境江湖"的世界里，有善有恶、有喜有悲、有爱有恨、有天堂、也有地狱，而不似宗教中的"天堂""地狱"或"极乐世界"，只有极端的快乐或是极端的痛苦。宗教只是"江湖"的构成元素，"意境江湖"中的一切都是主观意愿的直接表达。

有学者对"江湖"与中国"雅"文化进行了关联性研究，认为"江湖"是文人墨客的一种意境追求，王公贵族乃至帝王都对"江湖"有种向往。许多诗词的内容，以及许多名人的别号、雅号，都与"渔翁""烟波""江湖"等意象密切相关。因此，在中国文学史上还出现了"江湖诗派"，一般是指以醉心山水、隐世弃俗等诗词内容和风格为特征的派别。此外，"意境江湖"也是一种代称，具有模糊的指向性和随意性，它既可以是自我经历的总结性概述（例如"告别江湖"是指人生的某一段经历，而非具体的指向），也可以是对某一行业、协会等的戏谑性称呼。因此，"人在江湖"这句话从意境上来看，实际上是一种伦理关系的表达，自觉地把人生阅历、感慨等与江湖意境深刻地联系在一起，在这一语境下"江湖"是"精神自由"的载体。

（3）"圈子江湖"隐含的人性吊诡

学界一致认为，人性是由自然人性、社会人性和精神人性所构成的。人由"自然人"向"社会人"的社会化过程造就了"社会人性"，即为了维系社会共同生活的稳定存在，也产生了经过妥协后人们均能接受的利益最大化的人性认同模式。

按照"圈子江湖"的分类特点和一些学者的观点，"圈子江湖"是"以利益交换或利益共享为目标，以人情、面子、关系或程式化的文化符号等建立并维系起来的小团体或小圈子文化，在这个小团体或小圈子中，没有信仰及远大目标，只有私欲私利；没有原则，只有哥们义气；没有独立人格，只有蝇营狗苟、充满了机会主义的人身依附和交换关系。"因此，"圈子江湖"更倾向于自然人性，与人的社会化不同，"社会江湖"所指向的并非是社会学意义上的"社会人"，而是在"社会人"表面下形成的"隐社会性"，是"自然人"与"社会人"矛盾的重构过程。即不遵守社会秩序和社会规范，无视法律和道德，另行尊奉一套价值观念、行为方式和组织秩序。

"圈子江湖"所表达的人性亦不是纯粹的利己性，而是在一定的范围内，或者在一定的情境下所表现出的利他性和团体意识，如"江湖义气"等。尽管这种"义气"具有非理性和非法性，但这是在"江湖道义"和"小团体"圈定的范围内通行和尊崇的道德准则。"圈子江湖"存在利他性与利己性相悖的特征，经常游走于"理性"与"非理性"，"合法性"与"非法性"之间，既不能用正常的、正式的方式来表述，又不能用极端否定的方式来表述，它象征着封闭性、排外性、阴暗性与非规范性，以及人性之善恶等许多难以表述的内涵。在更为广泛的语境之中，所谓的"江湖险恶"应该是指在社会中广泛存在的"人性之恶"，而不是明火执仗带来的危险。

（4）"游民江湖"反映的生命抗争与叛逆性

很多观点认为"江湖"是对脱离政权体制之外乃至与主流秩序分庭抗礼的生存环境和行为模式的笼统性概括，往往与贩夫走卒、无业游民、优伶娼盗等下层社会人员相关。在古代的社会分层之中，其社会地位是极其低贱的，通常被划分为"下九流"的人群。他们既是"游民"，又是"下九流"，缺乏依靠和保障，恰似在"江湖"飘荡。因为社会地位低、生活没有保障，"流落江湖""浪迹江湖"也成了落魄文人的一种自嘲，因此，多种边缘群体共同构成了"游民江湖"，形成了社会大杂烩。在窘境之下，各路"游民"在生活上信奉"丛林法则"，争名夺利，甚至为了生存而搏命成了一种常态。有观点认为，无正当职业者即为"游民"。"游民"既为历代统治者所痛恨，又保持了"游民阶层"的延续性。因此，"游民"构成的"游民江湖"并没有随着历史的推进而消失殆尽，反而成了所有时期都存在的一种顽疾。尽管有的时代为其抹掉了刺眼的字眼，但无法从根本上改变其性质。恰如日本的"部落民"和印度种姓制度下的"贱民"，无论怎样改变称呼、改变姓氏，都无法改变其后为社会"贱民群体"的事实，乃至会产生族群认同的混乱。从另一个角度上看，由于被社会边缘化，这类人在心理上更倾向于接受本群体的价值观念和行为准则，较少受社会礼仪律法的约束，敢于挑战和冒险，因此他们思想和行为上较为洒脱、放荡不羁。对于社会上一些不公正的事情，他们既有同病相怜之感，又与统治阶级、上层社会存在沟通障碍，因此往往我行我素。他们对一些事情的看法也多从江湖的角度出发，与道统观念存在巨大的反差。"游民江湖"的特点具有两重性：一方面是他们要面对生活的艰辛，不得不突破社会的一些禁忌；另一方面也达成了"一路看天不低头"式的率性生活。因此，从深层次的逻辑上看，"游民江湖"既是为了生存的无奈，也是为了生存而抗争，还有一定的自我表达意味，具有一定的叛逆性。

（5）"帮会江湖"展现的封闭意识与族群意识

很多学术观点认为清代，特别是清代中晚期是"帮会"兴起、发展和膨胀的高峰期，也有学者认为明末清初"天地会""洪门"的反清复明运动是中国帮会的开端。但是从帮会意识上来看，春秋战国时期的"四君子"养士成风，网罗鸡鸣狗盗之辈实际上就是"帮会"的一种表现形态。因此，"帮会"的本意还有其他的表达方式，应该从"帮会意识"层面认定。如咸丰元年（公元1851年），给事中黄兆麟在奏折中就提到江南帮会的活动情况："其平日之行为，则一以水浒一书为宗，大略以结义树党为豪杰。"这里的"结义树党为豪杰"就可视为"帮会"。

"帮会"是具有复杂的组织结构、文化构成和意识系统。概括来说具有五个显著的特点：第一，以"忠义"为纲，构成家庭式的伦理结构，通过"忠义"的教导，实现软控制。有学者考证，"义"在战国时期即成为人际关系中的一项德目，故冯媛为孟尝君收债于薛，尽焚债券，自称为孟尝君"市义"；信陵君能济人之困，史称其"高义"。如"洪帮"分36个辈分，"龙头""军师"等。"梁山阵"诗云："头顶梁山忠义木，才困木杨是豪强。三八廿一分得清，可算湖海一能人。脚踏瓦岗充英雄，仁义大哥振威风。五湖四海任我走，九道五洲尽姓洪"。第二，"内外分明"，寻求心理上的"姆庇之家"。构成"帮会"的基础是大量的游民，被社会边缘化，生存得不到保障，缺乏安全感。免人欺辱、解厄渡难是加入帮会的重要原因。如"青帮"的口号是"有饭大家吃，有衣大家穿，有福同享，有难同当"，"洪帮"的口号是"今朝吃了洪家饭，走尽天下无忧愁"。这一边缘群体与社会主流群体不同而形成了一个貌合神离的隐性社会，为两者划定了一个泾渭分明的界线。第三，暴力是帮会生存和发展的基本手段。帮会崇尚暴力，内部运用禁约、刑罚等对背叛者采用暴力惩戒，从而形成威慑力；对外发展中获取经济收入的途径也主要是暴力。第四，存在反社会性，且具有独特的信息传递方式。如使用一些黑话，成为不为外人知晓的联络暗号。如将马叫做"高腿子"，脸蛋漂亮叫做"盘儿尖"等。再如，二十世纪五十年代，有位"拜过三点"的傅秀文老人曾说："拦路打劫叫'打鹧鸪'，放一根竹子横在路中，过路的如果是自己会中人，说'一脚踏过青龙头，任你两边游'，就跨竹而过；如果你不会说，那拦路的喊一声'豆豉蒸猪肉'，就向你打劫剥衣服了"。第五，重视并仿造了另类的仪式，行为范式具有一定的戏剧性。萧一山的《近代秘密社会史料》、王学泰的《游民文化与中国社会》等著作都系统地描述了帮会仪式的通俗文学和戏剧色彩。帮会的一些仪式、服饰、唱白都仿自《三国演义》《水浒传》《说唐演义全传》中的人物与场景。

4. 小传统武术文化"江湖"的界定

文中的"江湖"是指历史上的底层社会群体（主体上是失去固定生产资料、无固定职业的流民）为了讨生活而构成的，具有较强流动性，该场域具有地理空间和群体文化空间的二维结构。在地理空间上，承载着底层社会群体得以栖身和从事生产、生活的空间，因此这种场域主要集中在市井街巷、瓦舍勾栏、码头山林等地；而群体文化空间则主要表现在底层社会群体为了生存与生活而相互往来，形成具有一定范式的价值观念、行为方式、组织结构、经济关系等。地理空间和群体文化空间相互作用，构筑了底层社会群体赖以生存的、非主流文化形态的、具有显著流动性特征的江湖，而在这个场域中，既有侠义侠行，又有丑恶吊诡，体现出一定的丛林法则。例如，"明清两代经济发达和绅士地主城居化，使得社会上'无赖群体'异常活跃。他们联手劣绅，结党成群，相聚如物之有行，成为职业性暴力行帮'打行'又称'打降'的主力。江南一带尤盛，所谓'里路新街等巷，恶少年群聚夜游，以诈谋拳勇，凌轹暗弱'。究其原因，'皆由三十年来承平生育，兼以生计甚难，祸心日炽'。所谓'生计甚难'主要是因赋税过重，其时'天下财赋，东南居其半，而嘉湖杭苏常镇六府者又居东南之六分，他舟车诸费又六倍之'，以至'生齿最繁，恒产绝少'。'打行'造成的危害，一度被人等同于甘州、辽东等地的兵变。其间，游侠也曾有参与，凌弱暴寡，形同盗贼，甚至'吴下新有打行，大抵皆侠少，就中有力者更左右之，因相率为奸，重报复，怀不平'。延至清初，'市井恶少，恃其拳勇，死党相结''游手无赖，各霸一方''善拳勇者为首，少年无赖属其部下'，其中仍有身份与之相杂的游侠。如果不结合底层流氓盗匪的活动，以及这种活动与游侠的关联性，仅一味张扬其行为的仗义与人品的高洁，显然不能体现其情实，也不能尽显其与既有法律秩序与礼俗制度的紧张关系。"

可见，江湖之中充满了矛盾，一面有恶势力，一面有侠义侠行，在江湖中讨生活，既有为了金钱、权势而成为地痞恶霸的帮凶，也有专门抱打不平、视钱财如粪土、伸张正义的侠客。可见，行走在波诡云谲的江湖，有武艺傍身具有重要的意义。

（二）"江湖"中的武术文化元素

把"江湖"和武术紧密联系在一起最多的是文艺作品，而文艺作品源于社会生活实践，是对社会样态、人们意识行为、道德品行、生活愿景、文化习俗等象征化的描述和反映。在武侠小说、影视作品中，武术与江湖必如影随行。在《说唐演义全传》《虬髯客》《红拂女》《聂隐娘》《水浒传》，乃至金庸、梁羽生等当代作家创作的武侠小说中，皆有江湖就必有武侠。千百年来，以武侠为题材的文艺作品拥有巨大的读者群，深受人们的喜爱。此外，在一些关于游民文化、秘密社会研究、戏剧、文学，以及武术领域的一些相关著作和学术研究中，也存在大量的关联性内容。经过整理和归纳与武术文化相关的元素，从与武术活动密切相关的社会历史考察及文化形成的特质上看，认为"侠""侠义""武侠""剑""打把势卖艺""镖客""门派"是江湖文化的重要组成部分。

1. "侠""侠义"与"武侠"

古代"夹""挟""侠"三字相通，《汉书·季布传》中颜注谓："侠之言挟也，以权力挟辅人也"，《说文解字》中有："夹，持也，从大侠（挟）二人。侠，俜也，夹声。"段注引如淳言并发挥曰："相与信为任，同是非为侠，所谓权行州里，力折公侯者也。或曰，任，气力也。侠，俜也。"关于"侠"这一身份的由来，顾炎武认为"（战国时人）慷慨赴死之精神且有甚于春秋，故士之好武者正复不少，彼辈自成一集团，不与文士混。以两集团之对立而有新名词出焉：文者谓之儒，武者谓之侠。儒重名誉，侠重义气……古代文武兼包之士是分歧为二。"顾炎武的这段话指出了在战国时期，侠和士是一体的，后来才以"文""武"划分。武者谓侠，侠者重义，于是"武侠"便具有了一定的逻辑关系。小传统文化意义上的"侠"不能完全与大传统文化语境下的含义等同视之，其更侧重在江湖论阈中的个体性意义。

关于"侠"多重涵义的形成，既来源于史料的记载，又离不开民间传说的演义，最终成为一种独特的文化现象。在武侠小说的影响下，人们的潜意识里把"侠"默认为"武侠"。从文化的形成上看，"侠""侠义"和"武侠"有一定的相似性，但绝对不是相同的概念，它们之间存在一定的逻辑顺序。江湖有江湖的道义，"事不平有人管，路不平有人铲"，从发生学的逻辑上看，谁来管？谁来铲？

就产生了"侠",因何管?因何铲,就产生了"侠义",如何管,怎么铲?就产生了"武侠",这是独具中国特色的文化现象。例如,《基督山伯爵》中的复仇方式是通过隐忍,利用金钱、智谋、法律和社会阶级进行的,而中国小说中的复仇则是《水浒传》《笑傲江湖》式的,诚如明人张潮所说的:"胸中小不平,可以酒消之;世间大不平,非剑不能消之。"

费孝通先生在《乡土中国》里深刻地指出,中国是礼治社会,传统权威和道德观念决定了中国人特有的行为方式,人们所追求的是简单的"无讼"式生活,故重礼而轻法。人们习惯用传统礼法和道德观念判定是非,这就解释了江湖道义存在的礼法基础。而"侠"正是礼法道义的代言人,具有高超武艺的侠士则是理想化的侠义化身。

"侠"有多重的含义,一是指身份之意,但亦是多种多样的。据文献记载和学者们总结归纳,大致可分为:"游侠""豪侠""儒侠""任侠""隐侠""盗侠""义侠""烈侠""伉侠""气侠""节侠""轻侠""狂侠""奸侠""壮侠""健侠""粗侠""刀侠""剑侠",以及"布衣之侠""巷闾之侠""乡曲之侠""卿相之侠"等。二是指一种行为惯习的方式,不分阶层,也不作为身份的识别。如"汉代的窦融,早年为强弩将军司马,以军功封建武男,家在长安城中,'出入贵戚,连结闾里豪杰,以任侠为名'。王涣'少好侠,尚气力,数通轻剽少年',晚而改节,好儒学,习律令,以后官至洛阳令。段颖'少年习弓马,尚游侠,轻财贿,长乃折节好古学'……其他如太子太傅赵熹、长沙太守郅恽,早年也都放任为侠行。"这说明这些人早期并不是侠的身份。三是指性情气质特征。如北齐李显甫"'豪侠知名'其子李元忠'性仁恕,见有疾者,不问贵贱,皆为救疗"。《儒林传》中对一些人物的性格描写也有"性豪侠,重意气,人有急难,委之归命,便能容匿……尉景性温厚,颇有侠气"等语。从历史时序方面来考察"侠"与"武术",本无固定的关联,更多的是基于一种伦理道义上的认知。在《史记·游侠列传》传记中,司马迁开篇即说明了什么是"侠":"今游侠,其行虽不轨于正义,然其言必信,其行必果,已诺必诚,不爱其躯,赴士之厄困,既已存亡死生矣,而不矜其能,羞伐其德。"荀悦在《汉纪》中称游侠为"德之贼",他认为游侠"以毁誉为荣辱,不核其真;以爱憎为利害,不论其实;以喜怒为赏罚,不察其理",并给游侠下了这样的定义:"立气势,作威福,结私交,以立强于世者,谓之游侠。"从上述文献中可以看出,并没有证据表明"游侠"与"武术"二者之间具有紧密的关联。另外,有学者发现,唐代以前的侠义文学几乎都没有对侠客武功的正面描写,不但如此,此时期的侠义文学也并不认为精通武功是一位合格侠客应当具备的基本素质。因此,这一时期的"侠"应该是偏重精神层面,而不是技击层面。正如袁中道所说的:"如千万人在危急之中,得此一人即安,失此一人即危,人人可以凭借之,方谓之侠。今人不识侠,转以击剑报仇为侠,则可笑甚矣。"梁启超在《中国武士道》一文中,对汉代张良为侠一事言简意赅地论道:"夫武士道,非膂力之谓,心力之谓也。"

汉语言文学学者史常力教授认为,唐人李德裕在《豪侠论》中将"侠"与"义"绑在一起,认为"义非侠不立,侠非义不成","侠义"一词在中国沿用多年,成了后世文人的共同信念。只是关于"义"的内涵本身就是个并非三言两语就能说清的问题,最多只能笼统称之为"正义"。在中国历史文化的语境中,正义仿佛只是人们认为合乎思想观念与道德逻辑的一种行为方式,与苏格拉底定义的"正义"具有显著的差异性。因此,在很多小说、影视作品,以及民间文学中,又有"盗侠""丐侠""醉侠""盲侠"等,他们不拘一格,在惩奸除恶、拔刀相助的道义精神下,其他的弱点、瑕疵都被包容地美化为个性。金庸在小说《射雕英雄传》中提到:"侠之大者,为国为民。"这个评价实质上也指向了"侠义"。简单地说,"侠义"具有利他性,是帮助他人或奉献于国家、社会的一种高尚的道义精神。

因而,要从小传统文化的角度来看待武术文化,"侠"应与武术联系在一起,即武侠,武侠则是指具有高超的技击技能的侠义之士,在江湖正义的指引下锄强扶弱、替天行道。梁羽生认为在武侠小说中,"侠"比"武"更重要,"侠"是灵魂,"武"是躯壳;"侠"是目的,"武"是达成"侠"的手段。在中国人的观念中,武侠是惩恶扬善的代表词,讲究点到即止、以德服人,而绝非沦落为暴力的宣扬者。而同样是武林高手,不一定能被称为"侠",很多被称为"刺客""剑客""刀客""门客""把势""拳家"等,背叛武林道义、江湖规矩和社会道德的习武人士则会被称为"恶徒""弃徒""恶贼""豪强""鹰犬""巨孽"等。"武"的目标,应该是向成为"武侠"的境界迈进,即防身健体、保家卫国。

从小传统文化的视角上看,一方面,游侠刺客有行侠仗义、视死如归的自我牺牲精神,是"有恩必报,有仇必报""大义释恩仇"等的践行者;另一方面,他们又蔑视王法、我行我素,热衷于建立某种关系之下的"小圈子",大有"士为知己者死"的意味。因此,出于社会安定的需要,游侠刺客只是历史上的沧海一粟,并不具有传承上的意义和价值,但其文化影响却是深刻而久远的,为中华民族的尚武精神提供了强大的感召力,为培育保家卫国、坚持正义的品质提供了教育素材,也为中国武侠小说和相关影视作品提供了丰富的素材。

2. "江湖"与"剑"

剑被誉为"兵器之王",其具有多重的含义,剑既是一类器械的代表,又是一种复杂的文化象征。如明代武术家俞大猷所著《剑经》一书中的"剑"是指"棍"。也有一些研究认为剑具有"权力""武力""正义""裁决""法器""礼器""配饰""阳刚""男性"等诸多含义。而剑除了具有格杀功能,还具有表演功能,与诗、酒、舞、书画等文雅活动有关系。因为剑具有多重文化含义,故在"江湖"的语境中就有"仗剑走江湖"之语,而不是用刀、枪、棍等其他器械。同时也表达了"走江湖"也不仅仅只有厮杀、暴力等行径,还包含了丰富的人文内涵。即便在风波险恶的"江湖"之中,也充满了文雅之意和娱乐精神。

正是因为剑的象征意义的多样性,才能够充分满足五花八门的江湖种类对"剑"的理解和需求,使得"剑"与"江湖"深深地联系在一起。而如何使好剑,则是与武术密不可分的。在武术器械的选材上,依循着"力大使刀棍,身巧练剑枪"的基本准则。剑,双刃带尖,难练吃功夫,要求轻巧灵动、隽秀飘逸。自冶铁技术成熟肇始,铁剑就逐渐代替了青铜剑。与剑身较短、剑柄较长、较为笨重的青铜剑相比,铁剑的剑身加长,剑柄缩短,剑脊逐渐变薄,增加了攻击性,而防守性却降低了,属于"强锋弱背器"(依少北拳的"锋背论",器械的攻击部位为"锋",防守的部位为"背"),因此促进了剑术的变化。习练剑术要轻巧灵活、快速敏捷,避免硬碰硬,由于剑的这个特性,所以也比较适合女性习练,如春秋时期的使剑名家"越女",以及唐代的"公孙大娘"等。此外,剑术的这个特点既符合重文轻武的传统文化观念,又符合东方人种灵巧的身体特征,因此也受到了将军、武术家和文人墨客的青睐,他们并不仅仅把"剑术"当作是一种防身御敌的兵器,也把它当作是一种文雅的活动、一种娱乐,并取得了较高的成就。诚如蔡龙云先生曾发问道:"为什么说唐代的'三绝'是裴旻的剑,而不是秦叔宝的双铜呢?"剑的神韵、剑的意韵等象征意义更得到了人们的广泛认可。

人们对剑术的残忍是反感的,随着社会的进步和人文主义的发展,珍爱生命成为人们的共识。在养生、以和为贵等思想的指导下,中国的剑术开始向多元化的方向发展,而摒弃了单一的攻击性。特别是随着物质的不断繁荣和文化的不断发展,中国剑术的"工匠精神"开始分野,部分分支走向"把玩"之路。从中国的社会历史中不难发现,中华民族具有一定的休闲娱乐精神,玩虫逗鸟、遛狗斗鸡、古玩茶瓷、棋牌曲艺等都是独具中国特色的娱乐项目,成为人们提高生活质量、丰富精神文化生活的必要补充。"江湖"恰如一个庞大的游戏场,吸纳和发展百戏,如江湖艺人表演的"口吞宝剑"等。唐代著名诗人杜甫在《观公孙大娘弟子舞剑器行》一诗中写到："昔有佳人公孙氏，一舞剑器动四方。观者如山色沮丧，天地为之久低昂"，这种意境更令人神往。

在"江湖"的语境中，剑既是防身护体的兵器，也是一种娱乐方式；既是惩恶扬善的象征，也是一种文雅意韵的表达。它脱离了军旅中刀光剑影的血腥搏杀，多元化价值表现的"剑文化"才是"江湖"真正的存在场域。

3. "打把势卖艺"与"镖客"

"打把势卖艺"在江湖中应属"八大门"中的"挂门"。"把势"一词有很多的语境，如农活干得好的人被称为"庄稼把势"，马车架得好的人被称为"车把势"。而"打把势"指的是武术，卖的是武艺。"打把势"要具有充分的市场表演价值，靠卖艺为生的江湖艺人必须要满足让"外行看热闹"的市场需求，因此也在客观上刺激了表演套路的发展。

一般来说，街头打把势卖艺主要有三种表演形式：第一种是"打套子"，即套路表演，明代武术家俞大猷把这类套路称为"花把"，意为花哨的把势；第二种是"对练"；第三种是"绝活"，也是打把势卖艺中的压轴戏，如硬气功类的胸口碎大石、油锤灌顶，技巧类的金枪顶喉、口吞宝剑等。艺人通过表演绝活，一来可以讨些观赏费，二来可以通过表演来做广告，达到卖药等目的。在古代，这类武术表演是十分受欢迎的，主要在庙会、街头巷尾等场所展开，会吸引大量的观赏者。《东京梦华录》里提到的瓦子有9个，而根据《梦粱录》《武林旧事》和《西湖老人繁胜录》等文献记载，仅杭州就有瓦子17处，后来增加到23处。这些古代文献记载了大量勾栏瓦舍中的事迹与人物，可见当时打把势卖艺的流行程度。

一般来说，打把势卖艺的从业者具有较强的流动性，南宋吴自牧《梦粱录》卷十九"瓦舍"条中云："瓦舍者，谓其'来时瓦合，去时瓦解'之意，易聚易散也。不知起于何时。顷者京师甚为士庶放荡不羁之所，亦为子弟流连破坏之门。"其人员构成有可能是专业的卖艺人，也有可能是农闲时"走穴"的乡下拳师，也有可能是寻仇避难的拳师。打把势卖艺者也是分等级的。套路表演属于垫场，"绝活"才是压场，此时表演进入高潮。而只有经过长期刻苦训练的高水平的武术艺人才敢表演这样的绝活，表演绝活的"台柱子"也成为决定行业地位和收入的关键。如果某个艺人退步了，或者出现了技艺水平更高者，就可能被排挤出瓦子，重新走上流浪、打野呵的道路。因此，瓦子的江湖地位是需要一定的真功夫来支撑的，要求卖艺者不仅要有一定的技击能力和一些压场的绝活，还要在满足观众视觉消费上推陈出新，不断创造出具有"新""奇""巧""敢"等特点的表演形式，避免观众出现审美疲劳。从这一点上看，打把势卖艺是具有较高挑战性的职业，在市场需求的刺激下，对"武术"的内容和要求也极具多样性，而历史的发展也见证了武术种类、内容的多样性。

"镖局"出现的具体时期目前学界尚无定论，一些研究认为其出现在清初时期，还有学者认为与镖局性质相似的机构在唐代就出现了。

"镖局者，既非殷实商家，又无充裕资本，都是几位武术家（俗名把势匠）组织而成，并雇用把势匠数十人，为之轮流保护运输车辆而已。此种人员，即名曰镖客。"镖客分为两类：一类是走镖，负责护送货物、钱财等；另一类是坐镖，负责看家护院等。走镖又分为信镖、票镖、银镖、粮镖、物镖、人身镖六类。镖客走镖的范围很广，有时会跨越十几个省份，遇到的情况也十分复杂，因此对镖师提出了很高的要求。一般来说，镖师至少要具备三个条件，才能顺利地完成押镖任务。首先，一定要有一身好武艺。这种武艺绝非"打把势卖艺"，用戚继光的话来说是"防身、杀贼、救命的贴身勾当"。因此，要想成为合格的镖客，一定要精通水战、车战、马战、步战和夜战五种本领，否则就会被同行贬为"半路货"。其次，镖客们多由江湖上的结义弟兄组成，因此他们有着丰富的江湖经验，对各地的帮会、武林豪杰、土匪等都有一定的了解。镖行天下也并非一味依靠武力，为了避免损失，镖师们往往会与江湖草莽、武林豪杰等达成一些共识，一些帮会人员、土匪了解镖局的生意情况，会抽一些份子钱，而镖局也乐于花钱免灾。因此镖客们也懂一些江湖的规矩，形成了一种独特的江湖文化。例如，《沧州武术志》记载："例镖客至一地，必先以刺通谒其地之技击者，然后喊镖，不然则为大不敬。"最后，镖客一定要有高尚的武德，谨遵行规。主要表现在不能贪财、不能惜命，即不能见财起意，卷走客人的财物；遇到劫镖情况，不能弃镖逃走，须舍命保镖。

有研究认为，镖客在被动的护镖过程中，也间接起到了惩恶扬善的作用。镖客既要跟官场打交道，又要游走于武林豪杰与帮会、土匪之间，故镖客既要有一定的人情世故能力，又要有保命看镖的本领，才能成为一名合格的镖客。因此，镖客是行走江湖的积极践行者，并形成了独特的江湖武术文化，成为当时社会生产力条件下社会结构的独特存在和文化现象。

李亦园院士提出了"大传统文化"和"小传统文化"之说，而李慎之先生在给王学泰先生的《游民文化与中国社会》一书作序时提到了一个思考，即以儒释道三教合一为框架的"大传统文化有多大"和游民以及隐性社会构成的"小传统文化有多小"。打把势卖艺者和镖客们代表着历史上的中下层社会群体的生活形态和文化习俗，成为历史上"小文化不小"的重要组成部分。

4. 江湖与武术门派

"门派"即派别，是一种分类法的专用术语，在诗词、戏曲等诸多领域被广泛地使用。武术门派有多种划分方式，如郭希汾提出的"技击之有南北二派，实由于天时地理之关系，出诸天演之自然，非人力之能为也"，还有研究提出"少林、武当、峨眉是俗称的三大派"，以及武术界流传的"拳兴于齐""剑起吴越""南拳北腿""东枪西棍""长拳短打""内家外家"等，都是武术门派的划分方式。

"门"在中国的传统文化中具有多重含义，在江湖上，有"八大门"之说，即"金门（相面打卦）""皮门（挑清子汉，又称卖刀伤药的）""彩门（变戏法的）""挂门（夜叉行，又称武把势）""评门（说评书的）""团门（说相声的）""调门（偷骗行当）""柳门（唱戏的）"（语音的原因，还有其他的几种写法，但"八大门"的称谓是一致的）。

提到"门派"一词，首先让人联想到的是武术，这种默认既是社会"三教九流"之分的延伸，又是武侠类文艺作品在民间产生巨大影响的结果，也是武术这一独特文化自身发展的结果。从深层次上看，其具有独特的社会文化构造。有观点认为，由于武术与宗法具有紧密的联系，"所谓'正宗''名门正派'及其讲究，无疑也是宗法习俗"，形成了"宗-门-家-派"的层级结构。还有学者提出了"门户"的概念，认为"门派是门户的基础，没有武术的门派也就没有武术具体的门户存在；门户是门派存在的载体，门派的形成要在门户中诞生，门派的传播要借助门户来实现。"

在武术的语境中，"门"和"派"是不可分割的，它体现了中国传统伦理的家族观念，既是派别林立，又是同门一家，形成了中国武术区别于其他国家民族武技的重要文化标识。

主流观点认为，中国的武术门派或流派形成于明代。每一种拳法或器械都有不同于其他派别的风格特点、方法和内容，其形成的途径主要有以下几个方面：其一，民间拳师的都市化流向促进了武术的传播与发展，如杨氏太极拳在北京的成功发展；其二，武术门派的形成与民间结社、秘密宗教有密切的联系，如洪门、顺刀会、义和拳、八卦教等；其三，通过镖局传播，如八卦掌的创始人董海川曾为肃王府的镖师，再如会友镖局的王福全、陈友清、侯金魁、李尧臣等将"三皇炮锤"等武术传至太原、榆次、定襄、丹东、锦州等地；其四，在拳师寻仇的途中传播，如张荣时先生学习祖传八极拳，后从少林派拳师赵国伦习练少林拳，后遇少林游方僧了空和尚下山寻仇，遂拜其为师学习武术，后创立少北拳。

那么，武术门派在行走江湖时具有什么样的现实意义呢？第一，化敌为友，避免冲突。少林寺觉远上人立的十条戒约第六条说："如在游行时，遇有必相较量者，先举手作上式之礼。倘是同派，必须与相和好；若系外家（不同派之谓，作拳法内家外家之称），既不如此，则相机而动，量其技术之深浅，以作身躯之防护。非到万不得已时，不可轻击其要害"。第二，保平安。例如，镖师在押镖过程中，要充分利用一些关系，讲师门道义，才能降低劫镖的发生率。第三，结交朋友，寻求帮助。如《洪门三十六誓》规定"自入洪门后，洪家兄弟在圩场、市镇、戏场、庙地与风仔（空子、外人）打架，挂起排号，立即向前相帮。"此外，还有一些秘密会社如天地会、哥老会等，与武术有密切的联系。在江湖中，另有一套隐语、暗语、茶阵等，也能起到同门相认、便宜行事的作用。

从另一个角度上看，门派除了让同门派之间有强烈的归属感，还有相互倾轧、争强斗胜的特点。也正因为如此，武术团体的结构决定了其根本不会成为大范围的群体事件，宋代、元代、清代的禁武政策根本上并不是反对"侠以武犯禁"层面上的个体武术，而是反对社团性的、带有某种宗旨性或象征性的、具有较为广泛影响力和号召力的民间组织，如天地会、小刀会、义和团等。门户之见，族群之见、地域之见，以及"教会徒弟饿死师傅""传男不传女，传内不传外"等保守意识，决定了武术组织绝不会成为振臂一呼、天下响应的群体结构，"武林盟主号令江湖"只是武侠小说的虚构。中国几千年的历史也表明了任何一次革命、战争，都不是任何一个武术门派或"武林盟主"发起的。相互倾轧、相互贬低等在武术门户之见中很常见，在武术群体中表现出来的更多的是个体或小团体利益最大化的生存法则。

5. 江湖上的"武林"寻踪

"武林"指的就是具象化的武术界，是由习武之人构成的活动场域，而不是专指侠义与侠行，因此其主要聚焦在武术上。关于武林人士的传闻逸事，多见于武侠小说，在一些武术类的书籍中也常见到，例如《少林绝技》《少林寺资料》《少林拳术秘诀》等书所记载的人物事迹。但是这些资料具有两个明显的缺陷，故不能成为我们探寻真相的主要条件：一是这些资料所涉及的人物和事件大多年代久远，且难以考证，因此资料中所载的人、事在很大程度上仅能作为一种参照；二是武林中有很多高手是不具备写作能力的，不会留下系统的文字资料，也不太可能给自己树碑立传。因此，对于"武林"的寻踪，较为真实的、可信的、能够尽量反映出武林原貌的，最佳的方式就是从老人的口述史中获取濒临消逝的真相。这些珍贵的口述史资料，结合一些文献资料，也许能对武林的全貌管窥一斑。由于本书受到篇幅和口述史资料的限制，因此仅从两个方面略作介绍，故作寻踪：

（1）少北拳创始人张荣时先生的口述采撷

张荣时先生于1929年2月2日出生于河北省秦皇岛市山海关区（原河北省榆林县）。7岁时开始习武，先后拜武术大师赵国伦、王辑清、吴鹤令、唐达、张宇时等六位老师为师，学练少林觉空拳派武术，1968年在辽宁省锦州市创立并传播"少北拳"。1996年，原国家体委武术运动管理中心、中国武术协会专家评审组在原国家体委副主任徐才的率领下评审认定了少北拳为中国传统武术第131个拳种，认定少北拳是源于少林，又有别于少林，且有所创新的一个拳派。

笔者早年因地缘、师缘的关系，曾学练少北拳，有幸多次聆听张老师讲课，并到张荣时老师家中拜访，遗憾的是，当时并没有做口述史研究的意识，现存的一些较为零碎的回忆，成为张荣时先生当年讲解武林轶事的"边角余料"。

第一，关于"夜行"。据张荣时先生所述，原来武林中人走夜路的时候是有讲究的，由于夜黑看不清路面，所以夜行人总结了歌诀"黑泥白水灰是路"，意思是不要踩颜色黑的地方和颜色白的地方，黑色的地方往往是泥，白色的地方是水，也有可能是机关陷阱，灰色的地方才是可以行走的路面。夜行无声，需要敛气凝神，脚贴着地面走，脚掌外缘先着地。

第二，关于"遁术"。晚上给陌生人开门的时候，身体要藏在门的后面，以门为盾；在与人对战的时候，要背日顺风而立，一为避免阳光刺眼，二为防止风吹土沙或对方撒土灰迷眼。水性好的，与人约战可选择水边，战敌不过，可以选择"水遁"。晚上睡觉盖被子有讲究，有贼入室，用脚蹬被，以被为盾，盖住对方。

第三，关于"功术"与"巧术"。张荣时老师曾经讲过，练功术3～5年一小成，5～10年一中成，10年以上方可大成。与人比武较技，应有功术在身。"巧术"主要包括桩上、人上、网上的技巧，用于翻墙越脊，破人机关。

第四，关于技战术。少北拳有一技战术颇具代表性，名为"呆鸡技"，顾名思义，呆若木鸡，装傻充愣，在麻痹对手后，突然发难，打人要害。

（2）《逝去的武林》摘录

关于武林轶事的口述史资料较少，具有代表性的作品是李仲轩、徐皓峰所著的

《逝去的武林》一书，该书以形意拳的人物事迹为线索，在很多方面反映了武林的全貌，现摘录几段，以飨读者（注，以下材料均引自《逝去的武林》）。

①练功与功夫：孙禄堂的《八卦拳学》上写道："——近于形神俱妙，与道合真之境矣。近日深得斯理者，吾友尚云祥。其庶几乎。"说拳术可以练到形神俱妙、与道合真的境地，当时得此三昧的，是他的朋友尚云祥，找不出别人。孙禄堂是郭云深的传人，他曾施展腿功，惊吓了民国总理段祺瑞，被多家报纸报道，有盛名。

薛颠管龙形叫"大形"，武林里讲薛颠"能把自己练没了"，指的是他的猴形。他身法快，比武时照面一晃，就看不住他了，眼里有他，但确定不了他的角度。

形意拳古谱上有"打法定要先上身"的话，说比武之前，先要练身子拍手的技巧，将浑身的劲改了，否则比武时光有功夫，没有速度，不干脆，必败。但身上没有功夫，就妄自练打法，会震伤关节和后脑，所以习拳之初是"打法定要先上身"。

唐师是个农民，早年练燕青拳，到天津找李存义拜师，李存义不收，唐维禄就说："那我给您打长工吧。"于是留在国术馆作了杂役，呆了八九年，结果李存义发现正式学员没练出来他却练出来了，就将唐维禄列为弟子。

唐师讲，形意拳练法和打法迥然不同。比如，练法要以身推肩，以肩推肘，以肘推手，直至练到川流不息的程度。而打法则先要将手如同鞭子一样地甩出去，再以肘追手，以肩追肘，以身追肩，说到这里唐师两手拍了一巴掌，很响，说用身子拍手，就是打法了。

②武林的规矩：我想找国术馆馆长薛颠比武，被唐师、尚师制止了。后来唐师跟我说："别比了，你跟他学吧。"听了薛颠的事迹，我对这个人很佩服，觉得能跟他学东西也很好，唐师对尚师说："我让他去见见薛颠？"尚师也同意了。去见薛颠前，唐师怕薛颠不教我，说："见了薛颠，你就给他磕一个头。"在武林规矩里磕三个头已经是大礼了，而磕一个头比磕三个头还大，因为三个头是用脑门磕的，这一个头是用脑顶磕的，"杀人不过头点地"的"头点地"指的就是这个，要磕得带响，是武林里最重的礼节。我见了薛颠，一个头磕下去，薛颠就教我了。薛颠非常爱面子，他高瘦，骨架大眼睛大，一双龙眼盼顾生神。他第一次手把手教了蛇形、燕形、鸡形。

唐师在宁河附近有个师兄弟叫张景富，绰号"果子张"，我们唐师的徒弟一般都喜欢呆在他家，他为人随和，也愿意指点我们。一天我带了一个朋友去果子张家，正赶上午饭，就在果子张家吃了饭。我跟这位朋友说过，按照武林规矩，只要来访的是武林朋友，要管吃管住，临走还要送路费。

③比试与道义：因我与父亲闹矛盾，唐师说他有个徒弟叫郭振声，住在海边，让我去散散心，并给我一块药做见面凭证，这块药就是李存义传下的"五行丹"。我拿着药到了渤海边的大神堂村，然而郭振声不在。他是此地的"请愿警"，户籍、治安都是他一个人，当时有一家大户被匪徒绑票，索要两千大洋，郭振声让朋友凑了十八块大洋，留了九块给母亲，一个人去捉匪徒了。他在黑鱼籽村的旅馆里空手夺枪，捉住了两个劫匪。其中一个竟然是大土匪头子刘黑七，不远就是他的老巢，郭振声知道凭自己一个人，没法将他押走，就把枪还给了刘黑七，说："绑票我得带走，你要不仗义，就给我一枪。"刘黑七连忙说："那我成什么了？"拉着郭振声讲："你知道我以前什么人吗？"原来这刘黑七是天津有名的大饭庄——登瀛楼的少东家，因为打死了客人，才逃到海边作了土匪。他向郭振声保证，只要他活着，大神堂村再不会受土匪骚扰，还要给郭振声三十块大洋，郭振声为不扫他面子，拿了两块。郭振声之举，保了大神堂村以及附近地区十余年太平。郭振声带着人票回来，全村人庆祝，我就跟着大吃大喝。那时我已经在大神堂村住了十多天，我把药一拿出来，郭振声就认了我这师弟，给了我五块大洋。

④名声与"腕儿"：他自称是李存义弟子，国术馆学员说："师父没教过这个"。他说："我是薛颠。"然后当众宣布了向傅昌荣的挑战。这种公然挑战，傅昌荣必须得接，否则便损了名声，但傅昌荣的友人看出了薛颠要以性命相搏，便将傅昌荣看住了（好像是八个人不让傅昌荣出屋子），然后去北京请尚云祥出面。尚云祥以大师兄的身份对薛、傅二人说："你俩都是形意门中难得的人才，不要两虎相争。"然后与诸方协调，让薛颠当上了国术馆馆长。我回来后，将这听闻对唐师讲了，唐师说，薛颠与傅昌荣原本交好，俩人借宿在关东营口的一家粮店，临睡前试了试手，傅昌荣突然发力，把薛颠摔了出去，窗框都撞裂了，薛颠深以为耻，便走了。他躲进五台山独自练武，终于有了特殊的领悟。他向傅挑战后，不是有中间人去找的尚云祥，而是傅昌荣自己去的。薛颠的武功达到"神变"的程度，傅昌荣也一直在长功夫，绕着脸盆走一圈，脸盆里的水就旋起来，简直匪夷所思。其实他迈步看似极轻却极重，脚一落地便将脸盆里的水震荡起来。

唐师有个徒弟叫丁志涛，被称为"津东大侠"。天津东边两个村子争水，即将演变成武斗，丁志涛去了。动手的人过来，他一发劲打得人直愣愣站住，几秒钟都抬不了脚，这是形意的劈拳劲，一掌兜下去，能把人"钉"在地上。他"钉"了十几个人，就制止了这场武斗，也因此成名。

三、小传统武术文化与大传统武术文化的内在联系

（一）江湖与武术文化都自觉地表达着"小传统文化"意义上的崇礼尚德，是反映中国礼治社会的文化符号

"礼"是中华民族传统文化的核心内容，孟德斯鸠、韦伯等西方学者认为"礼"定义了中国的文化身份。"礼"是一个复杂、庞大的概念，《说文》释"礼"："礼，履也，所以事神致福也。"《左传隐公十一年》释为："礼，经国家、定社稷，序民人，利后嗣者也"。"礼"把天地、祖先、人伦、秩序等与人类社会相关的自然界、客观规律、伦理道德等紧密地编织在一个文化体系之中。诚如《礼记丧服四制》所载："凡礼之大体，体天地，法四时，则阴阳，顺人情，故谓之礼。"现代学者认为"礼"是一个人性升华的过程，由自然人到社会人的转变被称为"礼之端"；实现教育目的为"礼之成"；教化为本，化民成俗为"礼之用"。礼又包括礼义、礼仪、礼制、礼节、执礼等，是以"礼义"为内核，向外扩延为文本、行为、规范、象征等体系。有观点认为"礼义是礼的宗旨、精神之所在。它以人情为基础，以道德为核心；礼仪则是礼的条文、外在规范"。从人文社会的角度上看，"礼义"指向的"德"是内在的精神核心，而礼仪、礼节、执礼等是行动的外在表达。外在的表达并不等同于内在的"德"，也正是如此，人们痛恨那些外在的行为与表达方式与内在的道德修养不一致的行为。忠、勇、孝、义、仁、信等礼之义，是"德"的体现，更为人们所敬重。

作为"小传统文化"的江湖文化与武术文化都自觉地遵循着"礼"文化。相较于"大传统文化"，江湖文化并非对应着"家、国、天下"的大义，而更贴近于人的自然性和社会性。在江湖上，"礼"的内容并不比"大传统文化"的少。江湖之"礼义"包含"报""忠""孝""勇"等，与道统之义相比，具有重私义、重本性、重践行的特点。如"士为知己者死""为朋友两肋插刀"等成为江湖中隐性文化的道德典范。"报"是中国传统文化中一个非常重要的观念。"投我以桃，报之以李"可以说是中国人伦关系的基本准则。报德报怨、知恩不报或者有仇不报都有悖于中国人的伦理道德。聂政舍身报知己、田横五百死士等典故佐证了"报"的内在力量。"忠""孝"既是群体内部的感召力，也是人格品行的基本标准。江湖中的忠孝与庙堂的忠孝有所不同，江湖的忠孝并非指向君臣父子，而是指向一种固化的精神，具有非实体化的象征性特征。如对《三国演义》《水浒传》中人物的模仿

和戏化，江湖中人或帮派中人首先拜的关羽、宋江等人的牌位，"礼义"对于江湖来说尤为重要。江湖名声就是江湖道义的积累，名声即是名片。人人都愿意结交有道义的人，而远离和厌恶奸诈虚伪的人，因此一些江湖人士把名声看得比性命还重要，这类人也被称为"侠士"或"义士"。子贡问孔子："何如斯可谓之士矣？"子曰："行己有耻，使于四方，不辱君命，可谓士矣。"礼义造就了江湖之士与大传统文化概念之下的士大夫阶级并驾齐驱，不仅在礼义上如此，在礼仪、礼节等方面亦是有过之而无不及，讲规矩、拜师门、拜码头等江湖之礼在某种程度上来看，甚至关系到性命的利害。

在武术的内容体系中，礼是占了很大比重的。首先，习武要有武德，这是中国武术的显著特点。中国不尊崇崇尚武力的功利逻辑，而是欣赏手下留情、点到即止的侠者之风。《水浒传》的定位并非"暴力教科书"，而是在于宣扬侠义。人们在看《鲁提辖拳打镇关西》《武松血溅鸳鸯楼》《林教头风雪山神庙》等名篇时，几乎没有人会去批判英雄豪杰的暴力行径，而是为英雄们的打抱不平、反抗欺压、惩奸除恶的英勇行为高声叫好。金庸小说《天龙八部》中有一段描写风波恶武德的段子：

只见那条小桥是条独木桥，一端站着个黑衣汉子，另一端是个乡下人，肩头挑着一担大粪，原来是两人争道而行。那黑衣汉子叫乡下人退回去，说是他先到桥头。乡下人说挑了粪担，没法退回，要黑衣汉子退回去。黑衣汉子道："咱们已从初更耗到二更，便再从二更耗到天明。我还是不让。"乡下人道："你不怕我的粪担臭，就这么耗着。"黑衣汉子道："你肩头压着粪担，只要不怕累，咱们就耗到底了。"

一个身怀绝技的武林高手不倚强凌弱，欺压乡下汉子。金庸借萧峰之口问道："这样的人算不算英雄？算不算好汉？"掷地有声，令人热血沸腾，这就是武德魅力。《史记游侠列传》中记载的郭解，曾有人得罪他，门客有人想替他出气，他却认为是"吾德不修也"，坚持以德服人，最终成为极具影响力的"布衣诸侯"。

其次，礼在武术体系中也是一种必要的伦理体系。它既是一种"一日为师终身为父"的师徒关系的伦理认同，又是一项必不可少的礼仪程序，如拜师仪式、入门仪式等。仪式化的礼仪标志着一种身份的认同，赋予内容以神圣化的特征。曾经广东江门蔡李佛拳的祭祖仪式就吸引了大批的海外人士朝拜。据了解，在国外的拳馆里，入门的要求和规范甚至比中国还要高，很多学拳者要经过5年以上的认真练习才能得到师门的认可。弟子们是通过不懈的努力获得的身份认同，因此具有十分强烈的归属感和自豪感。而这种礼仪的核心基本遵循着"首孝悌，次谨信。泛爱众，而亲仁"的家庭式伦理结构，只是江湖与武术门派的"家庭"概念超越了血缘关系，形成了以宗法、道义为核心的"差序格局"。

（二）江湖与武术文化都在一定程度上体现着人们对"止于至善"的内在追求

"止于至善"是中国传统文化的追求，它并非是一种单纯的完美主义，而是一种哲学性的理念。苏格拉底认为，"善"是高于真理和知识等一切实在的东西。由于"善"具有难以言说性，因此对于"止于至善"的阐释必须将其摄入武术的场域进行。其构造主要包含三个层次的内容：一是追求人之修养，既包括身体健康、人格完善，也包括才干和道德水平，要尽善尽美，实现人的全面发展。无论是在"大传统文化"还是在"小传统文化"的语境中，人们对人才的简要的评价标准是文武双全，能文善武是对人才的最高评价，"武"往往与"文"相呼应。例如，满腹经纶的"儒侠"是中国武侠小说、戏曲等文艺作品的重要角色。二是行善。从武术文化的角度上看，主要通过武侠的打抱不平来达到惩恶扬善等侠义行径。"武侠"是一种民间民俗化的象征，是"人本位"的精神化象征，与象征着司法的"剑""神兽"等非情感的，代表着理性、律法等物化的对象存在显著的区别，武侠的侠义行为往往体现出感性的道德认同，反映出中国传统礼治社会之下的礼法认知。例如《水浒传》中，武松打死西门庆和潘金莲，从民间的道德礼法上看是伸张正义的行为。诚如费孝通先生所说的，传统社会的民间对"诉讼"是排斥的，而对宿命论的"报应"说法和行侠仗义行为是极其推崇的。尤其是游离于乡绅氏族血缘与乡土结构之外的、处于社会弱势地位的群体，更寄希望于江湖中锄强扶弱的侠义行为，"除恶人即是善念"的思想是"武侠"们对于脱离社会司法裁决之外的信念。因此，锄强扶弱、惩恶扬善等"武德"构成了武术文化的基本规约。"武德"高尚与否关系到这个人的方方面面，小到个人的江湖名声，中到拳种门派的口碑地位，大到民族大义的历史担当。因此，处于江湖场域的武术文化具有浓厚的人文主义色彩。三是对武术技法的精益求精。从文献资料上看，武术是讲究"铁杵磨成针"精神的。少北拳云："练功练在日日功，一日不练百日松"，太极拳的"五层功夫论""少林拳七十二艺"、苌家拳的"登堂入室"等都要求几年、十几年甚至终身练习的苦功夫，没有精湛的绝技，很难在江湖上立足。基于这样的文化给养和思维方式，逐渐形成了一个与西方体育科学背道而驰的"逆生理"文化现象，这是中国体育文化所独有的。例如，在武侠小说中，往往是越是年纪大的功夫就越厉害，而年轻体健的往往功力不够深厚。这体现了人们对尊师重道的伦理遵从和对技艺精益求精、止于至善品质的顶礼膜拜。

（三）江湖与武术文化都具有明显的封闭意识和族群意识烙印

"小国寡民""非我族类其心必异""遁世""世外桃源""自扫门前雪，莫管他人瓦上霜""自家人""外乡人""客家"等反映了我国存在着一种根深蒂固的封闭意识和群族意识，因此在这种文化环境下孕育出的体育文化也同样带有深刻的烙印。与西方资本主义国家的历史相比，中国社会没有经历过"宗教统治""文艺复兴""工业革命""殖民主义"以及贵族没落与中产阶级兴起等带来的冲击和变革，因此中国不具备充满开放性、竞争性、挑战性的现代体育产生和发展的温床，而乡绅社会和农耕文明滋生了内倾性的、养生性的民族传统体育。即便是脱离社会结构的底层"游民"群体中，也以"帮派""同行""会社"等形式构成了某种惺惺相惜或同病相怜的身份认同，并对本群体以外的人群存在一定程度上的排斥。处于江湖的"游民"之间的身份认同，在表现形式上超越了地域结构和血缘结构，以某种价值观、信仰、文化认同为联结的纽带，但仍然具有显著的排他性，体现出封闭意识和族群意识。例如，革命党派、秘密会社乃至一些行走江湖的戏班子、镖局都有自己的字号、规矩、势力范围和牢固的群族意识。

以地缘化、血缘化为基本群体结构的武术拳种，在散落各地的村庄乡镇中滋生发展，表现着顽强的封闭性与内省性。如发源于河南温县陈家沟的陈氏太极拳、河北沧州孟村的八极拳、山西洪洞县苏堡村的通臂拳等，都源于乡村，师承派别有着牢固的乡土结构，类似一种族群认同，即便是在社会的变迁中，这种封闭意识和族群意识都如影随形。如黄百家所撰的《王征南墓志铭》所提的内家拳师"王征南"，有可能是对该王姓拳师的一种称呼，"征南"指代籍贯的搬迁，而不是姓名，即表明"王征南"并非是黄宗羲所在地的本地人。有研究指出，"征南"应是明代大规模移民和军户随军迁移、征战后留在当地一类人的代称，有"征南""填南"之说，"征南"表达了一种乡土记忆，也是恋乡情结、族群意识的反映。"征南"或者"填南"也见证和促进了拳种的繁衍和传播，打上了族群意识的烙印。此外，部落和族群间、田间地头、街头巷尾的自然环境使武术在运动空间上表现为

"拳打卧牛之地"，封闭、保守的乡土意识使武术在运动形式上表现为以个体化为中心的"打套子"与"对练"，技艺具有保守化、神秘化的特点。中国武术通过内省的方式，进行了人与自然的对话，探寻着人体的奥秘，形成了与奥林匹克在践行自我证明上的不同路径。

植根于中国传统哲学、中医学说等文化土壤的武术主要不是通过与人竞技或者量化的手段衡量技艺的水平，而是以一种感知化的、意象性的方式进行言说。练功夫的程度并非能够使用竞技体育中用速度、高度、远度和分数进行量化的衡量，而是经过长年累月的练习，达到一种"体悟式"的印证，实现"顿悟式"的超越。程志理教授提出的"体认论"和韩国昌原大学林仁洙教授提出的"运动波动论"都可以作为对武术体悟性的有力说明。武术的封闭意识与西方群体项目的配合意识、集体意识以及竞技体育的观众等间接参与者所表现出的商业性、开放性形成了鲜明的对比。

封闭意识与中国哲学式的思维方式促使武术在修炼方式上表现为体悟性与个性化，轻视技术动作的标准化，重感悟的创造意识则促进了拳种的繁荣。武术家以"天人合一""拳由心发""拳打人不知""如有神助"等境界为追求，更加强调的"超越自我"，是一种"心外无物"的哲学表达。例如，太极拳追求的"一羽不能加，蝇虫不能落"的境界等。同样地，正是由于农耕社会结构的稳固性和信息与交通的封闭性，使得拳种具有明显的地域特征，如此才形成了"南拳北腿、东枪西棍"的地域武术文化。

有观点认为，武术从近代开始从村落走向都市发展至今，在经济一体化的大趋势下，武术的地方性烙印开始退却，传统拳种正在面临失传、退化的困境。有调查发现"原有的村落中带有深刻传统烙印的'把式房'随着传承人纷纷外出开办武术馆校而名存实亡。"从文化的隔离性上看，封闭意识与族群意识是武术保持独特的中华民族传统文化风格和特点的重要基因，是中华传统武术文化免于被强势文化同化，保持文化独立和鲜明个性的先天条件。

（四）江湖与武术文化都深刻地反映着人们对生命的热爱与道义的敬重

在"无宗教，有伦理"的中国传统文化中，人的生命意义与价值并非只体现在个体意义上，而更多的是一种家国式的责任与担当，是"孝文化"的基本表达。在中国人的精神世界中，尊老爱幼、血脉传承是人之为人的基本道义。诚如有学者所言："在人的深层精神构造中，潜在的超越性诉求，在中国具有与西方完全不同的文化路径。视血缘关系为终极生命价值的家庭型伦理，成为与宗教精神并行的世界两大精神体系。"

对现实世界里生命的热爱成为中国人对自我、家国责任和义务的表达范式，与西方宗教文化影响下所倡导的"耶和华是共同的在天之父，生命最终的意义在于进入天国"形成鲜明的对比。对于中国的传统文化来说，求生本能与道义要求共同构成了生命的头等大事，而求生的手段则展现出不同社会阶层生活样态的差异性。"穷则独善其身，达则兼济天下"，无论是上层社会群体还是游无定所的"游民""流民"都需要通过各自的手段实现自己生命的使命和意义。江湖为更多的群体提供了宽阔的生存场域，形形色色、五花八门的职业和人群构成了江湖文化。江湖"八大门"是一个概括性的分类，描述了不同阶层的人们讨生活的场境和手段。与"修身齐家治国平天下"的士大夫之路不同，在丛林法则下的生存，甚至可以说是不择手段的生存，才是多数饱受战乱、饥荒、天灾、人祸之苦的人们生活的真实写照，也正因如此，武艺、绝技、绝招才成为武术拳家在江湖上安身立命，乃至出人头地的本钱。

然而，在江湖上的厮杀、扬名立万并不是人们练习武术的根本目的。对于生存、生活质量、道义等根本意义来说，武术是一种手段，因而造就了丰富的武术文化。养生这一中国式的概念表达了人们对生命的哲学思考和孜孜不倦的追求。太极拳打手歌云："详推用意终何在？益寿延年不老春。"充分阐释了武术的主要用意是修心养生，既不是西方体育提倡的健身（Body Building），也不是西方骑士精神的"决斗"，更不是西方倡导的精英主义和运动的殖民主义。诚如托尼·柯林斯（Tony Collins）在《体育简史》一书中提到的那样，"运动和帝国的同时发展并不是巧合，而是一个过程。"与西方文化帝国主义截然相反，武术反映的是中国传统的乡土文化与在江湖立身处世的生活哲学。《王征南墓志铭》中写到："征南为人机警。得传之后，绝不露圭角。非遇甚困则不发。" 少林寺觉远上人立的十条戒约中的第十条为："戒恃强争胜之心，及贪得自夸之习。世之以此自丧其身，而兼流毒于人者，不知凡几"等，都表露着武术文化修身养性、防身自卫、克己仁忍的思想。基于身心二元论的西方的体育强调的是塑造强健的身体、侵略性的精神和不朽的灵魂，而武术则主要基于中国哲学的一元论，信奉的是"上天有好生之德"，认为"身之将灭，心之不存"，强调现实生活中生命的价值和意义。即便在一些中国的本土宗教中，也追求"肉身成圣""肉身成佛"，因此武术是一个个体性修身养性的运动方式。武术八法之"手、眼、身、步、精神、气、力、功"的整体观念，正是中国人系统性的生命观的表达。

　　武术文化在生命和道义之间的关系表现出双重性，既表现在日常生活中，追求以和为贵、修身养性、不以争勇斗狠为目的的养生目标，又表现在可以为了道义、信念、民族大义舍生取义，江湖中讲的道义表现得更为决绝。战国时期的四大刺客、田横五百死士等都深刻地诠释了游侠、门客们舍生取义的侠义精神。"侠客不怕死，怕在事不成"，而武术是实现"死之意义"的有效手段，"士为知己者死""为朋友两肋插刀"的江湖道义与仗义任侠、锄强扶弱、惩恶扬善、"侠者，仁之大也"等武德精神具有高度的一致性。"以德服人"是江湖豪客、武术侠士赖以安身立命的正统信念，也是获取江湖威望、名声气节的基本途径。西汉时期著名的豪侠郭解以及《水浒传》中的人物宋江，都诠释了道义、品德的重要性。游侠、任侠、江湖豪客等在江湖中讨生活依靠的是武艺和奉行江湖道义，这既是对生活方式的一种选择和表达，也是用生命来衡量人生的意义和价值，同时也是中华民族传统文化中"仁""义""礼""智""信"等传统美德的一个缩影。

　　"江湖"是一个广泛的场域，但并非完全是一个虚拟的存在。武术在产生、传播与发展的过程中，与江湖存在密切的关系，许多武术文化内容都深深地植根于这片广阔的场域，汲取民间社会的文化给养，在历史社会上更多地反映"小传统文化"的存在样态，同时也成为"大传统文化"的必要补充。武术文化与江湖的交织，从另一个角度反映了武术文化的独特性，是对武术文化和中国历史社会文化的新的解读，打开了武术文化，乃至社会文化研究的新视野。其更广泛、更深刻的文化价值、学术价值，需要从武术学科、文化学、社会学等学科层面进行综合研究，以期获得新的发现和取得更多的学术成果，体现该领域研究的价值和意义。

第二节　对武术教育的追思与再探讨

　　无论是在广义上，还是在狭义上，教育都是武术文化安全的主阵地。我们经常能听到一种对武术教育价值和意义质疑的声音，如"学习武术有什么用""学习散打有什么用"。但实际上，这种对武术教育价值的质疑声早已有之。1921年，在上海举办的"第五届远东运动会"上，美国人盖里（Gary）就认为"武术既缺乏教育价值，又不符合生理需要"。后来的体育"土洋之争"以及

"五四运动"都对武术的教育价值与意义提出了批评甚至是全面否定。在质疑与责难声中，武术发展至今不仅没有知难而退，还在新中国的精心哺育下焕发出勃勃生机。其本身固有的教育价值与意义正是其存在与发展的内因。但是在信息化时代，亦应对"众口铄金，积毁销骨"的舆论进行必要的回应，对武术的教育价值与意义的全面阐释是维护武术文化安全的内在思路。

一、对武术教育的追思

我国学者普遍接受恩格斯关于"劳动创造了人本身"的观点，而劳动不仅是满足个体生存和生产的需要，更是人们相互交流协作、构建社会关系的需要；不仅是一代人的需要，还是迭代传承的需要。教育就是满足这些需要的手段，因而从教育的起源上看，其与人的生产劳动是密不可分的，亦可以看作"生活即教育"。推而论之，在人类社会形成之后，祭祀、占卜、战争、狩猎、舞蹈等都与教育自然地融为一体，直到教育逐渐与生产劳动、社会生活相脱离。作为有目的地培养人的专业职能的学校的出现，教育才独立存在，即狭义意义上的学校教育。而广义上的教育则不断分化，被定义为文化、历史……

然而，这并不妨碍我们对某种知识或技能最初教育意义的考察，以及在后期漫长的演变过程中所衍生出的其他的教育价值与意义的反思。"人从哪里来？最终要到哪里去？""在曾经的历史时空中，前人到底经历了什么？又产生了哪些知识和经验？是否传承至今？"……始终是人们关注的终极性哲学命题。对于从古流传至今的某种知识或技能的历史考察，是对人类过去的实现与经验的追思，也是对现代生活的文化镜鉴。因而，从这个角度上看，无论是广义还是狭义的教育，其本质性的意义是没有区别的，也正是因为如此，传承至今的知识、技能或者非物质文化遗产仍然具有一定的教育价值。这种价值显然是具有超越性的，一些永恒的和历史的理性与文化糅合在一起，日益庞大厚重。既然庞大厚重，那便不可以轻视、轻薄。显然，古老的武术是具有悠久的教育历史的，有研究指出武艺是古代士大夫培养的内容之一，同时也是战事训练的内容；后来逐渐分化为一项民间运动，武术传承至今仍然发挥着多元化的教育作用。对于武术教育的探讨，不应该只圈囿于现代场域中，还应该放眼于更深远的历史空间；不仅要看显性的教育现象，还要看隐性的教育结果；不仅要看学校体育的教育价值，更应该看到更广阔的社会教育价值，唯有这样，才是历史辩证的武术教育观。

（一）军事教育

从武术的起源上看，学界的主流看法是武术是从原始氏族部落狩猎和战争及实践中逐步演变而来的。这种说法是把武术的源起分为两个阶段：一是人与兽的搏斗，产生技击动作；二是通过战争，把这些技击动作演进成为与人搏斗的格斗术。于志钧对此持有不同意见，他认为"人与兽斗"存在伦理上的悖论，武术应源于"人与人斗"。

无论何种观点，武术起源于"斗"的观点是一致的，概念之争只是观点不同，武术的源起是伴随着"斗"或者"技击"发生的。有观点认为，人们为了便于格斗术的记忆与传承，把搏斗中有效的一击一伐进行了程序化的编排，于是就形成了武术套路的雏形。因此，从这层意义上看，武术套路产生的初始是以技击为主要内容，以生产（狩猎）、生存为主要目的，具有教育意义的文化形态。从这个角度上看，武术教育应该是当时最为重要的教育内容之一，可以视作一种生存教育。而生存与教育，是永远也不过时的关系，换言之，教育的目的或功能之一永远指向生存。1972年，以埃德加·富尔为首的国际教育发展委员会提交给联合国教科文组织的总报告《学会生存：教育世界的今天和明天》很好地诠释了教育与生存的关系，成为终身教育、核心素养以及生命教育观的奠基石。

在古代，尤其是文明产生之初，武术教育对于生存来说更为重要，对此，唐代文学家韩愈在《原道》一文中将之阐述得尤为精彩："如古之无圣人，人之类灭久矣。何也？无羽毛鳞介以居寒热也，无爪牙以争食也。"远古时代，由于没有羽毛鳞甲、尖牙利爪的人类只能居于自然界食物链的底端，因此人只有通过制造工具、学习技能、互相协作才能杀死凶猛的野兽、获得食物。即便如此，人们获得的食物仍然有限，特别是规模较大的部落，没有足够的食物和生产资料，只能依靠武力掠夺来满足基本的生存和发展的条件。人类在追逐有限的生存、生产资料的过程中相互厮杀，只有依靠高超的格杀技能和锋利的武器，才能在残酷的狩猎、战争中幸存。在厮杀与征服的过程中，人们开始尝到了征服的快感，即除了获得生存所必须的物质外，还能带来一些令人着迷的权利和财富，以致会为了获得权力和财富而不惜牺牲生命，在这种情况下武力就更加重要了，它不仅是征服的力量，还是保护的力量。因此，武力的使用技巧，以及由于武器开发带来的技术革新具有重要的价值与意义，从原始社会、奴隶社会一直延续到封建社会，成为教育的重要内容。根据一些文献记载，远古时期，蚩尤作五兵（五兵为矛、酋矛、夷矛、戟、戈），与黄帝争战，一直到冷兵器时代结束，这些兵器都是战场之上重要的常规武器，而武器的出现和改良，也促进了其使用技术的进步。

为了提高诸侯国的武力水平，武术教育发挥着重要的作用。如战国时期，作为个体教育，越王勾践向"越女"请教剑术，而作为诸侯国的军事教育则体现在"燕赵多壮士""齐人隆技击""虎狼之秦"等方面。尤其是作为国家的军事教育的重要内容，武术一直没有缺席，延续一千多年的武举制，无疑在很大程度上刺激了武术教育的发展。晚清时期，曾国藩在与太平天国作战时，又把这种军事化的武术教育推广到社会教育之中。曾国藩在训练湘军时号召百姓习武，并亲自编了歌诀《保守平安歌三首》："读书子弟莫娇奢，学习武艺也保家。耕田人家图安静，学习武艺也不差。匠人若能学武艺，出门也有防身技。商贾若能学武艺，店中大胆做生意。雇工若能学武艺，又有声名又赚钱。"这种教育对于近代中国具有十分特别的意义，成为中华民族抵抗外侮的一种重要手段。为此，孙中山曾经与严复论战于伦敦，当时严复主张"先教育，后革命"，他认为"中国民品之劣、民智之卑，即有改革，害之除于甲者将见于乙，泯于丙者将发之于丁。为今之计，惟急从教育上着手，庶几逐渐更新乎"。而孙中山则主张"先革命，后教育"，他旗帜鲜明地指出："俟河之清，人寿几何？"在孙中山"尚武精神"的号召下，武术在军国民主义教育中占据了重要的一席之地，同时也拉开了学校体育"土洋之争"的序幕。

（二）健身教育

古代的武术教育主要是作为一种生存教育而存在的，而后逐渐衍生出新的内容，武舞、巫舞就与武术教育存在密切的联系，可以将其看作武术教育分化、衍生的结果。有文献记载，黄帝作武舞，一说是因为"阴康氏时，水渎不疏，江不行其原，阴凝而易闭，人既郁于内，腠理滞着而多重腿。得所以利其关节者，乃制为之舞，教人引舞，以利道之，是谓大舞。"（见南宋罗泌《路史·前纪》）；一说是黄帝为了与蚩尤交战，训练士兵而作。黄帝开启了作舞的先河，"舞"具有多元的含义，如《象箾》就是古时执竿而舞，是彰显勇武的舞蹈；人们为了歌颂虞舜，创编了《韶箾》；为了歌颂夏禹，创编了《大夏》；为了歌颂商汤，创编了《韶濩》；为了歌颂武王，创编了《大武》。当然，这些内容不一定都是歌颂王者的"武功"，但它们与武力征服都有一定的关系。《吕氏春秋·用民》中记载："当禹之时，天下万国，至于汤而三千余国。"那么多诸侯国显然都是被武力吞并了。

"武"与"舞"在古代是通用的，如《吕氏春秋·大乐》中记载："溺者非不笑也，罪人非不歌也，狂者非不武也。"这里的"武"通"舞"，文字的通假，在一定程度上也反映了内容的同源性。"舞"或者"武"，既作为军事操练的手段，又作为健身方法，还作为礼乐的内容，在逻辑上是讲得通的。

中国传统文化的一个重要特点就是"统而不分"。有学者考证，先秦时期的巫、史、瞽、吏、医、师是不分家的，后来随着社会的分化，才逐渐出现独立的专业和职位，武术也具有这样的特征，有一种说法是"佛、道、医、儒、武不分家"。尤其在近代以前，练习武术本身就是人们强身健体的重要手段，这一功能一直延续至今。与其他运动不同，武术的健身方式独具特色，如"少林七十二艺"的练法，很多是需要用中药内服外敷配合的，太极拳的拳理与中医的经络学说以及养气、练气法密不可分。古代的一些拳师会治疗跌打损伤、刀枪疮伤，而一些拳种中的"点穴之法""擒拿之法"也与医学知识密不可分。还有一些拳种的动作本身就有健身养生之义，例如"少北拳"的起势动作是双手向后侧做一个"弹掸"的动作，而后从后向前绕环，在腹部两侧抱拳。这有两个含义：一是古代人穿大褂，动手之前需要先把褂子向后掸开，把衣服掖在腰间，以方便腾出手脚；二是表示赤膊不雅，"汗湿不脱衣"，以防风邪的养生之意。这些具有隐喻的动作被编排在武术套路中并流传下来，但是许多人观看套路表演时却不解其意，认为是"花架子"而妄加批评，实则是对武术文化缺乏了解而造成的误解。

在中国的城镇化建设中，缺乏广大群众健身运动场地一直是亟待解决的问题。一些外国的相关专家、学者很好奇，中国的老百姓如何在场地严重不足的城市中健身，但当他们来到中国，看到在公园、广场、社区、空地上练拳的人后，才恍然大悟，"拳打卧牛之地"的武术在这一方面发挥了巨大的作用。这种内在需求的驱动使武术在"健康中国"的建设之路上自觉地承担着大众健康教育的责任。

（三）学校教育

武术进入学校以晚清"洋务运动"中军事院校的兴办为开端，要早于现代意义上的普通学校。1903年，以《奏定学堂章程》的颁布为标志，我国近代意义上的学校诞生了。1885年，李鸿章奏请设立了中国第一所陆军学校——天津武备学堂，其中的术科教学内容包括"马队、步队、炮队及行军布阵分合攻守诸法"，1887年，两广总督张之洞奏请设立了广州水陆师学堂，陆师学马步、枪炮、营造三项。此类性质的学堂还有广东水师鱼雷学堂（1904年），北京昆明湖水师学堂（1888

年），山东威海水师学堂（1890年），奉天旅顺口鱼雷学堂（1890年），山东烟台海军学堂（1908年），直隶武备学堂（1896年），湖北武备学堂（1895年），江南陆师学堂（1896年），浙江武备学堂（1897年），贵州、陕西、安徽、山西武备学堂（1898年），江苏、绥远武备学堂（1901年），四川、甘肃、福建、江西武备学堂（1902年），广东、湖南武备学堂（1903年），河南武备学堂（1904年）等。

民国初期，在大力提倡军国民教育和"尚武精神"的背景下，武术被社会各阶层重视，在政要、教育家以及社会名流的呼吁下，武术开始广泛进入普通学校。1914年，徐一冰在《整顿全国学校体育上教育部文》中建议将武术列为高等小学、中学、师范学校的正课。1915年4月，在天津召开的"全国教育联合会"第一次会议上，通过了北京体育研究社许禹生等提出的《拟请提倡中国旧有武术列为学校必修课》议案。当时的教育部明令"各学校应添授中国旧有武技，此项教员于各师范学校养成之"，武术开始正式成为学校的体育课程，一些民间的拳师被聘为武术教师，在一定程度上解决了武术课程师资不足的问题。

此后，南京高等师范学校和北京高等师范学校都增设了体育科，并开设了武术课。1917年创办的北京体育研究社成了培育体育、武术师资力量的专门学校。

1927年，国民党政府刚刚上台，就有大批党国要员联名呈请政府将"武术"改为"国术"，发起人有宋子文、李烈钧、蒋介石、孔祥熙、李宗仁、于右任、何应钦、蔡元培及何香凝等，蒋介石也在不少言论中时常提到："拳术国技为我国固有之体育，奋发振作之良好运动。"著名教育家陶行知先生也在他所任教的学校中积极提倡武术，主张"以国术来培养健康的体魄"。1933年春，国立国术体育师范专科学校正式成立，这是中国历史上第一所专门学习武术的专业学校。该校历时10年，培养了约600名毕业生，后成为各省、市国术馆和大专院校的武术教师骨干，为当时武术在学校的推广起到了巨大的作用。据1934年3月国民政府教育部公布的材料显示，当时国术课为每周2学时，而到了1942年公布的《简易师范学校体育课程标准》中，规定国术在体育课程中所占比例，四年制男生占15%、女生占10%，三年制男生占10%、女生占5%，在以武术为重点的体育学校中，其教学内容相对丰富而且系统。"1933年，张之江在南京创办了'中央国术馆国术体育传习所'，学制2年。1934年，'传习所'改名为'中央国术馆国术体育专科学校'，学制3年，1936年又易名为'国立国术体育专科学校。'"有研究认为，"民国时期武术传习场所的建立为培养武术人才起到了重要的作用，也为当时的武术师资队伍建设培养了大量的人才，为当时学校武术的开展乃至新中国的武术运动发展起到了不可磨灭的作用。"

根据有关文献显示，"1940年，在中国共产党领导下的延安中央党校，曾将太极拳、石锁等列为训练、比赛项目。解放区的中学把小红拳、花枪等列为军体项目。延安女子大学和延安妇女自卫队大都身背大刀、肩扛红樱枪，并经常进行表演。在训练和表演中，仅大刀舞就有3套。朱德、贺龙发起的延安'九一'扩大运动会，于1942年9月1日在延安青年运动场开幕。延安大学、晋西北八路军和新四军，均选拔队员参加武术角逐。丈八大竿、刀术和摔跤等，给到会者留下了深刻的印象，使武术在解放区各级学校中，发挥了独特的健身和自卫作用。"

中华人民共和国成立以后，学校武术得到了党和国家的高度重视。原国务院副总理、国家体委主任贺龙就积极提倡武术运动，对武术工作提出了"发展、整理、提高、推广"的"八字方针"。原国务委员李铁映同志曾多次指出，要把武术列为从小学、中学到大学的体育课，他说武术是国宝，每个学生都应学会一种拳、一种器械。1957年2月，原国家体委和教育部对北京、武汉、成都等体育学院提出了"将武术列为选修课"的要求。"20世纪60年代初，我国第一部体育学院本科讲义《武术》（上、中、下三册）问世，以后经历四届全国体育院校教材组组织编写教材，于1978年、1985年、1989年、1991年和1997年陆续出版了两部通用《武术》教材和普修、专修各一部《武术》教材，还有《武术理论基础》教材……80年代武术被国家确立为专业，原国家体委属下的各所体院均先后成立武术系（部）。80年代后期至90年代初，原国家体委先后对武术重点学科进行两次专家评估。90年代后期武术专业拓宽为民族传统体育专业。国务院于1982年首先批准上海体育学院具有武术硕士学位授予权；1996年，国务院又批准上海体育学院的民族传统体育学科具有博士学位授予权，可以招收武术博士生。从此，武术的高层次人才培养体系初步告成。"

从近现代学校武术发展的历史梳理上看，不同时期的武术教育精神是不同的。从振奋民族精神、抵抗侵略的"尚武精神"教育，逐渐发展为国防教育、健康教育、专业教育和学科教育等不同阶段，同时也体现出不同时期对武术教育的需求，学校武术教育承载了不同历史阶段的历史与文化责任。

（四）武德教育

《论语·为政》所论："道之以政，齐之以刑，民免而无耻；道之以德，齐之以礼，有耻且格。"武德正是德化教育的具体体现，既是社会道德规范教育的一种自觉，又是道统教育的一种补充。究其根本，仍然是"仁、义、礼、智、信""天、地、君、亲、师"等三纲五常的伦理体系的反映。

　　武德教育大体来说可以分为两个维度：一是狭义的维度，专指习武群体所秉承的道德体系；二是广义的维度，是扩展至大众化的伦理标准。尽管在一些史料上有"武德"一词出现，但那些都不属于武术的范畴，而是指军事或君主的文治武功。从狭义维度的武德教育上看，武德指的是各个拳种对于本门户弟子的道德要求，较早的、有代表性的是《少林戒约》，包括觉远上人制定的"五戒约"以及发展到后期的"十戒约"。

　　如果排除政治和宗教色彩，武德的主要内容一般来说包括两个方面：一方面是要求，诸如尊师重道、行侠仗义、谦虚仁忍、惩强扶弱、守信重诺、品行端正、勤练不辍、团结同道等；另一方面是禁止，诸如禁止酗酒、禁止恃技逞强、禁止贪财好色、禁止奸淫邪道、禁止改换门庭、禁止显露卖弄、禁止出卖同门等。久而久之，成为"武林"的共识，成为"武林中人"自我品德约束的内在机制，一种内生性的人格修养。

　　总体上看，在大传统文化的塑造下，武德是对社会道德的一种维护，也是武术得以流传至今的重要保障机制，大体上一定会符合国家社会的主流观念。例如，二十世纪六十年代诞生的少北拳的武德规定要遵纪守法、做好本职工作，要讲"正义""正派""正直"的三正之风。但是，从小传统文化的视角上看，它又提倡打抱不平、恩怨必报、替天行道、劫富济贫等观念，似乎是站在社会底层的视角，充满同情与正义（带有一定的局限性的视角），与统治阶级的律法格格不入，尤其是宗派主义的思想更为明显，具体体现在其江湖义气较重。此外，一些与武术行为关系密切的职业道德在武德的认知上具有很大的差异。如军旅武艺之德在于遵守军令、奋勇杀敌，就不可能做到点到即止、以德服人。再如，《庄子·胠箧》所载："跖之徒问于跖曰：'盗亦有道乎？'跖曰：'何适而无有道邪？'夫妄意室中之藏，圣也；入先，勇也；出后，义也；知可否，知也；分均，仁也。五者不备而能成大盗者，天下未之有也。"可见，无论何种形式的武德都是在遵守"道"，而"道"绝非是虚无缥缈的东西，聚焦在具体行为上，仍是"仁、义、礼、信、勇"等传统道德认知的体现。从这个角度上看，它又对整个社会的道德塑造起着一定的积极作用，因此也就引出了广义维度的武德教育的内涵。

　　在中国长达几千年的封建社会中，读书人仅仅是社会中的少数群体，在对整个社会的道德教化中，仅仅依靠这些知识分子的教化是很有限的，人们可能既听不懂之乎者也的说教，也可能懒得听那些"先天下之忧而忧"的大道理。因此，盛行于民间的评书、戏剧、武侠小说、侠义之士的传闻逸事等可能是开启民众道德教育的重要途径。这些文化形式既是现实的缩影，反映了一定的社会事实，同时又作为人们价值观念的标准尺度进行着文化再生产。人们在这些接地气儿的文化中实现了精神互动，辨识哪些是道德的行为，哪些是不道德的行为，尤其是在"重伦理，轻法制"的传统礼制社会中，使弱势群体寄希望于"路不平有人铲，事不平有人管"的道德机制。这样，武德的熏陶就有了市场，成为一种象征符号，在人们的意识里"侠义"就是道德，会自觉地按照武德的特征辨别是非，乃至扩大武德的外延。例如，在如今的社会生活中，遇到一些人或是事不符合大众的道德标准，就会开玩笑地说其"不讲武德"。在这样的社会文化潜移默化的影响下，武德就成了公平、公正、仁爱、勇敢、担当的文化符号。可见，延续了几千年的武德教育，至今在民间仍然具有深远的影响。

二、对武术教育的再探讨

武术教育的再探讨，主要聚焦在学校体育领域。狭义的武术教育，已经历时100多年，一些问题似乎仍然没有得到清晰的回答，教育价值及其表述似乎在原地转圈，从另一个角度上看，甚至是在走向倒退。如从学校武术教育的历史上看，民国期间已经迈出了一大步，开设武术课的各级各类学校颇多，为了上好武术课，对于武术教师的聘用也是不苟一格，虽然没有准确的数据统计，但与今天相比，未必会落于下风。据一些研究资料显示，和笔者多年来对学校体育的广泛、深入调查，目前绝大多数中、小学校并没有开设武术课，并且武术教师严重缺乏，又一直没有找到好的解决办法，也就更谈不上开齐开足武术课程。而如今的人口数量与民国时期相比已经翻了几倍，从人均受教育的情况来推测，在这方面似有倒退之虞。又如，民国时期体育的"土洋之争"截至目前仍然没有跳出观念对立的桎梏，还未真正地切入本质性的问题，即如何取长补短、自我完善的问题。二者之争谈的其实是两个问题，"土体育"主张的是文化属性，"洋体育"主张的是科学属性，"文化"与"科学"本就不是对立的关系，而是相互依存的关系。目前来看，我们的讨论还停留在概念之争、文化之争，对于武术教育科学属性的反思不足、实证不足。有一部分学者认为，近代中国的落后是由于缺乏西方的哲学体系、科学体系和方法论体系，因而引入了西方的哲学、逻辑学、科学知识与方法，开始重视实用主义，也对教育产生了变革式的影响。而武术教育似乎在很大程度上固守着原有的范式，并以文化之名回避变革。从创新改革上看，武术教育实质上仍然未能跨越民国期间的"新武术"式的教学体系，令人扼腕唏嘘！

目前，学校武术教育存在的主要问题有四：第一，学校武术的教育价值缺乏合理的表述。"名不正则言不顺，言不顺则事不成"，合理的表述关乎教育，关乎世界范围内对武术教育的认知。在全国体育院校通用的权威性武术教材中，几乎都把武术的教育价值归结为从文史资料中摘录的运动项目，其逻辑是古代有武术课，所以武术就有教育价值，而其所谓的"古代武术课"似乎有些牵强。例如把"射礼""举石"等都算作武术内容，这显然是一种偏见，因其无视教育规律，既忽视了历史背景，又把现象当作了本质。对于学校武术教育价值的表述，显然不能离开狭义教育的框架范畴，武术是狭义教育的一部分，不能作为独立的个体而存在，更不能犯想当然的错误。事关教育必须严谨，谈学校武术教育，不能离开对教育理论的深入探索。

第二，凡提及武术在学校体育中的教育价值，几乎都在谈文化传承、武德教育等，但缺乏从武术课程独特的身体教育价值层面进行深入的研究。2013年10月，在韩国昌原国立大学举办的以"健康百岁"为主题的中日韩体育论坛上，一位来自日本筑波大学的教授发表了关于对婴幼儿生长发育规律进行大范围的、长期的跟踪研究成果。研究发现，刚出生婴儿头部与身长的比例近50%，后随着年龄的增长，头部所占身长比例逐渐减少，证明在婴幼儿时期，脑部发育的速度是最快的。到5岁时，婴幼儿的脑发育接近成年人的90%。幼儿脑发育特点结合骨骼、韧带的发育特点，是敏捷、平衡、柔韧以及感知等能力发展的最佳时期，因此应该通过运动教育促进其生长发育水平的提高。有留学日本的学者对日本的幼儿教育进行观察，认为日本的幼儿体育教育对其后来的运动能力、感知能力以及团队协作能力起到了关键的作用，即早期的教育塑造了后期的能力。武术动作复杂、内容丰富，包括滚翻、屈伸、跳跃、平衡、旋转等多维度、多样化的运动方式，对身体的协调性、敏捷性、柔韧性、速度、力量等各项身体素质，以及"精气神"等具有较高的要求，适合儿童的生长发育的干预，因此具有重要的研究价值，但是目前还缺乏大范围的、长期跟踪性的实证研究。笔者曾经就此问题与运动人体科学专业的权威专家进行过探讨。他认为，即便是干预有效果，促进了生长发育，又与没干预的、自然发育的，在成熟期有什么不同呢？换句话说，早发育与晚发育在发育的终点上都是一样的，因此促进发育没有意义。但是笔者还是持有不同的看法，通过武术教育干预使其早发育与不通过武术教育干预的自然发育在未来若干年是否存在差异？会存在怎样的差异？都不得而知，正是因为未知，才是值得探索和研究的。类似的观点在某种程度上反映了我们的科研观念存在的几个问题，一是功利主义。追求的是短时期能出效果的，在职称评聘、人才称号申报等方面能用得上的，不能被证伪的科研成果；二是科研导向的限制性问题。教育要务实，要切实解决教育中的现实问题，因此武术教育要不断探索教育的科学化。

第三，课程本体与教育主体的关系有待进一步厘清。在前期的研究成果中，学界更多关注的是武术课程内容、武术兴趣培养、武术的教学，以及课程论视域下的学校武术课程改革与发展等问题，而学生这个受教育的主体与武术课程之间的关系仍然没有厘清，即是为了武术进行的学生教育还是为了学生进行的武术教育的问题从目前来看尚未厘清，学校武术教育理念还是主要体现在由上至下式的、具有规定性的民族传统文化继承方面。具体而言，是从国家层面俯瞰，把武术规定在学校体育课程体系之下，规定不同学段学习不同水平的拳械套路、对练等内容，把小学、初中、高中和大学的学习内容连成一个"循序渐进"的套路教学体系。这种教学大纲的制定是把"武术"作为一个整体对象，而不是将其作为一个教学的主体——学生在不同学段的身心特征，以及学习兴趣、学习环境、学习过程的连贯性等作为对象。学生对于武术技能的掌握与年龄之间存在一定的"逆相关"。即在培训班或武馆学过一段时间的小学生的武术水平比没学过武术的大学生的水平要高得多。对于"难美类"项目来说，容易在较小的年龄就达到运动水平的巅峰，如我国女子跳水运动员全红婵拿到奥运会金牌时年仅14岁。竞技体操类也有这样的特征，对于武术套路来说，也具有这样的特点。因此，合理的课程体系就不应以武术套路的技术体系来划分，而是应该根据学生的身心特点来划分，以促进相应学段学生身心发育为主要目标，基本功打好了，套路就简单了，不必按照套路的长短、难易作为学段课程内容的依据。

第四，学校武术教育理论还有待进行辩证深入思考。在20世纪80年代举行的"扬州会议"以后，学校体育教育思想空前繁荣，"素质教育""快乐体育""阳光体育""终身体育""学科核心素养教育"等观念相继流行。2012年秋季，《体育与健康课程标准》正式实施，也重新确立了"健康第一"的指导思想。竞技运动是不是体育？技能重要还是健康重要？是培养兴趣习惯重要，还是运动参与重要等理论问题不断引起学界的热烈讨论，但是在具体的武术项目上，还没有深入、系统地论证。大体上看，目前关于学校武术教育的目标定位有两个：一个是武术视域下的"学校武术"，主张把武术作为一个单独的学科，将其定位为"国术教育"，进行独立的课程体系教育，体现出"高于体育"的特点；另一个是学校体育视域下的"武术课程"，武术教育是学校体育教育中的一部分，与其他内容是并列关系。在前者的视域下，一些学者把研究的视角聚焦在"如何解决学生喜欢武术，但不喜欢武术课"的问题上，同时提出了"强化套路、突出技击"的观点，认为"一校一拳是保持中国武术以人为本、拳种多样性、原真性活态传统的有效策略"。该观点重视学生的学习兴趣和武术技击的实用性，从武术传承的整体层面进行了考量，但在学校教育的操作层面仍存在一些有待解决的问题。例如，如何面对校园暴力和教学安全的问题对于后一种观点，学校武术适合训练式的统一的教育还是适合游戏式的引导性教育？就教育的本质来说，是反对培养人才统一化的，力求培养个性的多样化，充分挖掘和培养学生的潜力。就目前学校武术教学效果的评价方式来说，仍是以竞技武术的评分方法为主，即依赖于统一化的动作质量进行评分，在全面坚持教育公平，排斥特长加分、比赛成绩加分的情况下，合理的评价方式仍有待于依据目标导向合理地确定等。在狭义教育的视域下，武术、教育与武术教育三者之间并不是简单的词语合并，其内涵需要辩证地看待，其关系需要更为深入、系统地讨论，进一步明确问题。

第三节　武术与奥林匹克运动

武术进入奥运会对于武术文化安全具有重要的作用，同时对于进一步发展武术运动、提升其国际影响力、促进体育文化交流、增强国际话语权、促进中华文化的输出等方面都具有重要的意义。

武术与奥林匹克运动之间的关系，从民国时期就开始争论了，但是不同时期所关注的视角不同。民国时期偏重于文化的"土洋之争"，是对于二者之间的对立关系进行探讨。中华人民共和国成立以后，尤其是中国恢复奥林匹克委员会席位之后，就大力发展竞技体育，实施了"奥运争光计划"战略，建设"体育强国"，对武术与奥运的关系展开了新一轮的争论，这一阶段不仅仅是"土洋体育"并行对立的问题，更涉及体育融合发展的问题。辩证地看，这两种问题都与武术文化安全具有密切的关系。

一、武术与奥林匹克的历史交流

以1932年刘长春第一次代表中国参加第十届洛杉矶夏季奥运会的失利为导火索，引发了体育的"土洋之争"，两种截然相反的观点充满了火药味。坚持"本土体育"的代表性观点主要有"从中国文化之丰富遗产中，觅取中国独有的体育之道。""本土体育"具有卫国治产、祛病延年、锻炼筋骨等重要的作用，认为本土体育"此道诚大兴,虽孤立于奥林匹克之外,可以无愧矣。"以《大公报》为主的媒体发表社论,认为"中国多年来学习西方体育不得要领、西方近代体育包括参加奥运会和远东运动会不合中国国情",明确提出中国体育的根本出路在于脱离"洋体育",提倡"土体育"。这些观点的共同特征是对西学东渐的排斥,是文化保守主义。相反,还有一些观点是极力否定"本土体育"的,并将之视为"伪科学",认为其是封建文化的糟粕。以鲁迅为代表的新文化运动倡导者认为"对借用武术鼓吹复古倒退的'国粹'思想和'鬼道精神'进行了批判"。西方体育家麦克勒等讥笑武术只是与空气打架的东西,认为其"既乏教育价值,又不合生理的需要。"谢似颜在《评大公报七日社论》中说:"武术要受近代解剖、生理、卫生、教育等科学的洗礼,方认为有用处,绝对地不许再说那丹田还气、太阴少阳一派的话儿。"

在这两种观点的对立中,武术与奥林匹克运动会还是保持了积极的交流对话,希望世界能够积极、全面地认识武术,同时能够传播武术。1936年,中国武术队随中国奥运代表团参加了第十一届柏林奥运会并进行了精彩的表演,柏林市长竖起大拇指说:"真是了不起,想不到中国竟然有如此奇迹般的民间体育。"他还表示:"中国功夫不仅可以用来搏击格斗,也能作为艺术表演,其中蕴藏有深奥的哲理。愿贵国政府能重视它,我相信中国功夫必将成为人类文明中的精华。"有观点认为"1936年,中国选拔和组建武术队……从武术走进奥运会殿堂的那一刻起,武术人便已描绘了神圣的奥运梦想。"随后由于长期的战争,武术与奥林匹克运动会的交流渐少。

可以看出,武术主动做出了与奥林匹克走向文化融合的尝试,这在民国期间就已经有了一定的准备与思考。武术迈出国门、走向世界,通过文化输出促进与世界的联系、积极主动地扩大影响力,这本身就是一种反省、一种突破、一种文化自信的重要表达。

文化安全绝不是保护主义式的文化隔离,也不是消极防守的防御战,应该是积极谋求扩张的攻坚战。进攻,才是最好的防守;扩张,才是最大的安全。武术与奥林匹克运动应该是在两种并行的文化体系中寻求一种交集,武术的一个部分融入奥林匹克,惠及世界,实现你中有我、我中有你的文化交融。正如有学者指出的那样:"奥林匹克文化并不代表西方文化,而是代表一种致力于消除隔阂歧视、团结友谊、公平公正、绿色健康的普世价值。因而,把西方体育文化等同于奥林匹克文化,把中国传统体育文化与西方体育文化的对立,视为与奥林匹克文化对立,实际上是表现武术文化的强势扩张。武术走进奥运会,外国运动员在赛场上仰慕中国运动员精湛的竞技武术表演,而没有机会获得金牌,与奥林匹克精神是背道而驰的。"因此，从文化自觉的角度上看，武术走向奥运既是文化隔离消退与文化转型中的选择，也是实现武术文化安全的重要选择。正如季羡林所说的那样："文化一旦产生，立即向外扩散，决不独占山头，世袭珍藏，把自己孤立起来。"

从中华人民共和国体育史上看，在竞技体育项目布局之后，为了使武术进入奥运，国家早在1982年就开始制定了"要积极稳妥地把武术推向世界"的方针。在此后的几十年里，国家花费了巨大的努力，全力推进这一战略。如在全世界发展武术会员国、大规模培养和培训世界各国武术人才、举办世界武术锦标赛、把武术设为亚运会竞赛项目、成立国际武联、在孔子学院推广武术、召开国际武术座谈会、学习他国的推广经验、积极与国际奥委会交流等。然而，武术最终也未能成为2008年北京奥运会的比赛项目，只是得到国际奥委会的同意允许在奥运会期间举办武术比赛。天道酬勤，时隔12年，在各方的不懈努力下，"在瑞士洛桑举行的国际奥委会执委会会议见证了武术项目发展的历史性一刻，会议通过武术列入第四届青年奥林匹克运动会正式比赛项目，这是武术首次成为奥林匹克系列运动会正式比赛项目"。

二、武术申奥失利的讨论、反思与展望

武术申奥失败后，后奥运时代武术的发展成为争论的焦点。有一部分观点认为，武术是与奥运并行的文化体系，不必要削足适履，通过改变自己的样态争取进奥运，如《天人合一是和谐——我们武术不拾人牙慧、人云亦云》；还有一部分学者对武术申奥失败的原因进行了探讨，认为其主要原因是"遭遇奥运瘦身计划""政治因素"等的影响，奥运文化与武术文化的差异、武术项目复杂等自身特点，武术在申奥过程中准备不足等。

从上述材料中可以看出：①武术进奥运已经具备了硬件基础；②国家为了推动武术进奥运已经进行了几十年的不懈努力，付出了巨大的投入；③奥运的"瘦身计划"虽然是一种调控机制，但是被"瘦下去"的项目并非恒久不变的，如棒球恢复为奥运会项目、空手道进入奥运会；④武术进奥运会的意义重大，基于此，没有理由不对武术进奥运进行更为深入的研究和探讨。

尽管对武术申奥失败的原因以及后奥运时代武术的发展的相关问题已经有很多的研究成果，但经过细致的分析发现，还有一些核心领域的问题尚未得到深层次的探讨。例如有学者指出，"各种类型的武术赛事不断增加，会员单位也越来越多，但由于仅仅注重外围的工作，没有从传播的起点进行系统研究，所以竞技武术的盲

目扩张并未加快武术的奥运进程，反而在奥运传播途径中受到了抵制。"已有的研究多基于武术文化自身的视角进行讨论，而对于奥林匹克的内涵缺乏深入系统的了解，正如有研究指出，"有些比较研究在选择研究对象时，已经预设了结果……选择对象的本身是异质的。"武术申奥的核心是"他者"的理解和接纳，而不是自身的言说。因此，仍有几个关键性的问题十分有必要讨论和重视：

①奥运的"瘦身计划"重点不在于"瘦"什么项目，而在于"瘦"的原则和指导思想是什么。从奥运项目的设置上看，基本上是围绕着力量、耐力、速度、平衡、技巧、空中、水中、精准能力、个体与群体对抗、格斗等人类各项运动能力、游戏水平、生存能力等主题展开的。每个主题的设项是有限制的，因而奥运会项目一定是特点突出、主题明显的。以武术套路为例，应该是偏向于技巧类的，但是其与体操类相比，优势又在哪里呢？第一部《武术竞赛规则》就是仿照西方竞技体操的评分方法制定的。同样，如果是散打项目进奥运，那么散打这种格斗类的项目，与拳击、跆拳道等格斗项目相比又有何特殊的方面呢？从目前世界格斗竞赛项目来看，"K-1""泰拳""MMA"等格斗运动的影响力与散打相比并不弱。那么如何突出散打的特色，使之成为既受欢迎又符合奥运项目设置特点的运动，是亟待深思和解决的问题。另外，奥林匹克精神一直强调"公平"和"参与"，公平并不只是针对竞赛过程本身，它是一个相对的概念，从参与度来看，公平更多的是指向不同国家运动员在获得奖牌的机会上尽量均等，从规则的制定和变更上也存在这样的导向。例如针对乒乓球用球及竞赛规则的多次调整，实际上是在避免"一家独大"，因为那会使竞赛者失去参与意愿，也让竞赛失去了变数和意外的刺激。如果按照现行的武术竞赛体系走进奥运会的话，那么"外国运动员在赛场上仰慕中国运动员精湛的竞技武术表演，而没有机会获得金牌，与奥林匹克精神是背道而驰的"。因此，面对奥运的"瘦身"机制，武术申奥首先要回答的是武术具有极强说服力的项目特点与各国家、地区竞技力均衡的问题。

②奥林匹克文化具有强大的跨越性，其并不立足于民族性，也拒绝任何形式的民族主义。有文化学者认为世界上分为"基督教文化""伊斯兰文化""佛教文化"和"儒家文化"四个文化圈，而奥林匹克作为人类共同的文化概念，超越了任何一种意识形态。从客观上来看，奥林匹克主义是致力于消除歧视与隔阂，实现人类大同的理念，任何肤色、任何民族、任何信仰都能和谐地聚集在五环旗下进行竞赛交流。奥林匹克并不代表西方竞技体育，奥林匹克运动从未倡导过西方的殖民主义、从未倡导过霸权主义、从未体现出任何意识形态的民族主义和歧视，而西方的历史大体上就是由殖民侵略、暴力贸易、宗教战争和争夺霸权构成的。"征服""超

越"既不是西方竞技体育的专属,"和谐""参与"也不是东方体育的独特标识。

　　游戏要有胜负,武术亦有高低,道行尚有深浅,竞争、比试本身无可厚非,但考试也讲超越。无论是东方还是西方,对于社会的共同期望都是和谐。有研究指出,"中西体育赛会之同,在于秩序教化;中西体育赛会之异,在于德性的选择"。尽管从奥运会设置的项目上看,基本上是以西方体育为母体展开的,准确来说是以欧洲为母体展开的(尤以英、法、德为最),但是这是历史的客观结果,并不是主观意愿的结果。而美国、日本从意识形态上看,比欧洲更加"西方"。从欧洲的历史看,国家与国家、民族与民族的界限似乎并非泾渭分明,西蒙·蒙蒂菲奥里(Simon Sebag Montefiore)里著的《耶路撒冷三千年》、威廉·曼彻斯特(William Manchester)著的《黎明破晓的世界——中世纪思想思潮与文艺复兴》、彼得·弗兰科潘(Peter Frankopan)著的《丝绸之路》、伊迪丝·霍尔(Edith Hall)著的《古希腊人》等都说明了欧洲各国家与民族具有深厚的渊源,在文化上具有同一性。以古希腊为起点,擅长航海的古希腊人以爱琴海、地中海为核心,从伯罗奔尼撒和克里特岛逐渐向外进行扩张殖民,与西班牙、葡萄牙、法国、意大利等紧密地联系在一起。如希腊水手与法国公主结婚共建马赛、希腊人毕达哥拉斯移居意大利、传播希腊哲学……在欧亚大陆的政治、权利与宗教的争夺之中,马其顿征服了古希腊,亚历山大征服了欧亚大陆、屋大维创建罗马帝国、拜占庭与君士坦丁崛起与扩张……几乎整个欧洲大陆都裹挟在不休的战争之中。迈锡尼人、古希腊人、腓尼基人、犹太人、盎格鲁-撒克逊人、维京人几乎分享着欧洲的宗教、历史与文化。

　　现代奥林匹克运动的兴起实际上是继欧洲人文复兴三大运动之后,针对中世纪欧洲极端宗教对人类社会带来的巨大的灾难而采取的一种抗争方式,以尊重古希腊多神崇拜的形式抗争"唯一真神"——教会的统治,寻求人的自由和平等,表达了对生活质量渴望的诉求,进而寻求古希腊的运动方式和人文精神,其因由在《荷马史诗》中可见端倪。《奥德赛》中的主人公奥德修斯由于得罪了海神波塞冬而遭到诅咒,遭遇了神布置下"求知欲"的陷阱,致使他的船员变成了猪,因而差点遭遇叛变,但最后凭借奥德修斯的智慧和勇气终于战胜了神。《荷马史诗》中另一个重要的人物普罗米修斯,为了人类盗取火种,而背叛了天神,因而受到严酷的惩罚和人类的敬仰。这两个人物都有质疑权威、背叛"神"的特点,故事的背后都是人权与神权的抗争。因此,在古希腊文化中,"以人为本"是作为第一要义并贯穿始终的。有学者研究认为,古希腊人具有"擅长航海、质疑权威、看重个人、有求知欲、思想开放、乐于接受外来影响和新鲜事物、追求卓越、乐于享乐"等"十大特点",由是观之,古希腊文化是人权至上的代表,现代奥林匹克运动也正是基于这样的理念之下复兴的。因此，除了对宗主国希腊的尊崇外，奥林匹克运动本身是不带有其他民族色彩的，倡导的是和平、文明、健康、平等、进步的普世价值，同时反对政治干预、民族主义以及任何形式的文化霸权主义。

在2001年召开的全国武术工作会议上，不少武术工作者提出了要趁着北京奥运会的东风，武术申奥要打出"爱我中华，振兴武术"的口号的建议，此举当即受到了申奥专家们的劝阻，提出要切忌浮躁，不做表面文章。正是出于这样一种考虑，武术申奥的立足点不应局限在中国文化本身，而应是立足于世界，以中国的方式为全人类造福。

③教育主旨的问题亟待解决。奥林匹克运动是极具教育性的，国际奥委会于2002年在德国威斯巴登举办的世界论坛上指出，"奥林匹克运动对社会发展做出重要贡献的原因之一就是强调教育的价值，国际奥委会创立者顾拜旦先生复兴奥运会的原因之一就是为了传播奥林匹克理想，从而以一种新的角度、新的方式去教育青年，促进青年身心的和谐发展，因此将教育作为其出发点和归宿的奥林匹克运动为人类社会的发展做出了重要贡献。"而教育主旨的问题恰恰也是武术在发展和宣传中的一个容易被忽视的问题。

武术的教育主旨问题似乎至今尚未厘清。即便是在学校武术层面上，其教育价值也缺乏合理的表述。一些武术教材从文献考察运动项目，认为古代就有武术课，所以就有教育价值，这种说法未免有些牵强。学校武术教育改革要提倡"打练结合"，"打"还是占据了教学的一部分，而就教育意义来说，这样的表述恐怕还值得商榷。不提及"打"似乎就不是武术，而若提及"打"，教育的目的或是要求又是"不打"，在学校体育教育范围内，这个矛盾似乎很难得到解决。

在中国范围内，武术具有一定的文化传承教育意义和身体教育意义，而从世界范围来看，中国武术的教育范式还缺乏一定的说服力。早在1921年在上海举办的"第五届远东运动会"上，中国武术申请大会表演时，就遭到了当时负责筹备大会工作的美国人盖瑞（Gary）拒绝，他认为"武术既缺乏教育价值，又不符合生理需要"。时至今日，这个问题仍然没有得到充分的重视和深刻的认识，对武术的教育作用与意义仍缺乏一种普世价值的阐释。

④武术的游戏性尚待深入挖掘。荷兰人约翰·赫伊津哈（Johan Huizinga）在《游戏的人》一书中指出人离不开游戏，诗歌、爱情、炫耀、音乐、美术乃至战争等都可以视为一种游戏。游戏不仅指向游戏的参与者，还指向他者，即让间接参与游戏的人也能体验到游戏的刺激和快乐。例如，足球运动中"踢球""看球"和"侃球"都充满趣味，因此人们一开始接触足球运动，就可以进入游戏的模式。而

武术从基本功到套路，基本上是以个体为中心的自我积累与表达，是一种渐进化的肢体运动能力程序。游戏性在很大程度上预测或者可以说是决定了运动项目的发展水平。如邱丕相教授在回忆罗马世界武术锦标赛时说："我们说武术走向世界、推向国际，但是在罗马世界武术锦标赛上，当地的市民都不知道，只有运动员，没有观众。"学者对游戏理论毁誉参半，反对者认为赫伊津哈的观点过于极端，几乎把人类所有的行为都概而论之，未免有"以偏概全"之嫌，但对于赫伊津哈敏锐的观察力和独特的理论视角还是给予了高度评价。日本著名企业家稻盛和夫在《活法》一书中谈到了生活的态度，按照赫伊津哈的思维理解，是一场严肃而有意义的游戏。我国著名数学大师陈省身给少儿题词"数学好玩"，程志理教授提出"游戏创造人"的观点等，都说明了游戏对于人的重要性。

尽管游戏的概念和特点在学术概括上存在一定的难度，但是游戏肯定指向于好玩儿、有意思、有趣、刺激、爽等，与无聊、没意思、没劲等相反。游戏与体育存在着密切的关联，甚至在某种程度上可以把体育本身视为一种游戏，基于游戏论的审美视角来看，人们在欣赏艺术体操时，更多的是欣赏纯粹的、极端的"高难美新"，包括运动员的外貌形体、服装化妆、艺术气质、肢体的优雅与美的展现、动作完成的难度与质量。但是武术套路明显与之不同，尽管武术套路也具有"高难美新"的特点，但不同之处在于武术是强调在"技击动作"基础之上的动作优美，并不是纯粹的、极端的肢体动作的"高难美新"。换言之，武术是表达"技击之美"，而不是在人体极限语境下的"力"与"美"。同时，武术所表达的气质并非艺术气质，而更多的是超然之气甚至是"杀气"，与奥林匹克运动所讴歌的和平、和谐、团结大相径庭，奥林匹克文化在文化哲学表达上是趋于人性的，而武术的文化哲学表达却是"超人性"的，这个对立是值得武术申奥战略深思的。体育是以"肢体语言"为主的，依托于直接感知重在参与体验和获得成功感，而不是讲解和"说服"。正如"亚洲人习惯用筷子，并说明使用筷子具有很多的好处，但丝毫没有影响欧洲人用刀叉的习惯。"故而，让武术变得"好玩""易玩"，人们愿意玩或许是加强武术对文化转型的自主能力，取得适应新环境、新时代文化的新路径。

反思问题的目的在于进步，在于更加清晰、有效地实现目标。从对材料的梳理上看，武术与奥林匹克运动的恩怨情缘已达百年之久，密切交流往来也近半个世纪。尤其是在中华人民共和国成立以来，中国恢复了奥林匹克委员会合法席位之后，武术入奥是我们向世界贡献中国文化的一个努力方向，正如鲁迅先生所说的那样，"只有民族的，才是世界的"。

很多人把武术入奥看作一种文化的妥协，这是一种偏见，奥林匹克是世界的，是由各个不同的文化所组成的共同体，空手道、柔道、跆拳道等项目加入奥运会之后不仅没有萎缩，反而在文化影响力上日久弥深，在世界人民心里永存。

还有一种观点认为，武术申奥是中国向世界贡献中华民族优秀文化的努力，武术要在人类命运共同体的视野下为整个人类服务，先做到胸怀世界，才能拥有世界。2008年北京奥运会，是武术最接近入奥成功的一年，虽然结果未能尽如人意，武术只是被列为表演项目，但是可以在奥运会期间举办比赛也是一种巨大的突破。当时很多人很悲观，认为北京奥运会都没能让武术入奥成功，那么以后就更加机会渺茫了。我们应当看到，在多民族文化碰撞与交融中，甚至还伴随着政治、意识形态等多种力量的角力，武术入奥本身就是一件困难重重的事，一些西方国家更不希望武术进入奥运会，不希望武术在世界产生更大的影响力。对此，我们更不应该知难而退，而是要迎难而上，坚定文化发展方向和文化自信，不断努力，使武术这一优秀的传统文化在世界的舞台上发挥更大的作用，服务全人类。

功夫不负有心人，在国家的不懈努力之下，武术入奥之路再添惊喜，2020年1月8日，"在瑞士洛桑举行的国际奥委会执委会会议见证了武术项目发展的历史性一刻，会议通过武术列入第四届青年奥林匹克运动会正式比赛项目，这是武术首次成为奥林匹克系列运动会正式比赛项目。"

从武术与奥林匹克的百年交往历史上看，目标正在有序地一步一步地实现，中国人坚毅而又充满韧性，这是很了不起的事情。我们坚信，武术入奥在将来一定会成功，并将发挥更大的影响力，对世界做出更大的贡献。

第四节　武术创新性发展与创造性转化的思考

武术是我国体育事业的本土化力量，它深深地植根于传统文化之中，是民族文化的瑰宝，在世界范围内产生了重大影响，武术既是中国文化的名片，又与"体育强国"建设具有紧密的内在联系。它既是展示文化自信的窗口，也是文化输出的品牌工程，还是"体育强国"建设的组成部分。《体育强国建设纲要》（以下简称《纲要》）制定的战略目标、战略任务、政策保障均与武术密切相关。例如，武术在全民健身、竞技、教育、体育文化感召力、影响力、凝聚力、中华体育精神传承发扬等方面均有较大的作为和广阔的发展空间。但是在现代社会中，武术又面临着诸多的问题，因此需要实现武术的现代化发展与转型，使它焕发活力和生命力。探索武术的创新性发展与创造性转化，是应对武术文化安全的重要途径。

一、武术的创新性发展

武术的创新性发展，首先要对其内涵进行细致的解读。武术是创新性发展的对象，创新性发展是目标，也是方法。创新性发展是一个高度概括的哲学概念，具有特殊的指向性，而不是简单的词语的重叠组合。要弄清楚发展的含义是什么、创新性发展的评价维度又是什么等基础的理论性问题，才能论及武术创新性发展的理论问题。

（一）对"发展"一词的思辨

"发展"具有多个含义。钟明华等根据《大英百科全书》，把作为动词的"发展"含义归纳为13种，详细分析了该词的特征和含义。丁立群认为，"在各个特殊领域，在各门具体科学中，我们可以在各种意义上，甚至在完全相反的意义上使用发展概念，由于它们的意义是极特殊的，因而无法在哲学上概括出统一的发展范畴，把它们统一起来的是'变化'或'运动'的哲学范畴"。因此，"发展"涵盖了主观和客观两个方面，是主观对客观的反映，当与某主体联合在一起使用时，才有意义，即"X发展"。而该"主体"并不仅指向人们的主观意愿，还指向客观世界，如果过于依从主观意愿，就会影响对客观规律的判断。从不同角度看待发展，人们的主观标准是不一样的。例如，通过心理学中的一个案例上发现，同样的一张桌子，在不同的角度上看，会产生"变大"或"变小"的视觉印象，但是桌子本身其实并没有任何的变化。人们在表述事物发展的时候，经常采用主观的意愿对客观事物的发展态势或结果进行评价，而忽视或掩盖了客观发展的现实。因此，在严谨的学术研究上，如何认识和评价"发展"，是理论研究应该给予重视的问题。

当我们探讨发展的理论性问题的时候，主观上常常侧重于建设性的观念，即符合人们预期的变化方向，而由于人们的认知水平、经验结构、主观倾向性等不同，导致人们思考的角度和深度不同，因而这个"预期的变化方向"也具有多个维度。因此，讨论"发展"的问题，要找到可靠的参照物作为比较，避免虚无主义或步入诡辩论的陷阱。而可靠的参照物至少应该满足两个条件：一个是主观方面的，应尽量以相对恒定的、稳固的变量为准绳，抛开易变的、受到较大局限的变量。即以理性来代替感性作为一个参照，如人性的恒久性，思想、感情的易变性。另一个是客观方面的，任何存在都不能离开特定的语境来讨论存在的价值与意义。从普遍联系的哲学原理上看，自然环境、社会环境、生产力、生产工具等与客观存在形成了一种特定历史时期的文化互构，在这个特定的历史时期中，发展在客观上是普遍联系的，而不是主观上形成的孤岛。

（二）创新性发展的思辨

"创新性"无疑是"发展"的定语，但其本身却又是一个弹性极大的概念。从程度上来看可大可小，它既可以是"积跬步以至千里"，又可以是突破性的、填补性的乃至颠覆性的；从时间跨度上来看，既重视眼下，又指向于无穷的未来。但是这些并不矛盾，而是相辅相成的关系。而创新性发展绝非我们经验认知中的线性的进程，而是隐性的、爆发式的指数变化之中。雷·库兹韦尔（Ray·Kruzweil）指出："人类创造技术的节奏正在加速，技术的力量也正在以指数级的速度在增长。指数级的增长是具有迷惑性的，它始于极微小的增长，随后又以不可思议的速度爆炸式地增长——如果一个人没有仔细留意它的发展趋势，这种增长将是完全出乎意料的。"

我们讨论创新性发展，应该是以一种更加开放的视角来看待，即普遍联系的、学科交叉视野下的探讨。2021年9月28日，在北京会议中心召开的"第六届全国教育科学研究优秀成果奖颁奖大会暨2021年中国教育科学论坛"上，法国人安德烈亚斯·施莱歇尔（Andresas Schleicher）发表了题为"开拓人工智能、区块链和机器人的前沿"的演讲，他指出现代的儿童是数字世界的"原住民"，未来的世界将是数字的世界，虚拟和现实成为一体。他与雷·库兹韦尔的观点在未来世界的发展趋势上具有一致性的判断，即人工智能时代，将是一个充满不确定的、创新性的、普遍联系的、无限超越性的时代。这意味着，创新性发展是学科交叉的、裹挟在科学技术飞速变迁之中的综合性变化动态，甚至从某种程度上看，其是在人工智能推动下，不得不发生的适应机制。因此，聚焦在某一具体对象上的创新性发展，绝不能以孤立的、保守的、单一学科的视角来认知。

（三）武术发展的评价维度

1. 主观维度：人性与武术的发展

人是武术的创造者，也是传承和习练武术的载体，在关注武术教育、武术文化等内容的同时，或许我们在一定程度上忽视了对"人性所需"的觉察，而人性是人之所以为人的本质，武术的产生、发展变化也正是指向人性这一根本问题。

人性是人类世界得以存在和发展的基础。科学技术的进步、法律制度的变更、道德标准的提高、文化的繁荣、社会物质的发展等都源于"人性"这一源动力，即以"人之所需"为经纬，编织了丰富多彩的人类世界。

学界关于人性的讨论主要集中在两个方面：一是人性的构成；二是人性可变与否。学界基本上认为，人性由自然人性、社会人性和精神人性所构成。自然人性一般指人的生理欲望或本能，也包括人的自然情感，是人与生俱来的。群居社会是满足人类生存繁衍最优的选择结果。尽管趋利避害的人性总是使人们在社会中充满着竞争和矛盾，个人的利益总是相对得不到满足，即没有绝对的"自由"和无限的满足。但是为了维系社会共同的生活稳定，产生了经过妥协后人们均能接受的利益最大化的人性认同模式——社会人性。如得到全体社会成员均接受和认同，并遵守和维护的道德准绳、价值观念、审美观点和行为规范等。社会人性是人类社会得以稳定发展的前提。从表面上看，社会人性是自然人性的一种升华，但在本质上是保证和平衡自然人性合理需求的最大化。关于精神人性的提法不一，有学者认为其是意识人性或神性（以下统称为"精神人性"）。例如宗教，精神人性是在自然人性和社会人性的基础上，对某种信仰、超自然现象及意识世界等所展现的想象、膜拜、皈依等意识形态。精神人性被黑格尔认为是人的本质，通过产生强大的精神力量对自然人性和社会人性乃至对人类世界产生重大的影响。也可以在一定程度上超脱自然人性和社会人性，表达出种种不可思议的思想和行为。例如，宗教狂热性、政治崇拜狂热性和哲学艺术狂热性等，这些都超出了理性的范畴。

关于人性可变与否的争论，主要存在三种观点：第一，人性不可变。例如，人总是表现出逐利性、人总会有恻隐之心等。第二，人性可变。认为通过教育、文化及社会制度、生活环境施加的影响可以改变人性。例如，荀子主张的"人性本恶论"，要通过教育使人弃恶从善。第三，人性由可变和不可变两部分组成，认为人性是道德教化的核心内容。认为"'习与性成''积善成性'仍不失为历代学校实施人性教育的基本价值取向"。人性可变与否，既是一个概念上的问题，也可以看作一个逻辑结构上的问题。即自然人性作为"内胚层"，社会人性作为"中胚层"，精神人性作为"外胚层"，三个层次相互影响，产生了复杂的人性表象。但是无论在哪一个层面上论及人性，其本质上是一致的，即"人之所需"，只是所侧重的内容不同而已。

　　康德把"人性"视作一种人的本有趋向，一种基于理性的选择与接纳的趋向，把某种行为的主观准则作为自己行动的依据。无论是行善还是作恶，都只是人的一种禀赋或趋向。从这个意义上说，人自利的本性意味着人总是趋向选择有利于自己的准则作为行为的依据。在几千年的历史中，武术正是严格遵循着理性的选择才得以产生和发展。第一，运动本身就是人之所需，从"筋骨瑟缩不达"的远古社会到农耕文明的封建社会乃至现代社会，运动一直都是人们医疗保健、强健筋骨、延年益寿的必需品。武术作为中国传统体育项目的代表，其特殊的运动形式承载着历史上"体育"的重任。在物质条件不发达的时代，人们利用田间地头、房檐屋下，在晨钟暮霭中，宗亲邻里结伴练习，打套子，练习功力，击打沙包、木人桩、翻板等。到了现代社会，练习武术的人群也很广泛，现代人练习武术的目的并不一定要练出什么功夫，而是通过系统的、丰富多变的运动方式，满足身体活动的需要。第二，武术能够满足"人类攻击本性"的需要。即便是在较为发达的现代社会，人类的攻击性仍会自觉或不自觉地表现出来。人们喜欢看动作电影和武侠小说，在很大程度上就是为了满足攻击的快感。无论是直接的武术练习，还是观赏动作电影，抑或是观看搏击比赛，都可以满足人类"攻击性"的需要。武术作为中国土生土长的传统运动，具有自身独特的习俗、文化和技术体系，独具表达攻击性的魅力。第三，武术能在一定程度上满足人性所需的安全感。安全感是一种心理依赖，在人们的潜意识里，总会有历史和种族遗留下来的不安烙印。即便是处于一个安全的环境，自我暗示式的不安还是会经常出现在人们的心境中。因此，人们需要通过各种手段来消除这种不安，如皈依宗教、参加党派社团、从事某项活动等。而练习武术也具有同样的作用，通过练习武术暗示自己的强大，通过参加武术团体增加安全感和归属感。武术带给人的安全感是吸引众多武术爱好者习练武术的重要原因。第四，武术与人的逐利性。武术是笔财富，古往今来，通过武术追名逐利者不计其数。在冷兵器时代，武术是打把式卖艺、保镖护院、武馆教拳、考取武举等谋生和求取功名的手段。在现代社会，开武术馆校、业余教拳等经济活动也广泛存在，并逐渐商业化、产业化。某些名家教拳的"束脩"高得令人咋舌，甚至和名人一起探讨武术话题，都成了高收费的商品。"天下熙熙皆为利来，天下攘攘皆为利往"，趋利之性，同样是武术存在和发展的重要内因。第五，社会人性也能在武术中得以充分表达。武术在漫长的历史长河中形成了门派、武德等独特的组织结构、价值观念与道德形态。然而实际上，宋代、元代、清代都有不同程度的禁武政策，并不是反对"侠以武犯禁"层面上的个体武术，而是反对那些社团性的、带有某种宗旨性或象征性的、具有较为广泛影响力和号召力的民间组织，如"天地会""小刀会""义和团"等，而武术团体的结构也决定了根本不会发展到大范围的群体事件。门户之见、族群之见、地域之见，以及"教会徒弟饿死师傅""传男不传女，传内不传外"等保守意识，决定了武术组织绝不会是振臂一呼、天下响应的群体结构，"武林盟主号令江湖"只是武侠小说中的虚构情节。相互倾轧、相互贬低等在武术门户之见中很常见。"社会人性"在武术群体中的表现更多的是个体或小团体利益最大化的生存法则。第六，精神人性在武术中主要表现为榜样崇拜、文化和审美。武术宗师巨匠的传闻逸事、武术功法、习武境界，以及假托仙佛等都是人们精神的一种寄托方式和对某种修养的向往，对武术文化、审美的追求正是精神人性的升华和需求。武术别具魅力，是忠于人们精神世界的表现。从人性上看，人们需要一种超脱现实的精神境界和丰富的文艺给养，如果失去对超现实的精神向往，就会导致精神的贫乏，苏伊士运河、埃及金字塔等人类的奇迹都诠释着精神人性的重要作用。就像奥林匹克运动、古希腊的奥林匹克运动的起源说，以及关于雅典王子忒修斯弑杀牛怪，解救雅典百姓的传说，并没有影响奥林匹克运动的科学地位，反而增加了奥林匹克文化的人文内涵。

武术的存在实际上是人性自然选择的结果，而武术的发展也必然要依托于人性之需要。如果脱离了人性之需来讨论武术，把武术置于象牙塔之中，那么只能是曲高和寡。

2. 客观维度：武术发展的历史比较

关于武术发展的问题，学界出现了不同的观点，但是学界讨论的中心并非聚焦在"发展"本身的问题，而是围绕武术的某个部分在历史进程中的扬弃问题展开。例如，关于武术的"技击性弱化"的问题，有的观点认为武术技击性弱化，尤其是作为武术的"本质"来说，是武术发展的"倒退"。还有观点认为，"传统武术"被边缘化，以及一些拳种及其技法、套路、拳谱、礼仪等濒临失传的问题等都在一定程度上说明了武术的"衰退"。的确，武术的部分内容和价值正在衰退，但是在几千年的武术发展史中，武术也并非以一种稳定不变的固态形式存在，而是在不断地更迭、创新与失传，"尚武"与"禁武"的风向交替进行，沿着时间的纵轴方向和以社会背景为横轴的空间坐标中上下振荡，部分内容和功能价值的淘汰是社会进化过程中不可避免的"阵痛"。因此，要客观地看待武术的发展，就不能忽视武术在另一些方面取得的巨大成就。

中华人民共和国成立以来，武术得到了空前的发展。武术从难登大雅之堂的"旁枝末技"到成为一门独立的学科；从镖师护院的低贱行业到高等院校的专任教授；从"武把式"到武术理论的研究者；从民间禁武到把武术视为提升国家形象的战略地位，并进行了有目的、有组织的国际化推广，太极拳成为人类非物质文化遗产；从"官搏""私搏"到走向现代赛场的"竞技武术"；从"瓦舍勾栏"里的"打把式卖艺"到功夫明星；武术理论从以技击为主向文化、审美、教育、竞赛等多元角度延伸等。

人类社会从野蛮走向文明，"上斩颈领，下决肝肺"的武术内容的消退，反映了社会文明的进步。对武术发展的认识，不应该仅以主观意愿评价发展，而是应该客观准确地认清武术发展的客观规律，抓住主要矛盾和次要矛盾，才能准确把握未来的发展趋势，正确对待发展过程中的"扬弃"，才能采取科学合理的措施应对发展过程中的问题。

有研究从"武术产业现代化""武术科技信息现代化""武术教育现代化"和"武术国际化"等四个维度对武术发展的指标体系进行了研究，为武术发展的研究提供了借鉴，但这些指标并非都是反映武术发展的客观规律，而更多的是指向人们主观上的评定意愿，并忽视了武术在发展过程中的创新性指标。

武术在几千年的历史演变过程中不断丰富发展，"心传体悟"式的传承特性决定了拳种的多样性和武术发展的创新性，对"大众化水平发展"与"精英化水平发展"缺乏相应的评定维度。武术精英对武术发展的长远影响是大众化的、即时性的、社会影响难以比拟的。对武术发展进行评价，应该对武术在现代社会中折射出来的诸多表象进行整理和分析，同时与武术历史进行比较，综合文化、时代、社会等多种因素作出客观的、系统的描述和论绎，不应成为某种视域下的一种"判定"，而是应该成为多维度视角下存在与发展状态的"识别"。

（四）关于武术创新性发展的讨论

武术创新性发展在根本上是依赖于作为载体的人，人既是武术的创造者，也是武术保存和流传的继承者，人决定了武术存在的内容与形式，不同时期的人对武术的塑造和需求是不同的，离开了人的武术几近于无水之鱼、无根之木。我们应当看到，社会发展速度及其对应的社会关系对武术的影响是相当巨大的，武术创新性发展要依托当下的人，更要依托未来社会的人，这里说的"人"不是特指哪一个人，或是哪一群人，而是一个社会整体。如果未来的人不再需要武术，那么武术可能就停留在上一代人的观念之中，即便是部分拳种作为非遗被保护，那也只是涓涓细流，危若累卵。毫无疑问，未来社会中的人的需求、普遍联系的社会关系都将发生巨大的改变。如果我们稍加留意，就会观察到互联网上人们社会关系的变化，例如，想购物，不必去商场或市场，不用与老板面对面地讨价还价；想吃饭，不用买菜做饭，点个外卖就直接送到家里了，人们之间的关系很大程度上依赖于中介或物流。AI时代的来临，一定会使社会的结构再次发生变化，人与人、与自然之间的关系网也必然随着改变，生活方式、价值观等也必将随之改变。因此，基于这种发展的视角来看，武术的发展必然不能回到过去，不能像很多观点所主张的那样回归所谓的以技击为主要功能的"原生态"，甚至是回归到冷兵器时代的"刀兵相见"，那样就违背了历史规律，无异于饮鸩止渴。

少北拳是20世纪60年代由张荣时先生在辽宁省锦州市所创立的新拳种，因其源于少林，但又别于少林，故名之少北，其风格是注重实战，正如张荣时先生对武术的理解："武术，武术，动武之术。"也正是因为少北拳的这个风格特点，被武警部队选为训练擒拿格斗的教材，一些少北拳弟子还在武警部队担任教官。近二十年来，少北拳的发展似乎有些不尽如人意，仿佛失去了往日的辉煌。而出现这种现象的原因不是人才缺乏，更不是少北人不求上进，而是社会需求的问题。谁能想到，当年练习少北拳的人多数是"壮怀激烈""梦想仗剑走天涯"的年轻人，他们挥汗如雨、奋勇刚健，现在少北拳却成为很多老年人健身的手段。可见，武术的实战性功能与社会的发展进步是有相关关系的。

武术创新性发展不能无视人的需求与社会现实情况，更不能走回头路。如果我们对民国至今的武术发展历史进行简单的梳理就会发现，现在的武术就是一种创新性发展。1928年和1933年，原中央国术馆举办了的两次武术国考，一次被媒体讽为"斗牛赛"，一次被讽为"斗鸡赛"。但是举办比赛的初衷就是探索武术竞赛的合理化，既实现功夫水平的较量，又不至于使参赛选手致死致残，逐渐积累的经验为今天的武术竞技提供了有益的参照。很难想象，如果没有竞技武术的存在，武术会发展成什么样子。

对理论上的探讨是为未来的创新性发展提供一种启示，提供一个方向性的预判，也正是本书探讨的意义所在。基于上述的论述，我们至少可以得出两个结论：①武术的创新性发展不能离开人之所需，人对武术的需求就是武术创新性发展的可能方向；②武术的创新性发展是建立在普遍联系的社会关系基础之上的，有明显的时代性，但也应追求超越时代性。因此，武术的创新性发展应该以多维度的、开放的视角来审视，不仅关注武术领域的，还应该关注交叉领域的；不仅是上代人的、当代人的，还应该是未来人的；不是故步自封的，应该是兼收并蓄的；不仅是现实的，还应该是数字化的；不仅是"一本正经的"，还应该是"游戏的"；不仅是专业的，还应该是生活的……举个例子，日本的漫画受到世界人们的欢迎，其受众不仅是儿童，还包括少年、成年人，日本动漫产业为日本创造了巨大的财富，提高了日本的知名度。而日本动漫中不少题材与武术有关，但为什么中国作为武术的宗主国就收效甚微呢？日本的电子游戏也有很多题材与武术有关，那么为什么中国没有做得更好呢？这些漫画、游戏成为一个时代的记忆、一个时代的符号，影响太过深远了！

武术不能成为文化的孤岛，更不应存在于社会一隅，如果只把武术视为一种运动方式、一种古董文化或某些人鼓吹的"哲理"，或使之标签化，成为某一固定群体的特有产物，那么武术的发展前景令人堪忧！总之，武术的创新性发展应该扎根群众，立足人之所需，依托不同群体在不同视角之下的创新与创造，不断寻求新的价值，而对武术发展方向上把握是管理部门真正要跟踪关注的，要做到善于利用、善于引导、善于管理。

二、武术的创造性转化

（一）创造性转化的背景理论

1. 创造性转化的理论内涵

习近平总书记指出，"创造性转化，就是要按照时代特点和要求，对那些至今仍有借鉴价值的内涵和陈旧的表现形式加以改造，赋予其新的时代内涵和现代表达形式，激活其生命力。" 这是对我国传统文化进行创造性转化的最权威的解释，虽然字数不多，但却是对"创造性转化"深刻含义进行高度的概括和总结。"创造性转化"不是一个简单的词语，它具有宏大的理论背景和时代背景，有必要对其理论渊源进行较为系统的梳理，以助于全面深入地理解。

在当代西方哲学思潮中，由怀特海（A.N. Whitehead）开启的过程哲学被视为创造性转化思想的基本来源。怀特海认为，宇宙万物的生成过程才是实在，即现实实有的存在是在其生成中形成的。而生成即是创造的观点，肯定了事物内在地具有自我组织、建构的特性，即自我造就能力。怀特海的创造有两个关键要素：一是"关系性"，二是"新颖性"，创造是在尊重传统基础上的变革和创新，他指出"以往的成就都是以往时代的冒险行为。只有具有冒险精神的人才能理解过去的伟大"，即人们需要继承的是创造性精神的传统，而不是固化地继承传统。哈慈霍恩（C. Hartshorne）在怀特海的基础上，兼收皮尔士（C.S.Peirce）和詹姆士（W.James）的经验哲学，将经验具有连续性、自发性、互动性、反应性、综合性和相关性泛化地用于对宇宙万物之有机性的阐述，这些特性被概括为"创造性综合"（creative synthesis）。科布（Cobb J. B.）继承了怀特海、哈慈霍恩等人的观点，提出了"创造性转化"概念，这个概念涉及政治、宗教、文化等诸多领域，而后被运用到宗教对话的方法论研究中，即基于不同宗教之间主张的冲突提出的一种调和的方式，谋求的是一种相互理解、相互尊重与和平对话。科布认为，"任何谦逊、健康的宗教徒都会承认自身传统中实际存在的智慧比当前他所把握的更多，而对话有助于诸宗教挖掘尚未显启的智慧。挖掘智慧不是在揭示同一真理的不同侧面，也无意于将片段的真理整合为更大的真理，其旨归是对话者在差异中相互启发，使各自的传统得以滋养、拓展、深化，即'创造性转化'"。在科布的创造性转化观念中，"对话是追寻真理的一种途径，因此成为传统建构自身的一种方式。以这种方式，任何传统都是在对话过程中整合、重塑自身"。而后，在实践哲学的导向下，其概念的外延不断地扩大，逐渐在政治、文化等方面产生影响，为解决世界争端及处理不同文化之间、传统与现代之间的冲突提供了一种启示，例如，吉尔（Gier）提出的"创造性转化为全球化背景下处理诸文化、文明关系提供了一种有别于文明冲突、西方化（westernization）和杂合化（hybridization）的方案，为文化、文明由相互尊重走向相互促进，共同参与到人类命运共同体的建设提供了参考。"

创造性转化的实践哲学也为汉文化的方法论研究奠定了思想基础。相关研究成果以林毓生的《中国传统的创造性转化》、杜维明的《儒家思想新论——创造性转换的自我》为代表，提出了儒家文化创造性转化的代表性观点，如创造性转化必须建立在传统文化的基础之上；基于传统学术权威认同的原创性创造；强调文化的融合性，注重对西方理论的深度认知；创造性转化要面向现代化的价值、存在方式及其社会功能等。研究者们认为西方的民主制度存在一定的缺陷，试图从儒家传统文化中寻找给养，探寻一条现代民主社会的转化之路。新加坡原总理李光耀所倡导的新儒家思想也与儒家文化的创造性转化有关。1994年10

月15日，当选为北京国际儒学联合会名誉理事长的李光耀在成立仪式上致词："从治理新加坡的经验，特别是1959年到1969年那段艰辛的日子，使我深深地相信，要不是新加坡大部分的人民，都受过儒家价值的熏陶，我们是无法克服那些困难和挫折的。新加坡人民有群体的凝聚力，能够以务实的态度，来看待治理国家和解决社会的问题。"李光耀认为，"任何国家吸收外来优秀文化传统，都不可能照搬套用，总是根据本国国情，为我所用。我们倡导儒家思想，也要从新加坡的实际出发，才能引发真正的效益。"李光耀政府倡导"忠、孝、仁、爱、礼、义、廉、耻"的儒家政治理念，宣称为新儒家文化运动，与杜维明、林毓生所言及的儒家文化创造性转化具有一定的内在联系。

习近平总书记提出的"传统文化的创造性转化"与上述思想既有理论渊源，又有所不同，丰富和发展了概念的内涵，主要体现在立足于根本，即无论是政治问题，还是哲学问题，抑或是经济问题，根本上是文化的问题，是立足于历史的、立足于人民的、立足于民族的，面向当下和未来的。

2. "创造性转化"与创新性发展的区别与联系

关于二者之间的区别与联系，学界大致存在三种观点：①"创造性转化"与"创新性发展"作为一个原则性的界定直接使用，二者之间并无明显的差别。但是这种说法随着《习近平总书记系列重要讲话读本》《习近平新时代中国特色社会主义思想学习纲要》的出版而不攻自破，因为其中已经明确了"创造性转化"的权威性含义。②二者之间的区别是泾渭分明的。如"创造性转化就是依据科学性要求改造传统文化中主要概念的原始意涵；创新性发展就是对传统文化概念的意涵进行发掘、推进和深化，进而赋予传统概念的新的意蕴。"等。③二者之间是相互依存的关系。如"创造性转化就是通过马克思主义的批判，将传统文化中囿于封建时代的东西剔除出去，把超越其时代的精神解放出来，从而丰富中国特色社会主义思想文化基础，这种转化的途径就是创新性发展。"

3. 国内创造性转化的研究现状

目前，关于"创造性转化"理论的相关研究主要有以下几个方面：①创造性转化的经验与展望。主要从国家文化软实力提升、文化自信、民族凝聚力、文化影响力等方面的阐释，代表性成果有《新中国70年中国文化创造性转化与创新性发展的基本经验》等。②创造性转化维度。主要有历史与现代、土洋关系、思想意识与价值观念等。代表性成果有《推动中华优秀传统文化创造性转化与创新性发展》等。③创造性转化的主体问题。主要有人民群众主体、主导责任主体、教育主导责任主体、实践创造主体等。代表性成果有《传统文化创造性转化、创新性发展的主体问题》《中华优秀传统文化创造性转化创新性发展研究述评与展望》等。④创造性转化面临的困境。主要有反传统的现代性攻讦、市场经济、全球化、网络化的负面影响,以及传统文化创造性转化的氛围、思想认识、方法、载体平台等方面的不足、人才匮乏等。代表性成果有《中华优秀传统文化创造性转化、创新性发展面临的障碍及破解路径》《新时代语境下中华优秀传统文化创造性转化的现实逻辑、挑战与路径——文献梳理及反思》《民族地区传统生态文化的现代困境与转化路径研究——给予黔东南苗族侗族自治州的调查分析》等。⑤创造性转化路径。主要有形式逻辑和个案研究,侧重对于现象的描述和解释,尚未上升到理论的高度。代表性成果有《乡村振兴战略下农村优秀文化创造性转化创新性发展研究——以广州市增城区中新镇五联村为例》《创意产业视角下门神文化的创造性转化研究》等。

4.背景理论理论研究梳理的启示

从上述对理论研究的梳理上看,我们可以得出以下启示:①创造性转化是基于传统的,通过对话、融合等途径来实现的,以传统为体、以融合为用。②创造性转化指向实用性,包括古为今用、西为中用,具有一定的内在逻辑结构,即转化的维度。③创造性转化永远处于过程之中,目的侧重于解决现实中的问题,体现出现代社会价值观,侧重于方法论层面,重视应用的出路,即路径的问题。④创造性转化本身可视为一种创新,与创新性发展既具有一体性,又存在区别。创造性转化具有较强的目标导向性,侧重于人的主观意愿的达成,因而其体系的建构具有较强的主观性,依赖于人的主观能动性,包括阐释力、理解力、沟通力、牵引力、应用力和创造力等。⑤创造性转化是一个宏大的概念,在具体的领域中应当不断地抽象、聚焦,从实践中提炼理论,再以理论指导实践。

(二)武术创造性转化的相关研究与启示

目前,武术创造性转化的相关研究还较为单薄,可参考借鉴的材料也相对较少。国内武术学术界对于武术创造性转化的相关研究主要有以下几个方面:①武术创造性转化的本体化。代表性观点有"挖掘出中国武术真实的本体,再开始对其进行创造性转化的设计和运作"。②传统武术的传承体系与技术体系的创造性转化。代表性观点有"尽快实现现代化转型,将具有不同侧重点的传统武术技艺改造成不同规则执导下的对抗游戏,步入文明化技击行列"。③关于武术创造性转化的维度。代表性观点有"传统武术现代化出场必然选择就是传统武术文化的内在创造性转化,应处理好'传统'与'现代'的关系,在继承基础上有所创新,有所超越。"武术创造性转化要面向历史观、文化观、价值观、实践观四个维度。④武术道德教育的创造性转化。代表性观点有武侠文化要与社会主义核心价值观融合拓展,体现新时代价值;"武德""武礼"体用观要契合核心价值观,发展道德共同体。

国外相关研究:韩国学者李学俊认为,中国、日本的文化输入与创造性转化造就了跆拳道新的历史身份,跆拳道的现代化发展不应排斥其他民族的武术,而应该强化文化融合,塑造新的身份认同。日本学者佐藤穗花等研究认为,空手道的现代转化主要是通过改善招式,力求做到规范化、简约化,同时舍去了部分器械招式,以"寸止"来突出其特殊性,兼顾安全性和观赏性。

从国内外相关的研究成果来看,也主要集中在创造性转化的本体、创造性转化的维度、创造性转化的路径等方面,但是显而易见的是,研究还处于刚刚探索的阶段,因此理论的深度、广度还有待于进一步的挖掘与开拓。学术研究不应只追求热点与前沿,使得问题尚未认识清楚、弄明白,便已昙花一现。尤其是在哲学社会科学领域,古今中外人文理性的厚度与深度,是更值得仔细研磨、追思、探究,更需要一种坚守的学术精神。

(三)对武术创造性转化的思考

1. 武术创造性转化的主体

武术创造性转化的主体具有两重性:一是将武术本身视为一种本体化的主体;二是作为武术的承载者的人的对象化为主体(或责任主体)。在这两重性之中,本体化主体是较难确认的,对象化主体是较容易确认的。但是,因为本体化主体难以确定,也将导致对象化主体认知的对立性。武术创造性转化本体性主体的困境主要在于主体的确认难度,正如前文所论,武术是诸多形式、内容所堆砌的概念性综合体,关于"中国武术真实的本体",本身就是一个棘手的问题,但是又离不开对本体的讨论和追问,因为这是关系到幻象与实在、根本与稍节的问题。而作为对象性主体的人，基本上可以确认为武术的行家里手，尤其是官方的或者说是"院校派"，他们既对武术技术体系有着充分的理解，又掌握扎实的武术理论，具有一定的话语权威。这一判定具有两个依据，第一个依据是对武术的理解必须建立在习武经历的"切身感"基础之上，日积月累，将自身视为一种独特的研究方法（类似于"体悟"），没有对运动的切身体验，无论在理论上如何学习，理解都是不充分的，这也正是"体育"的特殊性。这里的"武术"是一种运动化的"体认"存在，而不是文化的、历史的、社会的外延性的附属品。对武术没有体认化的感知，就不会对武术的本体性及其"传统"理解得充分和透彻。第二个依据是创造性转化具有目标导向性，是以解决现实问题为出发点的，对于主观能动性具有很高的要求。因此，从创造性转化的目标导向、实现应用等角度来看，对象化的主体必须对中国传统文化、武术理论，以及创造性转化的理论问题、方向性问题以及实现困境等具有准确的、全面的、权威性的把握。由于在武术创造性发展的语境下，武术的发展不再是自发的，而是一种规划的过程，因此，实际上武术创造性转化的责任主体指向了社会精英阶层的引领者，由引领者基于切身感知、理论研究和现实判定来建构创造性转化的目标体系、内容维度、价值观念、评价维度等。因此，在对本体化主体较难判定的情况下，可以从对象化主体的视角来圈定本体化主体的范畴，即先确定一个中心、明确原则和方向，再逐渐拓展外延。从目前武术体系的构成来看，"拳种"的视角是比较清晰的，其既符合所有责任主体的认知，避免了概念性的纠缠，又符合"传统"的属性，也展示了社会教育的主体责任，还是创造性转化的重要体现，即使在"竞技"的视角下，仍旧不能脱离拳种的渊源与框架。

2. 武术创造性转化的维度

从对创造性转化的理论梳理及武术创造性转化的主体分析上看，武术创造性转化的维度主要分为纵向的"古今融合"维度和横向的"中外融合"维度，两个维度都指向现代的需求，即体现出社会主义核心价值观，并赋予其新时代的内涵和文化形式，焕发武术新的生命力。

（1）古今融合的维度

古今融合至少存在一条暗线和一条明线两条路线。所谓的暗线是指武术发展至今，自发的一种转化，即自然的存在状态，是转化的客观性。武术拳种发展至今，其所呈现出来的形式与内容在一定程度上是"自然选择"的结果，当然也会导致一些拳种、一些套路、一些技法的流失。对于暗线而言，应该使其从隐性状态成为显性状态,即通过对客观发展规律的细致考察,总结出转化的规律,从而为理论指导实践提供有益的参考。实际上,近代以来,整个社会制度发生了巨大的转化,呈现出三个宏大的历史背景,武术在历史转折的过程中自发自为地产生了转化。第一个背景就是晚清至民国的半个多世纪,封建社会制度结束;第二个背景是"民主主义的兴起"和抵抗外侮与侵略;第三个背景是新中国的成立与社会主义制度的确立。在这三个巨大的历史转折之中,武术也悄然随之转变。封建制度的结束、五四运动、新文化运动等,使武术的门户观念受到了影响,开始提倡"摒弃门户之见"、为军国民主义教育服务,"新武术运动"就是其中的典型代表。这是一段伴随着战乱的动荡岁月,然而冷兵器仍然没有退出历史的舞台,一些与武术有关的职业也没有消失,乡村的文化生态也没有发生改变,因而当时的武术应该是以多元化的方式存在的。而到中华人民共和国成立之后,尤其在初期,武术发生了较大的转化。一方面,由于一些敌特分子利用武术搞破坏、暗杀活动,致使武术的技击性不再被提倡;另一方面,战争的结束,和平的到来,集中精力搞社会主义建设的大背景下,武术的强身健体价值得以凸显。随着中国回归奥林匹克委员会,大力发展竞技体育,竞技武术成为时代的宠儿。可以看出,武术转化的古今融合的维度具有客观的规律,是有迹可察、有例可循的。

所谓的"明线"是针对当今武术创造性转化的现实需求,反求诸于传统文化的主观性设计。这个现实需求就包括了社会主义核心价值观、新时代文化观、适应新时代的表现形式以及经济、教育等方面的要求。因此,在这条"明线"上,武术的创造性转化应该基于一种逆向的思考,以现代社会的需求为出发点,反向传统文化中索求。因为既要对现代需求具有清晰、准确、全面的认识和把握,又要对武术的历史文化具有深厚的理论积淀,还需要对武术本体具有深刻的、广博的理解,这也决定了武术创造性转化所具有的主观能动性的一面,需要依赖于"武术精英阶层"的引导。正如有观点认为的那样:"武术精英对武术发展的长远影响是大众化的即时性的社会影响力所不能比拟的。在时代的纵向坐标里,武术精英的数量、质量,以及影响力等,都是武术发展的重要指标。"还有观点认为,"现代武术发展中关于习练人数量问题和'大众与精英'话语,可以回到孔子'三千弟子与七十二贤人'的文化事象中来思考。""在武术历史发展中,一方面拳种门户的师父如何区别对待'三千弟子与七十二贤人'、如何认识武术传播的普及与提高、如何分配两类群体继承与发展的门户角色、如何遴选掌门人等。另一方面在武术历史发展中拳种门户的'三千弟子与七十二贤人'各自发挥了什么作用、两类群体如何以'得到师父的东西'与'形成自己的东西'保持了武术传播继承与创新的张力。作为武文化'托命人'的掌门人如何在'一拳兴旺'之外接续拳种或武术的根脉而谋求新发展、如何在胡适所说的'提倡有心,创造无力'时势中左冲右突,如何在门户内外的管理中成其岗位职责,当是中国武术传播目标需要探究的历史经验。"由此可见,武术创造性转化在古今融合的维度上,必定以武术界的专家、学者为主导,依据武术转化的客观规律和现实需求,构建具体的内容体系,挖掘深度、广度,提高高度,以点带面、以线带面,不断促进武术的创造性转化。

(2) 中外融合的维度

中外融合的说法似乎比中西融合更为妥当,也具有更为广泛、更切实际的语境。从历史上考察,武术的中外融合是一直发生着的,尤其是在武术的海外传播过程中,从拳种的传播逐渐融合海外的民族文化,发展为一些新的武技。有些研究指出,"柔道"就是由中国拳师陈元赟传播到日本的,后来融合了日本的文化而衍生的。与此类似的还有空手道,又有"唐手""那霸手"等称谓,亦是中国武术海外传播与本土文化融合的产物。武术创造性转化的中外融合显然与上述不同,上述的融合是一种发展的过程,而产生新的国外的武技则是融合的结果。武术创造性转化是在中外融合的维度上,保持武术这个主体,也是其最本质的特征,即融合的结果,仍是中国的武术。从这个基本的原则上看,近代武术的中外融合就已经开始了,最具代表的就是"新武术运动",或被称为"武术改良运动",尽管其提倡者马良劣迹斑斑,但他在军事武术、学校武术教育等方面所做出的尝试还是具有一定的探索性意义。这种"中西融合"的背后显然是为了达到"中体西用"的作用,以打破观念的局限,追求武术的发展、充分实现其时代性的价值。拳术这一民间的、以个体化运动为主的运动方式进入学校教育中,提升为规模性的军国民主义教育,并上升到国术的高度,显然是创造性转化探索的结果。

中华人民共和国成立以来,武术的竞技体育化走向应该也可视作中外融合的一种结果。再扩展一点来看,武术的学科化与科学化都可视作中外融合的一种结果。但是,中外融合并不是"东风压倒西风"或者是"西风压倒东风",而是具有一定的内在逻辑,更倾向于一种自觉的文化选择,是基于平等、对话、互惠关系的融合。而武术界对于武术中外融合的观念还存在一定的差异,甚至存在一些争议。一些观点认为,西方体育文化的强势占领,使得传统武术被边缘化,其生存空间日益萎缩,旗帜鲜明地站在与西方体育对立的立场上。例如2008年武术申奥失败,有人提出武术是与奥林匹克并行的文化,无须申奥,更提出了"我们武术不拾人牙慧"的极端观点。也有一些观点表达出武术应融合西方,走向世界的诉求,但在主张上又表现出一种进攻型的扩张意识，这种扩张意识并非是指向融合，而是一种宗主意识的传播。例如，在"2001年全国武术工作会议上，不少武术工作者主张乘北京申奥成功的东风，提出了要制造声势，打出'爱我中华，振兴武术'的口号进行广泛宣传的建议。此举当即受到了申奥专家们劝阻，并建议武术进军奥运之事切忌浮躁，不做表面文章，沉下心来，开动脑筋，讲究工作策略。"要想做到"不做表面文章，沉下心来，开动脑筋，讲究工作策略"，就是既要了解奥林匹克文化，又要懂得"润物细无声""明修栈道暗度陈仓"的道理，如果对中西文化皆不甚明了，自顾自言只会适得其反。再看看美国中央情报局专门对华制定的《十条戒令》："一定要把青年的注意力，从政府为中心的传统引开来，让他们的头脑集中于色情书籍、享乐、游戏、体育比赛、烦躁性的电影，以及宗教迷信"。没有一条是说教，没有一条是口号，而是让青年在不知不觉的享乐中中了"糖衣炮弹"，不动声色，计划长远。对比之下，在西方一些国家极力抵制中华民族伟大复兴的时候、打压中国体育话语权的时候，武术申奥还要大张旗鼓地喊口号，似乎有些不合时宜。

文化具有民族性、历史性、开放性、选择性，并不是孤立存在的，融合是文化的先天属性。例如，佛教文化尽管是外来文化，但经过千年的本土化，已经成为具有中国特色的文化，与印度的佛教文化产生了明显的差别。优秀的文化传播迅速和广泛，表现出极强的影响力，为其他民族所主动接受。一方面，文化的融合是一种自觉选择的行为；另一方面，文化的融合又是一种主观选择的行为。正如中国近代以来向西方学习的哲学、科学体系等一样，追求的是强国强种、"师夷长技以制夷"。在这个选择的过程中，具有极强的原则性和主体性，是"取其精华，弃其糟粕""兼收并蓄，为我所用"，而绝非崇洋媚外式的自我否定。

中外融合是基于互惠互利的平等对话，既不是唯我独尊、好处占尽，也不是消极的唯唯诺诺、妥协退让。武术是中华民族的，也是属于全人类的，不仅中国需要，世界也需要，我们要有充分的自信！世界上武术协会会员国已经达到了近200个，来自欧洲、美洲、非洲等国家和地区的儿童、青少年、成年人也不远万里来到中国学习武术，可见中国武术的价值在世界范围内受到了极大的认可，中国武术也理应为世界人民作出更多、更大的贡献，这就是中外融合的基础与方向。基于文化融合的客观与主观双重性、武术创造性转化的中外融合维度，应该对其他国家、地区和民族文化的本土性进行深入的研究，以互相欣赏、互相尊重的态度，基于自身的发展需求以及放眼全世界范围的服务意识寻求精准的融合点。

3. 武术创造性转化的路径选择

基于上述讨论，研究认为武术创造性转化具有宏观、中观和微观三个层次的路径：在宏观层次上，武术的创造性转化要服务于国家发展战略，放眼于世界，重视不同民族之间文化的异同与融合，不断提高武术的国际影响力，展现国家形象，创造性地践行文化输出战略；在中观层面上，要形成具象化的社会导向，紧密结合社会主义核心价值观，向传统武术文化寻找和挖掘能够正确引导社会道德教育、服务经济社会的内容，实现经济与文化教育的良好结合；在微观层面上，鼓励民间个别拳种以主流导向为方向，主动探索新时代背景下武术创造性转化的新形式、新内涵和新模式，使武术焕发出鲜活的生命力。三个层次的路径形成以点带线、以线带面、以面促面的良好格局。

本章小结

武术文化安全危机的规避之路归根结底还是要向内探索，践行文化自觉。"向内"不仅是武术界或学术界的范畴，更是让广大的人民群众通过知识、理论、文化的传播了解武术文化的来龙去脉，理解武术文化的价值与意义，发挥武术的教育价值与作用，践行武术文化自信。从文化的开放性、融合性以及人的需求性来看，武术文化的发展理应是开放的，不断壮大、不断新生、不断创造的，在坚守文化根脉的同时，以开放融合的姿态寻求新的发展，激活、焕发出武术新的生命力。

参考文献

一、著作类

[1] 海德格尔.海德格尔选集［M］.孙周兴,译.上海:上海三联书店,1996.

[2] 沃尔夫冈·贝林格.运动通史:从古希腊罗马到21世纪［M］.丁娜,译.北京:北京大学出版社,2015.

[3] 古斯塔夫·勒庞.乌合之众［M］.张倩倩,译.北京:北京联合出版社,2015.

[4] 柏拉图.理想国［M］.李阳,译.北京:作家出版社,2017.

[5] 约翰·赫伊津哈.游戏的人——文化中游戏成分的研究［M］.何道宽,译.佛山:花城出版社,2017.

[6] C.赖特·米尔斯.社会学的想象力［M］.李康,译.北京:北京师范大学出版社,2017.

[7] 哈罗德·伊罗生.群氓之族:群体认同与政治变迁［M］.邓伯宸,译.桂林:广西师范大学出版社,2015.

[8] 雷库兹韦尔.奇点临近［M］.李庆诚,董振华,田源,译.北京:机械工业出版社,2011.

[9] 理查德·尼斯贝特.逻辑思维［M］.张媚,译.北京:中信出版社,2017.

[10] 林毓生.中国传统的创造性转化［M］.北京:生活·读书·新知三联书店,2011.

[11] 马扎林·贝纳基,安东尼·格林沃尔德.盲点［M］.葛英楠,译.北京:中信出版社,2014.

[12] 约翰·B.亨奇.作为武器的图书［M］.蓝胤淇,译.北京:商务印书馆,2016.

[13] 戚继光.纪效新书［M］.北京:人民体育出版社,1988.

[14] 怀特海.过程与实在［M］.杨富斌,译.北京:中国人民大学出版社,2013.

[15] 怀特海.观念的冒险［M］.周邦宪,译.北京:北京联合学出版社,2014.

[16] 托尼·柯林斯.体育简史［M］.王雪莉,译.北京:清华大学出版社,2017.

［17］伊迪丝·霍尔. 古希腊人［M］. 李崇华，译. 上海：上海科学院出版社，2019.

［18］约翰·基甸·米林根. 决斗［M］. 荀峥，译. 北京：中央编译出版社，2015.

［19］吕不韦. 吕氏春秋［M］. 余长保，解译. 北京：中国纺织出版社，2018.

［20］德虔. 少林绝技［M］. 长春：吉林科学技术出版社，1985.

［21］蔡宝忠. 中国武术史专论［M］. 北京：人民体育出版社，2003.

［22］曹泽林. 国家文化安全论［M］. 北京：军事科学出版社，2006.

［23］陈公哲. 精武会50年［M］. 沈阳：春风文艺出版社，2001.

［24］陈万卿. 苌家拳［M］. 郑州：中州古籍出版社，2009.

［25］崔乐泉. 中国体育史话［M］. 北京：中华书局，1998.

［26］戴国斌. 新中国武术发展的集体记忆：一项口述史研究［M］. 北京：人民体育出版社，2016.

［27］丁立群. 发展：在哲学人类学的视野内［M］. 哈尔滨：黑龙江教育出版社，1995.

［28］方彪. 镖行述史［M］. 北京：现代出版社，1995.

［29］费孝通. 全球化与文化自觉——费孝通晚年文选［M］. 北京：外语教学与研究出版社，2013.

［30］费孝通. 乡土中国［M］. 上海：上海人民出版社，2013.

［31］傅砚农，曹守和，赵玉梅，等. 中国体育思想史［M］. 北京：首都师范大学出版社，2008.

［32］广西省太平天国文史调查团. 太平天国起义调查报告［M］. 北京：三联书店，1956.

［33］郭玉成，等. 中国武术与国家形象［M］. 北京：高等教育出版社，2015.

［34］郭玉成. 中国武术传播论［M］. 上海：复旦大学出版社，2008.

［35］国家体委武术研究院. 中国武术史［M］. 北京：人民体育出版社，1997.

［36］李晓东. 全球化与文化整合［M］. 长沙：湖南人民出版社，2003.

［37］梁漱溟. 东西文化及其哲学［M］. 北京：商务印书馆，1999.

［38］罗时铭，谭华. 奥林匹克学［M］. 北京：高等教育出版社，2007.

［39］潘知常，林玮. 媒体批判理论［M］. 北京：新华出版社，2002.

［40］齐如山. 镖局［G］//文史资料选编第三十四辑. 中国人民政治协商会议北京委员会文史资料研究会［M］. 北京：文史资料出版社，1981.

［41］邱丕相. 中国武术教程（上）［M］. 北京：人民体育出版社，2013.

［42］田海.天地会的仪式与神化：创造认同［M］.李恭忠，译.北京：商务印书馆，2018.

［43］万明.晚明社会变迁问题与研究［M］.北京：商务印书馆，2005.

［44］汪涌豪.中国游侠史论［M］.上海：上海人民出版社，2016.

［45］王恩泽.江湖：三教九流八大门的江湖秘史［M］.哈尔滨：哈尔滨出版社，2017.

［46］王学泰.游民文化与中国社会［M］.太原：山西人民出版社，2014.

［47］王长青，郑忠孝.少林武术精华［M］.北京：人民体育出版社，2001.

［48］王治河.福柯［M］.长沙：湖南教育出版社，1999.

［49］吴宝晓.京畿义和团运动研究［M］.北京：学习出版社，2016.

［50］萧一山.近代秘密社会史料［M］.上海：上海文艺出版社，1991.

［51］肖明.哲学［M］.北京：经济科学出版社，1991.

［52］李仲轩，徐皓峰.逝去的武林［M］.海口：海南出版社，2009.

［53］杨善民，韩锋.文化哲学［M］.济南：山东大学出版社，2002.

［54］喻本伐，熊贤君.中国教育发展史［M］.武汉：华中师范大学出版社，2005.

［55］张隆溪.阐释学与跨文化研究［M］.北京：生活·读书·新知三联出版社，2014.

［56］张荣时.少北武术纲要［M］.北京：北京体育大学音像电子出版社，2008.

［57］周伟良.中国武术史［M］.北京：高等教育出版社，2003.

［58］赵焰.晚清有个曾国藩［M］.桂林：广西师范大学出版社，2010.

［59］中国社会科学院语言研究所词典编辑室.现代汉语词典（第7版）［M］.北京：商务印书馆，2016.

［60］钟基，李先银，王身钢.古文观止（上）［M］.北京：中华书局，2019.

［61］钟基，李先银，王身钢.古文观止（下）［M］.北京：中华书局，2019.

二、期刊类

［1］尼尔·波兹曼.技术垄断：文化向技术投降［M］//董璐.文化安全遭受威胁的后果及其内生性根源.国际安全研究，2014，2：64-86.

［2］包晓光.新时代语境下传统文化创造性转化创新性发展的几个问题［J］.湖南社会科学，2018，3：7-13.

[3] 蔡宝忠.竞技武术走向奥运的历程及启示［J］.体育科学,2004,24（1）：73-77.

[4] 曾宪义,马小红.中国传统法的结构与基本概念辩证——兼论古代礼与法的关系［J］.中国社会科学,2003（5）：61-73.

[5] 曾于久,肖红征.对武术概念及层次分类的研究［J］.体育科学,2008,28（10）：86-91.

[6] 曾于久.武术本质论［J］.武汉体育学院学报,2009,43（11）：5-12.

[7] 程大力.天人合一是和谐——我们武术不拾人牙慧、人云亦云［J］.武术科学（搏击·学术版）,2005,2：1-4.

[8] 陈来.冯友兰的"伦理概念"说—兼论冯友兰对陈寅恪的影响［J］.清华大学学报：哲学社会科学版,2016,2（31）：30-41.

[9] 陈威,俞大伟.从传播类型角度审视孙氏太极拳的发展现状［J］.北京体育大学学报,2009,32（1）：35-38.

[10] 陈振勇,李斌.人类学视域下武术概念的重新审视［J］.成都体育学院学报,2017,43（5）：54-60.

[11] 戴国斌.剑的文化传记［J］.体育与科学,2009,30（5）：11-14.

[12] 戴国斌.门户对拳种、流派的生产［J］.上海体育学院学报,2013,37（4）：77-82.

[13] 戴国斌.武术现代化的断裂［J］.体育文化导刊,2004,2：35-38.

[14] 戴国斌.武术现代化的异化［J］.体育与科学,2004,25（1）：8-10,14.

[15] 戴国斌.中国武术传播三题：文化史视角［J］.上海体育学院学报,2016,40（3）：56-61.

[16] 丁立群.马克思主义时代化的基本路径［J］.哲学动态,2016,6：12-19.

[17] 董璐.文化安全遭受威胁的后果及其内生性根源［J］.国际安全研究,2014,2：64-86.

[18] 杜舒书.秦晋武术文化研究［J］.体育科学,2013,33（4）：70-90.

[19] 樊浩.当今中国伦理道德发展的精神哲学规律［J］.中国社会科学,2015,12：33-50.

[20] 范铜钢,郭玉成.论武术文化传承的层次空间、时代困境与未来走向［J］.成都体育学院学报,2016,42（1）：55-60.

[21] 费孝通.文化自觉与社会发展（笔谈）［J］.文史哲,2003,3：15-23.

［22］高振峰.外资控股互联网企业度对网络舆情的影响［J］.电子商务，2011，12：2-12.

［23］郭发明，赵光圣，郭玉成，等.中华人民共和国成立以来的武术对外交流及启示——基于武术家口述史的研究［J］.上海体育学院学报，2018，42（5）：72-78，86.

［24］郭莹.帮会意识初论［J］.社会学研究，1993，2：70-76.

［25］郭玉成.2008年北京奥运会期间的武术传播对策［J］.广州体育学院学报，2006，26（6）：98-100.

［26］郭玉成.武侠文化的历史传承与新时代发展［J］.武汉体育学院学报，2019，53（6）：50-58.

［27］韩红雨，戴国斌.武术比试观念的演进：一种由"暴力到文明"的身体叙事［J］.中国体育科技，2014，50（3）：51-55.

［28］洪浩，田文波.现代化进程中武术教育理念与体系重构［J］.武汉体育学院学报，2013，47（11）：52-58.

［29］洪浩，胡继云.文化安全：传统武术传承人保护的新视阈［J］.武汉体育学院学报，2010，44（6）：53-58.

［30］洪浩.武术奥运战略新思考［J］.搏击·武术科学，2010，7（9）：1-5.

［31］洪浩.中西体育文化的四次融合——兼论竞技武术的奥运发展之路［J］.体育文化导刊，2006，6：77-79.

［32］侯胜川.当代武术文化生产的转向与现实路径选择［J］.上海体育学院学报，2016，40（2）：35-40.

［33］胡惠林.文化生态安全：国家文化安全现代性的新认知系统［J］.国际安全研究，2017，3：36-56.

［34］黄楚新，彭韵佳.透过资本看媒体权力化——境外资本集团对中国网络新媒体的影响［J］.新闻与传播研究，2017，10：68-78.

［35］黄杰.文化堕距视角中的江湖文化批判［J］.江苏社会科学，2013，6：147-150.

［36］黄钊，刘社欣."传统文化的创造性转化与创新性发展"方略探析［J］.学校党建与思想教育，2019，3：85-88.

［37］姬会然，李茹.新时代语境下中华优秀文化创造性转化的现实逻辑、挑战与路径——文献梳理及反思［J］.湖北行政学院学报，2019，6：83-89.

［38］江畅. 对传统价值观创造性转化和创新性发展若干问题的思考［J］. 当代中国价值观研究，2016，1（1）：53-64.

［39］姜熙，朱东. 从伦理学道德结构论角度建构现代武德体系——武德体系框架的建立［J］. 首都体育学院学报，2008，20（1）：39-42，45.

［40］周伟良. 中国武术史［M］. 北京：高等教育出版社，2003：108.

［41］荆林波，王雪峰. 外资对我国互联网业市场影响的研究［J］. 财贸经济，2009，5：97-103，137.

［42］李爱增，王伯利. 新时代中国武术创造性转化与创新性发展的四重维度［J］. 广州体育学院学报，2020，40（5）：73-77.

［43］李恭忠."江湖"：中国文化的另一个窗口—兼论"差序格局"的社会结构内涵［J］. 学术月刊，2011，43（11）：30-37.

［44］李龙. 论中国武术文化的现代化出场［J］. 中国体育科技，2010，46（2）：140-144.

［45］李守培，郭玉成. 文化安全视域下的武术标准化问题及对策［J］. 上海体育学院学报，2015，39（5）：77-82.

［46］李维武. 传统文化创造性转化、创新性发展的主体问题［J］. 河北师范大学学报：哲学社会科学版，2020，43（1）：83-89.

［47］李文钢. 民族传统文化创造性转化的理论基础和实践机制［J］. 河北师范大学学报：哲学社会科学版，2019，41（6）：47-53.

［48］李希光，毛伟. 资本逻辑主导下的新闻媒体发展困局［J］. 青年记者，2015，21：12-13.

［49］李新潮，范鹏. 中华优秀传统文化创造性转化创新性发展研究述评与展望［J］. 文化软实力，2020，3：74-82.

［50］李印东. 从"土洋体育之争"的历史文化背景谈西方体育对武术的影响［J］. 北京体育大学学报，2010，33（4）：6-10，30.

［51］李印东，张明庭，李志坤，等. 武术概念阐述［J］. 北京体育大学学报，2008，31（2）：259-262.

［52］栗胜夫，杨丽. 关于武术进奥运及办好奥运会武术比赛的若干思考［J］. 武汉体育学院学报，2007，41（11）：55-60.

［53］廖钰珊，蒲毕文. 中国武术概念评析［J］. 南京体育学院学报，2013，27（5）：28-30.

[54] 林小美,张丽,林北生,等.中国武术发展指标体系的构建及评估研究[J].体育科学,2009,29(6):90-96.

[55] 林小美,曹雪莹.论"武德"与"武礼"体用观的当代价值及实践路径[J].北京体育大学学报,2020,43(6):149-156.

[56] 林训涛.先秦史官文史职守的形成[J].人民周刊,2021(16):74-75.

[57] 刘东波,马振东,周春太.镖局的生存空间与民间武术的传承与创新[J].北京体育大学学报,2008,31(12):1631-1634.

[58] 刘宏亮,顾文清,王璇,等.中国传统武术话语权危机与提升策略[J].武汉体育大学学报,2018,52(12):63-67.

[59] 刘平.民间文化、江湖义气与会党的关系[J].清史研究,2002,1:71-78.

[60] 刘启超,戴国斌,段丽梅.近代中国"武侠"再造与"武德"型塑之研究[J].体育科学,2018,38(5):80-87.

[61] 刘文武.武术基本理论问题反思[J].体育科学,2015,35(3):20-29.

[62] 刘跃进.文化安全的三种思维方式与政策导向[J].国际安全研究,2015,3:3-14.

[63] 卢炜昌.体育万能工[M].上海:上海书店,1992.转引自:李印东.从"土洋体育之争"的历史文化背景谈西方体育对武术的影响[J].北京体育大学学报,2010,33(4):6-10,30.

[64] 路云亭.武术真伪辨:对2017—2018年度武术危机事件的思考[J].体育与科学,2018,39(5):25-32,46.

[65] 马文国.文化全球化背景下传统武术与竞技武术的冲突与共生[J].北京体育大学学报,2017,40(6):122-126,133.

[66] 孟涛,蔡仲林.传播历程与文化线索:中华武术在美国传播的历史探骊[J].体育科学,2013,33(10):78-88.

[67] 明磊,王岗.中国武术的文化使命与责任担当[J].北京体育大学学报,2017,40(9):123-129.

[68] 莫纯碧,钟卓明,姚桂花,等.乡村振兴战略下农村优秀传统文化创造性转化创新性发展研究——以广州市增城区中新镇五联村为例[J].文化创新比较研究,2020,11:9-11.

[69] 诺曼莱文.黑格尔《逻辑学》中的"本质论"与《资本论》中的方法论[J].社会科学战线·国外社会科学,2012,2:2-5.

［70］潘慧生.民间传统体育与乡村社会生活——以忻州、定襄、原平摔跤挠羊赛为例［J］.山西师大体育学院学报，2010，25（5）：76-81.

［71］彭牧.同异之间：礼与仪式［J］.民俗研究，2014（3）：5-14.

［72］邱丕相，杨建营.武术概念研究的新视野［J］.上海体育学院学报，2009，33（6）：1-5，10.

［73］屈国锋，王羽辰，高嵘.试论武德教育误区［J］.体育文化导刊，2018，4：198-201.

［74］沈金浩.江湖与中国雅文化［J］.中国社会科学，1996，3：160-174.

［75］施秋桂.武术功法的特征及其在社会实践中引发的思考——突破武术发展瓶颈的理论探讨［J］.体育科学，2006，26（6）：85-89.

［76］宿继光，李金龙，李梦桐.武术概念之逻辑追问［J］.武汉体育学院学报，2016，50（3）：68-72.

［77］陶丹丹."江湖"的武侠文化内涵与英译［J］.语言研究，2011，8：158-160.

［78］唐凯麟.坚持马克思主义对待人类文化遗产的科学态度和原则立场——学习党的十九大报告引发的思考［J］.伦理学研究，2018，1：1-6.

［79］谭同学.作为乡村振兴资源的乡土文化及其创造性转化［J］.求索，2020，3：94-102.

［80］田克勤，郑自立.新中国70年中国文化创造转化与创造性发展的基本经验［J］.东北师范大学学报（哲学社会科学版），2019，6：15-22.

［81］童旭东.不朽的武学思想划时代的武学宗师——纪念孙禄堂逝世七十周年［J］.体育文化导刊，2003，11：71-72.

［82］汪润元.试论晚清江湖帮会的组织特征及演进轨迹［J］.河南师范大学学报（哲学社会科学版），1997，24（4）：50-53.

［83］王柏利，王岗.守卫中国武术发展的技术底线：打练统一［J］.体育文化导刊，2008，4：49-51.

［84］王岗，丘丕相.重构中国武术教育体系的理论研究［J］.上海体育学院学报，2008，32（3）：61-66.

［85］王建伟.文化安全视野下我国传统体育文化的国际化传播［J］.体育学刊，2017，24（1）：32-36.

［86］王学伟，宋爽.论优秀传统文化的创造性转化与创新性发展［J］.党政干部学刊，2018，10：72-76.

[87] 王林，虞定海.全球化语境下武术发展的文化版图审视[J].武汉体育学院学报，2008，42（5）：63-69.

[88] 王露璐.伦理视角下中国乡村社会变迁中的"礼"与"法"[J].中国社会科学，2015（7）：94-107.

[89] 王满福，刘映海.清代镖局与晋商的发展[J].体育文化导刊，2007，5：85-87.

[90] 王瑞香.论总体国家安全观视野中的国家文化安全[J].社会主义研究，2016，5：70-75.

[91] 王兴一.论"以武犯禁"与"御贼备战"中国古代民间武术兴衰考析[J].搏击，2016，3（3）：20-21，30.

[92] 王智慧.社会变迁下的民族传统体育文化记忆与传承研究——沧州武术文化的变迁与启示[J].中国体育科技，2015，51（1）：81-95.

[93] 文善恬.竞技武术，歧路之羊？武术发展要警惕一种去竞技化倾向的回潮[J].体育科学，2008，28（11）：87-92.

[94] 闻学，肖海林，史楷绩.境外资本进入中国网络媒体市场：方式、机制、规模和分布[J].中央财经大学学报，2013，9：50-56.

[95] 吴增礼，王梦琪.中华优秀传统文化创造性转化与创新性发展的维度和限度[J].湖南大学学报：社会科学版，2020，34（1）：1-7.

[96] 肖永明.试论明清之际反禁欲主义的人性论思想[J].广西师范大学学报（哲学社会版），1996，32（4）：79-83.

[97] 徐卫国.再论中国传统文化的创造性转化和创新性发展[J].船山学刊，2018，4：92-96.

[98] 薛欣.中国传统武术门派演变的内在理路[J].天津体育学院学报，2012，27（4）：329-332.

[99] 杨建营，郭芙茉.武术新定义存在的问题及修正途径探析[J].体育学刊，2014，21（1）：23-28.

[100] 杨建营.从20世纪武术的演进历程探讨其发展趋势[J].体育科学，2005，25（7）：53-58.

[101] 杨建营.武术概念之研究[J].西安体育学院学报，2008，25（4）：72，98.

[102] 杨建营.中华武术技艺困境突破的具体方略探析[J].武汉体育学院学报，2020，54（5）：61-69.

[103] 杨美勤,唐鸣.民族地区传统生态文化的现代困境与转化路径研究[J].贵州社会科学,2019,351(3):95-100.

[104] 叶鹏,蔡宝忠.近代民间拳师都市化流向对武术传播与流派分化的影响[J].山东体育学院学报,2008,24(6):27-28.

[105] 尹碧昌,彭鹏,郑锋.文化政策视野下中国武术文化发展研究[J].中国体育科技,2010,46(1):106-112.

[106] 于伟.先秦儒家之"礼"与我国教育的教化功能[J].教育研究,2013(4):118-126.

[107] 余水清.明清武术论著概述与主要成就研究[J].体育科学,2004,24(8):75-80.

[108] 张波,姚颂平.中西体育赛会的文化比较——以古中国射礼赛会与古希腊奥林匹克赛会为例[J].上海体育学院学报,2018,42(5):87-92,98.

[109] 张江华,宿继光,刘定一.对象失范:武术概念争议的困局[J].成都体育学院学报,2016,42(2):62-68.

[110] 张凯.京都会友镖局[J].武当,2006(6):52-53.

[111] 张世威,袁革.全球化语境下我国民族体育的文化安全及创新性发展[J].武汉体育学院学报,2010,44(10):15-19.

[112] 张远山."江湖"的词源——从陈平原《千古文人侠客梦》谈到江湖文化第一元典《庄子》[J].书屋,2004(5):75-78.

[113] 张月霜,赵苏妙,刘海英.武术未能成为奥运会项目的原因探究及其发展对策思考[J].成都体育学院学报,2010,36(7):21-25.

[114] 张红琼.创意产业视角下门神文化的创造性转化研究[J].Journal of Jilin University of Arts,2020,2:21-25.

[115] 赵刚,黄淑杰,姜娟.从学校武术课现状透析武术教育的背离[J].沈阳体育学院学报,2010,29(2):125-128.

[116] 赵刚.对导引术几个问题的质疑与探讨[J].山东体育学院学报,2014,30(6):63-67.

[117] 赵刚.论武术研究盲点[J].上海体育学院学报,2018,42(5):66-71.

[118] 赵刚.武术文化安全的困境与破壁——基于十九大精神国家安全观的分析[J].体育与科学,2018,39(1):14-20.

[119] 赵刚.中国朝鲜族式摔跤的文化失根与创造性转化探寻[J].体育与科学,

2021，42（3）：71-75.

［120］赵光圣，戴国斌.我国学校武术教育现实困境与改革路径选择——写在"全国学校体育武术项目联盟"成立之际［J］.上海体育学院学报，2014，38（1）：84-88.

［121］郑光路.中华武术首次赴奥运会表演全纪录［J］.党史文苑，2001（6）：43-48.

［122］周高琴.网络媒体权力寻租的表现、原因及对策［J］.编辑之友，2016，7：78-82.

［123］周俊.试析新闻失范行为中角色期望与角色领悟［J］.国际新闻界，2008（12）：53.

［124］周伟良.论当代中华武术的文化迷失与重构——以全球化趋势下的国家文化安全为视角［J］.首都体育学院学报，2007，19（1）：4-17.

［125］周伟良.武术概念新论［J］.南京体育学院学报，2010，24（1）：10-13.

［126］周义义，王智慧.论镖局文化与中国武术文化的融合［J］.北京体育大学学报，2016，39（2）：29-34.

［127］朱宝德，吕甫琴.八极拳精英列传之八李书文托起八极拳的辉煌［J］.搏击，2004，7：58-59.

［128］朱君.论武术的本质与质变［J］.体育科学，2013，33（1）：84-88.

三、学位论文类

［1］朴一哲.少林拳、陈氏太极拳、苌家拳技击方法的比较研究［D］.上海：上海体育学院，2011.

［2］李文君.基于国家文化安全的中国文化认同构建［D］.长沙：湖南师范大学，2011.

［3］李印东.武术释义——武术的本质及其价值体系阐释［D］.北京：北京体育大学，2004.

［4］潘慧琪."文化帝国主义"概念的历史探源［D］.西安：陕西师范大学，2017.

［5］王智慧.我国学校武术百年嬗变的研究［D］.北京：北京体育大学，2009.

［6］赵甜甜.托马斯·阿奎那《论存在着与本质》中的本质学说研究［D］.武汉：华中科技大学，2013.

四、外文文献类

[1] AggelikiTsohou, MariaKaryda, SpyrosKokolakis. Analyzing the role of cognitive and cultural biases in the internalization of information security policies: Recomme-ndations for information security awareness programs [J]. Computers&Security, 2015, 52: 128-141.

[2] B.McNair.CulturalChaos [M]. NewYork: Routledge, 2006.

[3] CobbJB. "DeepPluralism" [J]. ThePluralist, 2006 (1): 63-73.

[4] Foucault. Thearchaeologyofknowledge [M]. NewYork: PantheonBooks, 1972: 116.

[5] GierNF. Gandhi, DeepReligiousPluralism, andMulticulturalism [J]. PhilosopyEastandWest, 2014 (2): 319-339.

[6] KingsleyEdney.BuildingNationalCohesionandDomesticLegitimacy: AregimeSecurityApproachtoSoftPowerinChina [J]. Politics, 2015, 34: 259-272.

[7] MelGriffiths, DavidJ. Brooks.InformingSecurityThroughCulturalCognition: TheInfluenceofCulturalBiasonOperationalSecurity [J]. JournalofAppliedSecurityResearch, 2012, 2: 218-238.

[8] Pîrnuta, Oana-Andreea.RepatterningtheInternationalSecurityEnvironment: TheImpactofGlobalizationonSecurityintheCulturalField [J]. ReviewoftheAirForceAcademy, 2014, 2: 113-122.

[9] SimonaKustecLipicer.EU-Centric Governancein Sport? TheSlovenian ExperiencewiththeWhitePaperProcess [J]. JournalofContemporaryEuropeanResearch, 2007 (3): 273.

[10] 이학준.Cultural Acculturation and Creative Transformation of Taekwondo [J]. Philosophy of Movement: Journal of the Korean Society for the Philosophy of Sport, Dance & Martial, 2019, 27 (2): 45-54.

[11] 佐藤穂花, 八木沢誠.戦後の空手道復興に関する一考察: 雑誌『SPORTKARATEからて』の分析をとおして [J]. オリンピックスポーツ文化研究 [J]. CulturalresearchoftheOlympics, 2019 (4): 61-73.

五、网络文献及其他

[1]《习近平论党的宣传思想工作》系列图解之四:努力实现传统文化创造性转

化、创新性发展[DB/OL].(2020-12-25)[2021-01-12].中华人民共和国最高检察院. https://www.spp.gov.cn/dj/djxmt/202012/t20201225_503600.shtml.

[2] 搏击江湖.传武田野也效仿太极雷雷语出惊人：里合腿我不敢用，会死人的[DB/OL].(2020-04-06)[2020-08-31]. https://www.toutiao.com/article/6812397879106208259/?source-seo_tt_juhe.

[3] 川北在线.咏春大师被KO，丁浩的师傅回应他当晚太紧张没放开[DB/OL].(2019-10-22)[2020-08-31]. http://www.guangyuanol.cn/news/newspaper/2019/1022/1001356.html.

[4] 格斗世界.刚刚：里合腿大师田野真正实力被拳迷揭露，冒充大师没有实战能力[DB/OL].(2019-01-10)[2020-08-31]. https://baijiahao.baidu.com/s?id=1622278652938422016.

[5] 格斗视界.咏春拳大师余昌华和丁浩遭民间高手挑战，声称你们俩可以一起上[DB/OL].(2019-09-23)[2020-08-31]. https://www.sohu.com/a/342867196_541858.

[6] 雏城体育sport.徐晓冬也是在为太极门打假，魏雷王占军不能算正宗太极拳传人[DB/OL].(2017-05-02)[2020-08-31]. https://www.sohu.com/20170502/n49141845.shtml.

[7] 吕宏军.清代少林寺习武何以曲折[DB/OL].(2017-12-11)[2020-09-01]. https://www.sohu.com/a/209893182_768497.

[8] "太极金刚"陈正雷回应徐晓东挑战陈氏太极拳：应战反而是在抬高徐晓冬[DB/OL].(2017-05-01)[2020-09-01]. http://www.sohu.com/n/491377292.

[9] 骑猪看摔角.咏春拳丁浩挑战搏击选手，仅74秒就被KO，徐晓东：表现还行！[DB/OL].(2019-10-21)[2020-09-01]. https://baijiahao.baidu.com/s?id=1647984059597381064&wfr=spider&for=pc.

[10] 拳击航母.格斗狂人：丁浩的咏春拳比魏雷的太极拳有实力！就是人品不好！[DB/OL].(2018-06-10)[2020-09-01]. https://baijiahao.baidu.com/s?id=1602870065120402459&wfr=spider&for=pc.

[11] 拳击航母.里合腿田野转型大网红，炫耀10万粉丝量，引来网友热议[DB/OL].(2020-01-14)[2020-09-02]. https://baijiahao.baidu.com/s?id=1655690261266470228&wfr=spider&for=pc.

［12］田野为什么叫里合腿大师［DB/OL］.（2020-07-29）［2020-09-02］. https://www.jyjskc.com/qinggan/151580.html.

［13］马保国发财机会来了，少林寺弟子愿出资50万，与其来一场传武对决［DB/OL］.（2020-08-30）［2020-09-03］. https://163.com/dy/article/FL8c9GPG053737VY.html.

［14］腾讯网.缩骨功传人现身江湖，三台摄像机对着拍摄，都无法破解奥秘［DB/OL］.（2020-07-14）［2022-10-06］. https://www.jianshu.com/p1677077194d22.

［15］网易.马保国自曝惨败真相，怕给对手打骨折，造成终生残疾［DB/OL］.（2020-08-28］［2020-09-03］. https://m.163.com/dy/article/FL45NM2CO5444LFT.html.

［16］张永和.李光耀和儒家思想［DB/OL］.（2015-08-25）［2021-05-30］.中华文化大学.http://zhwhdx.ustc.edu.cn/zhwhdx/news/detail_197035.htm.

［17］知道工场.咏春丁浩表示：我的技术动作和能力高他很多，我就怕我赢了走不了［DB/OL］.（2018-03-28）［2020-09-02］. https://baijiahao.baidu.com/s?id=1596176349532518295&wfr=spider&for=pc.

［18］王岗.王岗说中国武术：创新性发展和创造性转化［DB/OL］.（2019-01-03）［2021-05-30］.http://www.fobugov.com/html/tiyu/2019/0103/1512.html.

［19］郭志禹.少林拳的华夏主干文化特征［A］//释永信.少林功夫文集.登封：少林书局，2003，180-184.

［20］社评.今后的国民体育问题［N］.大公报，天津，1932-08-01.

［21］商志晓.中华传统文化创造性转化创新性发展的哲学审思［N］.光明日报，2017-01-09.